テンペのジンジャーみそソテー（15ページ）
アジアンスタイル小豆サラダ（上巻）

豆腐のスイート＆サワー炒め（26ページ）

春のミネストローネ（35ページ）

ジャーク豆腐とアボカド，プランテーンのラップサンド（74ページ）

具だくさんのベイクドポテト＆ジンジャーブロッコリー（84ページ）

オクラとバターナッツかぼちゃのガンボ（57ページ）

ポレンタケーキとオリーブ，トマト，ほうれん草のラグー（118ページ）

梅肉ソースのクリスピーそばケーキ，わかめサラダ添え（132ページ）

ピザロール（178ページ）とヴィーガンモッツァレラ（247ページ）

トリプルジンジャークッキー（140ページ）
レモンバニラビスコッティ（147ページ）

チョコレートとチェリーのドリームバー（203ページ）
ココナッツホイップクリーム（273ページ）

シナモンシュガーチュロス（200ページ）
ココナッツキャラメルソース（216ページ）

シルキーチョコレートムース（215ページ）

毎日つくれる！

ヴィーガン・レシピ

美味しい
レシピ

500 下

ダグラス・マクニッシュ＝著

富永暁子＝監訳　大森敦子＝訳

NEWTON PRESS

毎日つくれる！
ヴィーガン・レシピ 500 下

美味しい
レシピ

謝辞

料理の本の出版は簡単なことではなく、とても私一人の力ではなし得ませんでした。出版の始まりからゴールまで、長い道のりの間に大勢の方たちがさまざまな力を貸してくれました。ここに感謝の言葉を記したいと思います。

このプロジェクトを始めた頃に亡くなった母へ。子どもの頃、一緒にニョッキをつくったことを今でも覚えています。あなたが教えてくれたことは、今も私のなかで生き続けています。それはあなたの魂であり、あなたが与えてくれたインスピレーションのおかげで、私はシェフという道を選びました。あなたの魂は本書のなかでも輝き続けるでしょう。

妻のキャンディスへ。私を信じ支えてくれ、いつも前向きに応援してくれるきみなしでは、私はどうなっていたかわかりません。きみという妻、そして親友を得た私は本当に幸せ者です。

大切な友、リサ・ボーデンへ。あなたは、「自分は小さすぎる存在で何かに影響を与えることなどできないと感じているなら、蚊と一緒に寝てごらんなさい」というダライ・ラマの言葉を思い出させてくれた人です。私を信じてくれて、家族のように接してくれてありがとう。僕が働いていたヴィーガンレストラン『ロー・オーラ』のドアをあなたが入ってきたそのときから、私の人生はよいほうへ変わったのです。感謝してもしきれません。

ザ・ビーン、マイカへ。

私を信じ、本の出版を常にビジネス面で支えてくれたボブ・ディーへ。

ジュディス・フィンレイソンへ。専門家の目と伝統料理に関する膨大な知識、優れた編集技術と長時間におよぶ作業に感謝します。あなたなしに、この本が日の目を見ることはなかったでしょう。

トレーシー・ボーディアンへ。あなたの専門家としての洞察力にはいつも驚かされます。あなたとまた一緒に仕事ができてうれしかったです。そのかいあって、本書のレシピは格段によいものになったと確信しています。

鋭い目をそなえた編集者のジリアン・ワッツへ。

ケビン・コックバーンならびにスタッフの皆さんは、本書をしっかりまとめてくれました。ありがとうございました。

わがスタッフ全員へ。本当にがんばってくれてありがとう。ビジネスは簡単にはいきません。きみたちのすばらしい働きなしにやっていくことは不可能でしょう。

最後に、私を支えてくれる皆さまに感謝します。私が今ここにいられるのは、あなた方一人ひとりのおかげです。レストランのお客さま、レッスンの受講者、その他さまざまなかたちで私をサポートしてくださった方々にこの本を捧げます。

はじめに

ヴィーガンというライフスタイルは，今では広く知られるようになりました。テレビで紹介されたり，雑誌で取り上げられたり，ヴィーガン料理の本がベストセラーになったりするのも当たり前のことになっています。しかし，私がオーガニックのヴィーガン料理を始めた2005年頃は，まったく状況が違っていました。「ヴィーガン」という言葉さえ聞いたことがない人がほとんどで，当然ながらヴィーガン料理の本など，ほんのわずかしか出版されていませんでした。参考にすべきものが少ないなか，シェフとしてヴィーガン料理の腕を磨いていくのは難しいことでした。私は人に頼ることをやめ，自分がマスターしたレシピを見直し，材料を植物由来に替えて再現する方法をとるようになりました。もちろん，すべてうまくいったわけではありませんが，試行錯誤を繰り返しながら，レシピを増やしていったのです。

最高の技術を学んだシェフとして，自分の仕事はすばらしい味と食感，美しいいろどりを創造することだと思っています。また，ヴィーガンの一人としては，自らの技術を最大限に駆使して，元の料理に勝るとも劣らないヴィーガン版の一品をつくりたいと思うのです。私はよくこんなふうに考えます。新しいレシピを開発するときのプロセスは1/3がひらめき，1/3が知識，そして残りの1/3は失敗からの学びだと。どのレシピも，最終的にどんな味と食感で，食べたときに口の中でどう感じるのか，と考えるところから始まります。つまり，完成像を思い描き，そこからさかのぼって分析し，再現していくのです。

私が本書で公開したレシピはすべて植物由来であり，きわめてバラエティに富んでいます。ヴィーガンの方はもちろん，そうではない家族の方々もきっと同じように楽しみ，気に入っていただけるのではないでしょうか。読者の皆さまがオーガニックでグルテンフリーのヴィーガン料理をつくるときに，必ずや本書を手に取ってくださることを願ってやみません。

私がおいしくて栄養価の高いヴィーガンのレシピ開発に心血をそそいだ一番の理由は，いわゆるヴィーガン食品として市場に出回っているものが決して健康的ではないからです。これは実体験から学んだことですが，たいてい，精製塩や保存料，過度に精製された穀物やデンプン，体によくない甘味料や脂質が使われているのです。ヴィーガンカフェでシェフとして働いていた若い頃，私は誤ったヴィーガン食品を食べていたせいで，18kgも太ってしまいました。ヴィーガン食もほかの食べ物と同じで，よいものもあれば悪いものもあるのです。常に食品表示を読み，自分が食べるものについてよく知ることを心がけましょう。果物や野菜，ナッツ，種子類，穀類，豆類などの食材は，加工されていないもの（ホールフード）を選ぶようにしましょう。丸ごとの食材には，栄養も丸ごと残されているのです。

本書で基本的なヴィーガンの料理法を学び，使用する食材（次ページ）に関する知識を得たら，私のレシピを普通の料理と大差なく簡単につくれるようになるはずです。

厳格なヴィーガンの方も，植物由来の食べ物に興味をもち始めた初心者の方も，ぜひ本書のレシピで料理を楽しんでください。まずは自宅のキッチンにある食材を使って，私のやり方とレシピを試してみることをおすすめします。少しだけ練習して基本をつかんでしまえば，ほら，もう，あなたはお家のマスターシェフです。

私のキッチンからあなたのキッチンへ
シェフ　ダグ・マクニッシュ

＊＊＊＊＊本書で使用する食材について＊＊＊＊＊

　グルテンフリーの穀粉には，玄米粉，ソルガム粉，米粉などがあります。またキビ，キヌア，そば，ひよこ豆の粉も，栄養価に優れた全粒粉で，目的に合わせて使い分けます。一口にグルテンフリーといっても，メーカーによって挽き方が異なり，性質も違います。本書のレシピでは，特に指定のない場合は，細粒の粉を使うとしあがりがよくなります。

　小麦粉を使ったレシピでは，混ぜすぎると失敗の原因になることがありますが，これはグルテンの性質によるものです。グルテンフリーの粉を使う時は，反対によく混ぜることが重要です。特に水分や油分を加えたあとはしっかり混ぜ，粉によく吸収させると，しあがりが格段によくなります。

　また，本書ではバニラエクストラクト（オーガニック，アルコールフリー），またはバニラ（オーガニック）を挽いたバニラパウダーを使用しています。バニラパウダーの風味は格別ですが，バニラエクストラクトで代用してもかまいません。

バニラエクストラクト		バニラパウダー
小さじ 1/2（2ml）	＝	小さじ 1/4（1ml）
小さじ 1（5ml）	＝	小さじ 1/2（2ml）

訳者注：
1. 本書のレシピではカナダの計量カップが使われており，1カップ250mlとなっています。ml表示を併記していますが，あらかじめ250mlの計量カップを用意しておくと便利です。
2. また，スロークッカーを使うレシピを多く紹介しています。スロークッカーは火を使わず，温度と時間を設定しておくだけでよい手軽さから，カナダやアメリカでは人気の調理家電です。近年は日本でも人気が高まっている多機能調理鍋にも，スロークック機能が搭載されています。スロークッカーの代わりに，炊飯器やガス台で調理することもできます。
　スロークッカーを使わない場合の目安：①スロークッカー低温設定で6時間煮込むレシピの場合，炊飯器で5時間ほど保温する。②スロークッカー高温設定で3時間煮込むレシピの場合，保温性のよい鍋とふたを使用し，ガスコンロやIH調理器のとろ火で3時間ほど煮込む。
3. 上巻の「ジュース，スムージー，植物性ミルク」の章では電動ジューサーを使用するレシピが多数あります。これは，開口部から野菜や果物を入れ，ジュースと搾りかすに分けて出すタイプのジューサーなので，ミキサーと違い，水分を加えずにジュースがつくれます。
4. なお，各レシピのページに書かれた食品の保存期間は目安です。環境によって異なりますので，ご自身でご判断ください。

ソテーと炒めもの

オリーブのレモン・ガーリック・ハーブソテー

にんにくの味わいとハーブの香り，そしてレモンの酸味を効かせたオリーブは，前菜やおつまみにぴったりです。ゆでたてのパスタにからめれば，それだけでおいしいディナーのできあがり。なお，グルテンフリーのパスタ生地のつくり方は上巻に収録されています。

4人分

ポイント

オリーブの種類は，レシピにある組み合わせがおすすめですが，種類を問わず手に入るものを使ってください。

冷蔵庫で保存している間はレモンを入れておきます。食べるときには取り除いてください。

エクストラバージンオリーブオイル	60ml
にんにく　薄切り	3〜4かけ
ローズマリー　きざむ	大さじ2
タイムの葉　きざむ	大さじ2
カラマタオリーブ	1/2カップ (125ml)
グリーンオリーブ (ポイント参照)	1/2カップ (125ml)
オリーブニソワーズ	1/2カップ (125ml)
レモン　皮ごと輪切り	1/2カップ (125ml)

1. 大きめのフライパンでオリーブオイルを弱〜中火で熱します。にんにくを加え，軽く焼き色がつくまで炒めます。ローズマリーとタイムを加え，香りが立つまで1〜2分炒めます。オリーブを全部入れて，オイルとハーブがよくからむように混ぜ，全体に火が通るまで4〜5分炒めます。

2. 1にレモンを加えて混ぜ，2〜3分炒め，火を止めて冷まします。レモンを取り除いて器に盛りつけます (ポイント参照)。すぐに食べない場合は，密閉容器に移します。冷蔵庫で約1カ月間保存できます。

バリエーション

オリーブのオレンジ・唐辛子・フェンネルソテー：にんにく，ローズマリー，タイムの代わりに，赤唐辛子フレーク小さじ1，オレンジ輪切り1/2カップ (125ml)，フェンネルシード大さじ1を使います。

チェリートマトのバルサミコソテー，赤ワインソース

バルサミコ酢でソテーしたトマトは，カリフラワーのグラタン（上巻参照）や，グリルトマトとポータベロのラグー（56ページ参照）などのグリルやロースト料理によく合います。

（上巻参照）

2カップ（500ml）分

ポイント

チェリートマトの代わりに，一口大に切ったトマト（チェリートマトを切ったときに出る汁も使います）でもOKです。

アガベシロップは，低温処理のもの（ロー）を選びましょう。遺伝子組み換えでない100％天然の甘味料で，自然にできた果糖（フルクトース）を含み，GI値が低いのが特徴です。ゆっくりとグルコースに分解されるため，エネルギーが持続します。

ヴィーガンホイップバターは，市販の生アーモンドバター大さじ1と1/2（22ml）で代用できます。

グレープシードオイル	大さじ1
チェリートマト　半分に切る（ポイント参照）	4カップ（1L）
赤ワイン　辛口	1/2カップ（125ml）
バルサミコ酢	60ml
水	60ml
アガベシロップ（ポイント参照）	大さじ3
タイムの葉　きざむ	小さじ1
海塩	小さじ1/4
ヴィーガンホイップバター（262ページとポイント参照）	大さじ3

1. 大きめのフライパンでグレープシードオイルを中火で熱します。チェリートマトを入れて，12〜15分ほど炒めます。様子を見ながらときどきかき混ぜ，水分が蒸発してなくなるまで煮詰め，赤ワイン，バルサミコ酢，水，アガベシロップを加えて混ぜます。ひと煮立ちさせて火を弱め，20分ほど煮詰めます。

2. 水分がだいたい蒸発したら火を止めます。タイムと塩を入れて混ぜます。ヴィーガンホイップバターを小さじ1〜2ずつ加え，混ぜて溶かします。バターが全部混ざったらできあがりです。温かいうちにいただきます。

ほうれん草のガーリック＆ワインソテー

にんにくの効いたほうれん草のソテーは，ローストや蒸し焼きなどの料理にぴったりの副菜です。特に，タイム香るきのこと白いんげん豆のラグー（上巻参照）や，ムング豆のダール（上巻参照）に合わせるのがおすすめです。

2人分

ポイント

ほうれん草の代わりにベビースピナッチを使う場合は，量を8カップ（2L）に増やします。

ほうれん草だけでなく，スイスチャード，かぶや大根の葉，マスタードグリーン（からし菜）などでもつくれます。

にんにくは焦がさないように注意。こんがり焼き色がついてきたらほうれん草を加えます。

グレープシードオイル	大さじ3
にんにく　みじん切り	6〜8かけ
ほうれん草　ざく切り（ポイント参照）	4カップ（1L，詰めて計量）
白ワイン　辛口	60ml
海塩	小さじ1/4
タイムの葉　きざむ	小さじ2

1. 大きめのフライパンでグレープシードオイルを中〜強火で熱します。にんにくを入れて香りが立って焼き色がつくまで2〜3分炒めます（ポイント参照）。
2. ほうれん草を加え，しんなりするまで3〜4分炒めます。白ワインを加え，3分ほど炒めて水分を飛ばします。塩とタイムを加え，混ぜ合わせてできあがりです。温かいうちにいただきます。

きのこのソテー

シンプルですが味わい深いサイドディッシュなので，いろいろな料理のお供に大活躍です。唐辛子とにんにくのスパゲティ（上巻参照）や豆腐の照り焼き（16ページ参照）などにつけ合わせたり，応用が利く一品です。

2人分

ポイント

このレシピにはホワイトやブラウンマッシュルーム，しいたけ，アンズ茸をミックスして使うのがおすすめですが，すべてそろわなくてもOK。1種類だけでもおいしくいただけます。

きのこは水洗いせずに，濡れ布巾などで表面の土などを拭いてきれいにします。水洗いすると，スポンジのように水を吸収し，変色してしまうので，気をつけましょう。

グレープシードオイル	大さじ3
玉ねぎ　みじん切り	60ml
にんにく　みじん切り	3〜4かけ
好みのきのこ　薄切り（ポイント参照）	4カップ（1L）
海塩	小さじ1/2
黒こしょう　ミルで挽く	小さじ1

1. 大きめのフライパンでグレープシードオイルを強火で熱します。玉ねぎとにんにくを入れて，玉ねぎが透き通るまで約6分ほど炒めます。
2. 1にきのこを加え，炒めます。きのこの色が濃くなり，水分がだいたい蒸発するまで10〜12分ほど炒め，火を止めます。塩,黒こしょうで味つけします。温かいうちにいただきます。

カシューナッツとにんじんのジンジャーソテー

基本のキヌア（上巻参照）と相性抜群のつけ合わせです。生姜の辛みがカシューナッツとにんじんの甘みを引き出してくれます。しょうゆを少しだけ加えれば，深みが増し味わいもグンとアップ。

2〜3人分

ポイント

生姜の皮むきは，スプーンのふちで皮をこそげ落とすようにすると，無駄がありません。

グレープシードオイル	大さじ3
生姜　みじん切り（ポイント参照）	大さじ2
生カシューナッツ	1/2カップ（125ml）
にんじん　短冊切り	3カップ（750ml）
アガベシロップ	大さじ2
水	大さじ1
たまりしょうゆ	大さじ1
焙煎ごま油	小さじ1

1. 大きめのフライパンでグレープシードオイルを中〜強火で熱します。生姜と生カシューナッツを入れて8〜10分ほど炒めます。軽く焼き色がついたらにんじんを加え，やわらかくなるまで4〜5分炒めます。

2. アガベシロップ，水，しょうゆ，ごま油を加え，全体がよくからむように混ぜ，2分ほど炒めたらできあがりです。すぐに食べない場合は，冷まして密閉容器に移します。冷蔵庫で約5日間保存できます。

きのこのフリカッセ

フランスの家庭料理では定番の煮込み料理のフリカッセです。ヴィーガン版ではたっぷりのきのこを使います。ポレンタ（上巻参照）の上にかけて，ハーブソルト（259ページ参照）をふってどうぞ。ハード系のパンと一緒にソースまで味わい尽くしましょう。

2人分

ポイント

にんにくの量は1かけの大きさで調整します。大きめなら3かけ，小さめなら4かけとなります。

にんにくを細かくきざむ：にんにくをまな板の上に置き，包丁の腹で強くゆっくり押します。薄皮が浮いてはがれやすくなるので，親指と人差し指でつまんで押し出すように実を取り出します。まずは粗めにきざみ，塩を少しふり，包丁の腹ですりつぶし（塩の粒でさらにつぶれます），さらに包丁で叩くようにきざみます。

しいたけの石づきは繊維がかたいので食べられませんが，スープのだしなどに使えます（このレシピでは使いません）。

どの種類のきのこを使ってもおいしくつくれます。アンズ茸，シロカノシタ，ポータベロ，まいたけなどで試してください。

グレープシードオイル	大さじ3
玉ねぎ　みじん切り	60ml
海塩	小さじ1/4
にんにく　みじん切り（ポイント参照）	3〜4かけ
ホワイトマッシュルーム　薄切り	1カップ（250ml）
しいたけ　薄切り（ポイント参照）	1カップ（250ml）
ひらたけ　薄切り	1カップ（250ml）
赤ワイン　辛口	1/2カップ（125ml）
たまりしょうゆ	大さじ2
タイムの葉　きざむ	大さじ1
ヴィーガンホイップバター（262ページ参照）	大さじ2

1. 大きめのフライパンでグレープシードオイルを中〜強火で熱します。玉ねぎ，塩，にんにくを入れて，玉ねぎが透き通るまで6分ほど炒め，さらにきのこを全部加えて炒めます。よく混ぜながら，きのこから出た水分がほとんどなくなるまで8〜10分さらに炒めます。

2. ワインを加え，3〜4分ほど煮詰め，水分を完全に飛ばします。火を止めて，しょうゆとタイムを加えます。ヴィーガンホイップバターをゆっくり混ぜながら加え，すべて溶けて混ざればできあがりです。温かいうちにいただきます。

トリプルペッパーの野菜ソテー

3種類のペッパーを使った激辛野菜ソテーです。ペッパーの刺激的な辛さに汗をかきながら食せば，元気もりもり！　エリンギのグリルとココナッツカレー風味ちまき（136ページ参照）と一緒にどうぞ。

4人分

ポイント

アナハイムチリペッパーとは細長い赤い唐辛子です。見つからない場合は同じ量のししとうで代用できます。

にんにくの薄切りは高温の油に加えるとすぐに焦げてしまいます。焦がさないためにも，ここでは3mmくらいの厚さに切ります。

グレープシードオイル	大さじ3
ハラペーニョ　みじん切り	大さじ1
アナハイムチリペッパー　みじん切り（ポイント参照）	小さじ1
唐辛子フレーク	小さじ1/2
にんにく　薄切り（ポイント参照）	2～3かけ
にんじん　薄く斜め切り	1/2カップ（125ml）
赤パプリカ　短冊切り	1/2カップ（125ml）
ズッキーニ　半月切り	1/2カップ（125ml）
ブロッコリー　小房に切る	1/2カップ（125ml）
ケール　一口大に切る	1/2カップ（125ml）
海塩	小さじ1/4

1. 大きめのフライパンでグレープシードオイルを中～強火で熱します。ハラペーニョ，アナハイムチリペッパー，唐辛子，にんにくを入れて，にんにくに薄く色がつき，ペッパーの香りが立つまで2～3分炒めます。

2. にんじん，赤パプリカ，ズッキーニを加え，2～3分炒めます。にんじんがしんなりしたらブロッコリーとケールも加え，さらに2～3分炒めます。野菜がやわらかくなったら火を止めて，塩で味を調えます。温かいうちにいただきます。すぐに食べない場合は，冷ましてから密閉容器に移します。冷蔵庫で約5日間保存できます。

テンペのジンジャーみそソテー

パッと手軽につくれるタンパク質たっぷりの一品です。スイート＆サワースープ（41ページ参照）や，アジアンスタイル小豆サラダ（上巻参照）などに合わせれば，アジアンテイストのディナータイムを盛り上げてくれます。

3人分

ポイント

加熱殺菌していないテンペは大型スーパーや自然食品店の冷凍コーナーにあります。冷凍テンペのほうが食感がよいので，できるだけこちらを使うことをおすすめしますが，見つからない場合は，冷蔵のテンペも同様に使えます。

みそは体によい酵母菌が生きている未殺菌の生みそを選びます。グルテンフリーには，玄米みそかひよこ豆のみそを選び，さらにグルテンを含む大麦が使われていないか，ラベルの確認も必要です。みそを加えてから沸騰させてしまうと酵母菌が死んでしまうので，火加減には注意しましょう。

テンペ（ブロック，ポイント参照）	240g
水	4カップ（1L）
たまりしょうゆ　分けて使用	1/2カップ（125ml）
にんにく	2かけ
グレープシードオイル	大さじ3
玄米またはひよこ豆の生みそ（ポイント参照）	60ml
純粋メープルシロップ	大さじ2
生姜　みじん切り	大さじ2

1. 鍋にテンペ，水，しょうゆ大さじ6，にんにくを入れて，強火にかけます。ひと煮立ちしたら弱火にし，15分ほどゆでます。穴あきおたまでテンペをすくって皿に取り，10分ほど置いて冷まします。

2. よく切れる包丁でテンペを一口大に切ります。

3. 大きめのフライパンでグレープシードオイルを中火で熱します。**1**のテンペを入れて，すべての面にこんがり焼き色がつくまで，8〜10分炒めます。

4. その間，ボウルに残りのしょうゆ，生みそ，メープルシロップ，生姜を入れて，混ぜ合わせます。**3**のフライパンに加え，よく混ぜ合わせてできあがりです。すぐに食べない場合は，冷ましてから密閉容器に移します。冷蔵庫で約5日間保存できます。

豆腐の照り焼き

炊きたてのご飯とブロッコリーやケールなどの蒸し野菜に合わせれば，栄養も彩りも満足度も文句なし！　これでパーフェクトなメニューの完成です。

4人分

ポイント

豆腐を冷凍する：少しだけ時間がかかりますが，豆腐を一度冷凍してから解凍すると，水分が出てかたくなり肉のような食感になります。

豆腐を冷凍庫に入れて4時間以上，または一晩凍らせます。凍った豆腐をオーブントレイなどにのせ，常温で解凍します。解凍した豆腐に清潔な布巾などをかぶせ，その上に皿を置き，缶詰などで重石をします。そのまま冷蔵庫で6時間以上，または一晩置いて水を切ります。

コーンスターチはオーガニックのものを選びましょう。たいていの非オーガニックコーンスターチには遺伝子組み換え作物が使われています。

グレープシードオイル	大さじ3
木綿豆腐（水切りまたは冷凍後解凍し水切りをしたもの，ポイント参照）　一口大（2.5cm）に切る	500g
ジンジャーテリヤキソース（上巻参照）	1/2カップ（125ml）
ねぎ（緑の部分）　小口切り	大さじ1
生白ごま	小さじ1
水	大さじ3
コーンスターチ（オーガニック，ポイント参照）	大さじ1

1. 大きめのフライパンでグレープシードオイルを中火で熱します。豆腐を入れて，すべての面にこんがり焼き色がつくまで，10〜12分炒めます。ジンジャーテリヤキソース，ねぎ，生白ごまを加え，2〜3分炒めます。

2. 小さい器に水とコーンスターチを入れて，ダマが残らないようによくかき混ぜ，1に加えます。5〜6分煮詰めてとろみがついたらできあがりです。温かいうちにいただきます。

ひよこ豆のカリカリ炒め

タンパク質を豊富に含むひよこ豆の炒めものです。炊きたてのご飯とブロッコリーの海鮮醬炒め（19ページ参照）に合わせてどうぞ。

2〜3人分

ポイント

ひよこ豆は自分で煮たもの（上巻参照）でも水煮缶でもOKです。缶詰めの場合はできれば塩無添加のものを。塩が使われている場合は、流水ですすいでから使います。

セロリの外側の太い筋はかたく、噛みきれないので、ピーラーなどで取り除いておきます。こうすることで、食感もよくなり、セロリの風味も増します。

グレープシードオイル	大さじ3
唐辛子フレーク	小さじ1/4
にんにく　みじん切り	2〜3かけ
ひよこ豆（水煮，ポイント参照）	2カップ（500ml）
セロリ　薄く削ぎ切り（ポイント参照）	1/2カップ（125ml）
たまりしょうゆ	大さじ1

1. 大きめのフライパンでグレープシードオイルを強火で熱します。唐辛子、にんにくを入れて香りが立つまで30秒ほど炒めます（焦がさないように注意）。ひよこ豆を加えて混ぜ、12〜15分炒めます。

2. セロリを加え、しんなりするまで2〜3分炒めます。火を止めて、しょうゆをかけて混ぜます。温かいうちにいただきます。すぐに食べない場合は、冷ましてから密閉容器に移します。冷蔵庫で約1週間保存できます。

枝豆のジンジャーライム炒め

ヴィーガンにとって枝豆は強い味方です。彩りがきれいなのでスープやサラダ，炒めものに加えたり，ミキサーにかけてスプレッドやディップにしたり……etc。この炒めものは，タイ風ココナッツとなすのライスヌードル（上巻参照）や，タイ風豆腐のレタスサンド（上巻参照）などと合わせるのがおすすめです。

2人分

ポイント

生姜の皮むきは，スプーンのふちで皮をこそげ落とすようにすると，無駄がありません。

冷凍のむき枝豆は，冷蔵庫に一晩置いて解凍させるか，熱湯1Lに15分ほどひたしてから水を切って使用します。

このレシピは，冷めてもタンパク質豊富なサラダとして楽しめます。

グレープシードオイル	大さじ2
生姜　みじん切り（ポイント参照）	大さじ1
ねぎ（緑の部分）　斜め切り	60ml
むき枝豆（ポイント参照）	2カップ（500ml）
ライムの皮のすりおろし	小さじ1
ライム果汁	大さじ3
水	大さじ1
海塩	小さじ1/4

1. 大きめのフライパンでグレープシードオイルを強火で熱します。生姜を入れて香りが立つまで30秒ほど炒めます。次にねぎを入れて2分ほど炒め，軽く焦がします。

2. むき枝豆を加え，3〜4分炒めます。枝豆がやわらかく緑色が鮮やかになったら，ライムの皮と果汁，水，塩を加えて混ぜます。温かいうちにいただきます。すぐに食べない場合は，冷ましてから密閉容器に移します。冷蔵庫で約5日間保存できます。

バリエーション

ブラックビーンのチリライム炒め：枝豆の代わりに同量のブラックビーンを使用し，最後にチリパウダー小さじ1を加えます。

ブロッコリーの海鮮醬炒め

豆腐の照り焼き（298ページ参照）と炊きたてご飯に合わせるだけで，本格アジアンメニューの完成！

4人分

ポイント

生姜の皮むきは，スプーンのふちで皮をこそげ落とすようにすると，無駄がありません。

ブロッコリーの茎もおいしいので捨てずに使います。下のほうのかたい部分は切り落とし，外側のかたい皮はピーラーなどでむきます。中のやわらかい部分は，どのレシピでもブロッコリーの花蕾（からい）の部分と同様に使えます。

このレシピでは海鮮醬（ホイシンソース）の風味が強く出ます。軽めにしあげたい場合は，レシピの分量の半分まで減らしてもOKです。

海鮮醬（ホイシンソース）は，保存料や精製砂糖の使われていない高品質のものを選びましょう。質のよいものは大豆といもを発酵させ，モラセスなど天然糖が使われています。

グレープシードオイル	大さじ3
生姜　みじん切り（ポイント参照）	大さじ3
ブロッコリー　小房に切る（ポイント参照）	4カップ（1L）
海鮮醬（ホイシンソース，ポイント参照）	1/2カップ（125ml）
水	60ml
米酢	小さじ1

1. 大きめのフライパンでグレープシードオイルを強火で熱します。生姜を入れて少し焦げるまで1分ほど炒めます。ブロッコリーを入れてよく混ぜ，緑色が鮮やかになるまで2〜3分ほど炒めます。
2. 海鮮醬，水を加え，2〜3分炒めます。ソースが煮詰まったら火を止めて，酢を加えて混ぜます。温かいうちにいただきます。

カラフル野菜炒め

ヴィーガンの定番おかずの野菜炒めですが，せっかくつくるならシャキシャキの野菜の食感と旨味を存分に楽しみたいもの。コツは，フライパンを強火で熱してから野菜を炒めること。お店の味に引けをとらない感動的な一皿にしあがります。

4人分

ポイント

にんにくの薄切りは高温の油に加えるとすぐに焦げてしまいます。焦がさないためにも，ここでは3mmくらいの厚さにスライスします。

セロリの外側の太い筋はかたく，噛みきれないので，ピーラーなどで取り除いておきます。こうすることで，食感もよくなり，セロリの風味も増します。

温め直し：フライパンに水60mlを入れて沸かします。野菜を加え，3〜4分加熱して温めます。

グレープシードオイル	大さじ2
にんにく　薄切り（ポイント参照）	2〜3かけ
生姜　みじん切り	大さじ1
にんじん　薄く斜め切り	1/2カップ（125ml）
セロリ　薄くそぎ切り（ポイント参照）	1/2カップ（125ml）
赤パプリカ　短冊切り	1/2カップ（125ml）
ブロッコリー　小房に切る	1/2カップ（125ml）
ベビーパクチョイ　ざく切り	1/2カップ（125ml）
たまりしょうゆ	大さじ3
アガベシロップ	大さじ1
米酢	大さじ1
焙煎ごま油	小さじ2

1. 大きめのフライパンでグレープシードオイルを強火で熱します。にんにくと生姜を入れて香りが立つまで1分ほど炒めます。にんじん，セロリ，赤パプリカを入れてよく混ぜ，にんじんがやわらかくなるまで2分ほど炒めます。

2. ブロッコリー，ベビーパクチョイを加え，2分ほど炒めます。しょうゆ，アガベシロップ，米酢，ごま油を加え，よく混ぜます。温かいうちにいただきます。すぐに食べない場合は，冷ましてから密閉容器に移します。冷蔵庫で約5日間保存できます。

キャベツとにんにくのさっと炒め

軽い口あたりのシンプルなサイドディッシュです。豆腐のフレンチオニオン蒸し（59ページ参照）や，モロッコ風ひよこ豆の煮込み（上巻参照）などによく合います。

2～3人分

ポイント

にんにくの薄皮を取る：にんにくをまな板の上に置き，包丁の腹で強くゆっくり押します。薄皮が浮いてはがれやすくなるので，親指と人差し指でつまんで押し出すように実を取り出します。

にんにくを細かくきざむ：にんにくをまな板の上に置き，包丁の腹で強くゆっくり押します。薄皮が浮いてはがれやすくなるので，親指と人差し指でつまんで押し出すように実を取り出します。まずは粗めにきざみ，塩を少しふり，包丁の腹ですりつぶし（塩の粒でさらにつぶれます），さらに包丁で叩くようにきざみます。

このレシピのキャベツにはスライサーを使うと便利です。

グレープシードオイル	大さじ2
にんにく　みじん切り（ポイント参照）	8～10かけ
キャベツ　千切り（ポイント参照）	4カップ（1L）
たまりしょうゆ	大さじ2
水	大さじ1
焙煎ごま油	小さじ2
生白ごま	小さじ1

1. 大きめのフライパンでグレープシードオイルを強火で熱します。にんにくを入れて，きつね色になるまで30秒ほど炒めます（焦がさないように注意）。キャベツを加え，しんなりするまで3～4分ほど炒めます。

2. しょうゆ，水，ごま油を加え，5分ほど水分がなくなるまで炒めます。生白ごまを散らしてできあがりです。温かいうちにいただきます。すぐに食べない場合は，冷ましてから密閉容器に移します。冷蔵庫で約5日間保存できます。

なすとにんにくのこんがり炒め

ほうれん草のガーリック＆ワインソテー（10ページ参照）にもよく合い，この一品だけでどんどんご飯が進みます。炊きたてのご飯のお供にどうぞ。

グレープシードオイル	60ml
にんにく　薄切り	8〜10かけ
なす　薄めの半月切り（ポイント参照）	3カップ（750ml）
たまりしょうゆ	大さじ3
純粋メープルシロップ	大さじ2
水	大さじ1
焙煎ごま油	小さじ1
コーンスターチ（オーガニック）	大さじ1
バジルの葉　千切り（ポイント参照）	60ml

2〜3人分

ポイント

日本のなすは他国のものよりマイルドな味わいで，皮がやわらかいのが特徴です。

バジルの葉の千切り：バジルの葉を茎から取り，重ねて葉巻のように巻きます。端から細く切っていきます。

1. 大きめのフライパンでグレープシードオイルを強火で熱します。にんにくを入れて，きつね色になるまで30秒ほど炒めます（焦がさないように注意）。なすを入れて混ぜ，こんがり焼き色がつくまで6〜8分ほど炒めます。

2. 小さいボウルにしょうゆ，メープルシロップ，水，ごま油を加え混ぜます。コーンスターチも加え，ダマにならないようにしっかり混ぜます。フライパンに入れて，とろみがつくまで2〜3分煮詰めます。最後にバジルを加え，全体を混ぜてできあがりです。温かいうちにいただきます。

エリンギの焦がししょうゆ焼き

このレシピのエリンギはまるで帆立の貝柱。風味を吸収する特徴もその食感も，帆立の貝柱にとても
よく似ています。前菜としても，また豆腐のスイート＆サワー炒め（26ページ参照）などのつけ合わ
せにも大活躍の一品です。

（26ページ参照）

2人分

ポイント

エリンギがとても太い場合は，
片面に十字の切り込みを入れて
ください。火の通りが均等にな
ります。

アガベシロップの代わりに純粋
メープルシロップでもOKです。

エリンギ（ポイント参照）	1〜2本
グレープシードオイル　分けて使用	大さじ3
海塩	小さじ1/4
たまりしょうゆ	大さじ3
アガベシロップ（ポイント参照）	大さじ1
水	大さじ1〜2
タイムの葉　きざむ	小さじ1

1. エリンギの傘の部分を切ります（傘の部分は別の用途に使用してく
   ださい）。石づきの部分も1cmほど切り落とします。帆立貝柱の
   ように，厚さ約2.5cmの4〜6個の輪切りにします（ポイント参照）。
2. 切ったエリンギにグレープシードオイル大さじ1をかけてからめ，
   塩をふります。
3. 大きめのフライパンでグレープシードオイル大さじ2を中火で熱し
   ます。エリンギを片面につき4〜5分，きつね色に焼き色がつく
   まで焼きます。両面が焼けたらしょうゆ，アガベシロップ，水，タ
   イムを加え，水分がなくなるまで2〜3分香ばしく焼いてできあ
   がりです。温かいうちにいただきます。

豆腐とレモングラスのココナッツ野菜カレー

まろやかなココナッツミルクに，カリカリの豆腐がアクセントになっています。材料がそろっていれば，サッとつくれるシンプルなレシピなので，休日の優雅なブランチにいかが？

2人分

ポイント

豆腐を冷凍する：少し時間がかかりますが，豆腐を一度冷凍してから解凍すると，水分が出てかたくなり，肉のような食感になります。

豆腐を冷凍庫に入れて4時間以上または一晩凍らせます。凍った豆腐をオーブントレイなどにのせ，常温で解凍します。解凍した豆腐に清潔な布巾などをかぶせ，その上に皿を置き，缶詰などで重石を乗せます。そのまま冷蔵庫で6時間以上または一晩置いて水を切ります。

このレシピにある野菜の量と種類は，理想ではあるものの厳密ではありません。お手持ちの野菜を使ってアレンジもできます。豆腐を使っていますが，豆腐の分も野菜に変えたい場合は，トータルで2カップ（500ml）になるように調節してください。

レモングラスは全部が食べられるわけではありません。炒めもの，スープ，カレーなどに使うレモングラスは用途に合わせて切り分ける必要があります。外側の皮と下部2.5cmはかたいので使いません。上部の繊維質

グレープシードオイル　分けて使用	大さじ3
木綿豆腐（水切りまたは冷凍後解凍したもの，ポイント参照）	
1cm角切り	250g
玉ねぎ　粗みじん切り	1/2カップ（125ml）
レモングラス　きざむ（ポイント参照）	大さじ1
海塩	小さじ1/4
にんにく　みじん切り	2〜3かけ
生姜　みじん切り	大さじ1
カレーパウダー	小さじ2
クミン（粉）	小さじ1/2
コリアンダー（粉）	小さじ1/4
ブロッコリー　小房に切る	60ml
にんじん　一口大に切る	60ml
赤パプリカ　細切り	60ml
ズッキーニ　一口大に切る	60ml
水	60ml
ココナッツミルク（全脂肪）	1缶（400ml）
たまりしょうゆ	大さじ2
レモン果汁	大さじ1

1. 大きめのフライパンでグレープシードオイル大さじ2を中〜強火で熱します。豆腐を入れて，全面がきつね色になるまで10分ほど焼き，キッチンペーパーを敷いた皿に移します。

2. 同じフライパンでグレープシードオイル大さじ1を熱し，玉ねぎ，レモングラス，塩を入れて，玉ねぎが透き通るまで5分ほど炒めます。にんにくと生姜を入れて香りが立つまで1分ほど炒めます。次にカレーパウダー，クミン，コリアンダーを混ぜ入れて香りが立つまでさらに1分ほど炒めます。

3. 2にブロッコリー，にんじん，赤パプリカ，ズッキーニを加え，1分ほど炒めます。水とココナッツミルクを加え，強火にします。ひと煮立ちしたら1の豆腐を加えます。野菜がやわらかくなるまで5分ほど煮詰めます。

4. 火を止めて，しょうゆとレモン果汁を加えて混ぜればできあがりです。温かいうちにいただきます。

の部分はスープやソースの風味
づけに使い，食べる前に取り出
しておきます。中央の5～7.5cm
の部分はやわらかいので，きざ
んで食べることもできますが，
少なくとも4～5分ほど加熱す
る必要があります。

このレシピのカレーパウダー，
クミン，コリアンダーは，好み
のインドスパイスミックス（ガ
ラムマサラやチャートマサラな
ど）大さじ1に変えることがで
きます。

豆腐のスイート＆サワー炒め

簡単手軽でおいしい一品です。これだけでもランチとしては十分大満足です。ピーナッツごまだれそば（上巻参照）や，トリプルペッパーの野菜ソテー（14ページ参照）に合わせればディナーとしても楽しめます。

（上巻参照）や，トリプルペッパーの野菜ソテー（14ページ参照）に合わせれば

4人分

ポイント

豆腐を冷凍する：少しだけ時間がかかりますが，豆腐を一度冷凍してから解凍すると，水分が出てかたくなり肉のような食感になります。

豆腐を冷凍庫に入れて4時間以上，または一晩凍らせます。凍った豆腐をオーブントレイなどにのせ，常温で解凍します。解凍した豆腐に清潔な布巾などをかぶせ，その上に皿を置き，缶詰などで重石をします。そのまま冷蔵庫で6時間以上，または一晩置いて水を切ります。

スイート＆サワーソースのつくりおきがない場合は，以下で代用できます。

・アガベシロップ
　大さじ2
・米酢またはりんご酢
　大さじ1
・水　大さじ1
・コーンスターチ　大さじ1
・海塩　少々

以上をよく混ぜ合わせ，小鍋で加熱します。かき混ぜながらとろみがつくまで煮詰めます。

グレープシードオイル	大さじ3
木綿豆腐（水切りまたは冷凍後解凍したもの，ポイント参照）	
1cm角切り	500g
赤パプリカ　細切り	1/2カップ（125ml）
ブロッコリー　小房に切る	1/2カップ（125ml）
パイナップル　一口大に切る	60ml
スイート＆サワーソース（上巻とポイント参照）	
	1/2カップ（125ml）

1. 大きめのフライパンでグレープシードオイルを強火で熱します。豆腐を入れて，全面がきつね色になるまで8〜10分ほど焼きます。
2. 赤パプリカとブロッコリー，パイナップルを加え，3〜4分炒めます。野菜がやわらかくなったらスイート＆サワーソースを加え，混ぜ合わせてできあがりです。温かいうちにいただきます。

パイナップルとココナッツの炒飯

パイナップルの入ったトロピカルなテイストの炒飯は，中華ディナーのメインにいかがですか？　スパイシージンジャージュース（上巻参照）と一緒に合わせればランチとしてもおすすめです。

ポイント

ご飯は白米でも玄米でも好みの米を使ってください。

生ごまは，白と黒を半々で使うと色合いがよくなります。

グレープシードオイル	大さじ3
玉ねぎ　みじん切り	60ml
にんにく　みじん切り	2〜3かけ
生姜　みじん切り	小さじ1
ご飯（ポイント参照）	2カップ（500ml）
パイナップル　一口大に切って水気を切る	1/2カップ（125ml）
ココナッツシュレッド（無糖）	1/2カップ（125ml）
たまりしょうゆ	大さじ2
焙煎ごま油	小さじ2
生ごま（ポイント参照）	大さじ1

1. 大きめのフライパンでグレープシードオイルを強火で熱し，玉ねぎ，にんにく，生姜を入れて，玉ねぎが透き通るまで2〜3分炒めます。ご飯を入れて全体に火が通るまで2〜3分炒めます。パイナップルとココナッツシュレッドを加え，パイナップルがやわらかくなり，甘い香りが立つまで2〜3分炒めます。

2. しょうゆ，ごま油，生ごまを加え，全体を混ぜ合わせてできあがりです。温かいうちにいただきます。

クラシックパッタイ

タイの屋台料理の定番パッタイは，モチッとしたライスヌードルに甘酸っぱいソースがからむエキゾチックな味わいが魅力。手軽なランチやディナーにぴったりです。

2人分	

ポイント

辛さを抑えたい場合は，唐辛子の種とワタを取り除いて使います。

タマリンドは，保存料が使われているびん詰めやペーストは避け，ブロック（ホール）を選びましょう。

タマリンドの湯戻し：タマリンドブロックから5cm角を取り，ボウルに入れ熱湯1カップ（250ml，分量外）をそそぎます。1時間ほど置いて水を切り（戻し汁は使いません），ミキサーかフードプロセッサーに入れます。ぬるま湯1/2カップ（125ml，分量外）を加えてなめらかになるまで回します。目の細かいこし器にあけます。スプーンの背などで裏ごしするように押し出します（残りかすは使いません）。

ライスヌードルの湯戻し：器に麺と8カップ（2L，分量外）の沸騰したお湯を入れ，ふたをして30分置きます。ざるに上げて水を切ります。

グレープシードオイル	大さじ3
にんにく　みじん切り	4かけ
生姜　みじん切り	小さじ1
赤唐辛子　みじん切り（ポイント参照）	1本
ねぎ（緑の部分）　薄く斜め切り	1/2カップ（125ml）
ねぎ（白い部分）　薄く斜め切り	60ml
もやし	2カップ（500ml）
ブロッコリー　小房に切る	1/2カップ（125ml）
タマリンド（ブロック，ポイント参照）	5cm角
ライスヌードル（太麺，ポイント参照）	250g
たまりしょうゆ	60ml
野菜だし（267ページ参照）	60ml
アガベシロップ	大さじ3
カイエンペッパー	小さじ1/4
木綿豆腐　水を切り1cm角切り	250g
ライム（しあげ用）　くし切り	適量
ピーナッツまたはアーモンド（しあげ用）　砕く	適量

1. 大きめのフライパンでグレープシードオイルを中〜強火で熱します。にんにくと生姜を入れて香りが立つまで2〜3分炒めます。赤唐辛子，ねぎ（緑，白），もやし，ブロッコリーを加え，炒めます。ブロッコリーがやわらかくなり始めるまで2〜3分炒めます。

2. タマリンド，ライスヌードル，しょうゆ，野菜だし，アガベシロップ，カイエンペッパーを加え，火を強めます。煮立つ前に火を弱め，2〜3分炒めて麺と具材をからめます。

3. 豆腐を加えて混ぜ，豆腐に火が通るまで2〜3分炒めて，器に盛りつけます。しあげにライムを添え，砕いたピーナッツまたはアーモンドをふりかけていただきます。

スープ，煮込み，チリ&その他

グリーンピースとミントの冷製スープ

口あたりも軽くさわやかな味わいのスープなので，暑い日が続いて食欲のないときにぴったり。ディナーの前菜としてさらっといただける冷たい一皿です。

6カップ（1.5L）分

ポイント

冷凍グリーンピースはざるに出し，流水にさらして解凍します。

さらっとしたスープにしたい場合は，水の量を6カップ（1.5L）に増やしてください。

- ミキサー

冷凍グリーンピース　分けて使用（ポイント参照）	3カップ（750ml）
水　分けて使用（ポイント参照）	4カップ（1L）
海塩	小さじ1/2
ミントの葉	1/2カップ（125ml）
ニュートリショナルイースト	大さじ1
ヴィーガンサワークリーム（263ページ，しあげ用）	適量

1. ミキサーにグリーンピースの半量，水の半量，塩を入れ，なめらかになるまで高速で撹拌します。密閉容器に移します。
2. 残りのグリーンピースと水，ミント，ニュートリショナルイーストをミキサーに入れ，なめらかになるまで高速で撹拌します。1と同じ密閉容器に入れて，よく混ぜ合わせます。
3. ふたをして冷蔵庫に30分ほど入れて，よく冷やします。器に盛りつけ，ヴィーガンサワークリームをトッピングします。すぐに食べない場合は，密閉容器に移します。冷蔵庫で約3日間保存できます。

スパイシーガスパチョ

夏のスープの定番といえばこれ！　キンキンに冷えたガスパチョでシャキッと気分もリフレッシュ。
ハード系のパンがよく合います。

4カップ（1L）分

ポイント

トマト缶の代わりに新鮮なトマトを使ってもOKです。その場合はローマトマト以外の種類で4カップ（1L）を使用します。ローマトマトは水分が少ないので、このレシピには向きません。

イタリアンパセリの代わりに香菜（パクチー，シラントロー）を使ってもOKです。

● ミキサー

トマト水煮缶（ダイスカット，汁含む，ポイント参照）2缶（800ml）	
水	60ml
ライム果汁	大さじ2
エクストラバージンオリーブオイル	大さじ1
たまりしょうゆ	大さじ1
アガベシロップ	大さじ1
海塩	小さじ1/2
カイエンペッパー	小さじ1/4
赤パプリカ　ざく切り	1カップ
イタリアンパセリ　ざく切り（ポイント参照）1/2カップ（125ml）	
赤玉ねぎ　ざく切り	60ml
にんにく	1〜2かけ

1. ミキサーにトマト，水，ライム果汁，オリーブオイル，しょうゆ，アガベシロップ，塩，カイエンペッパーを入れ，なめらかになるまで高速で攪拌します。
2. 赤パプリカ，イタリアンパセリ，赤玉ねぎ，にんにくを加えます。大きな野菜片がなくなるまで，様子を見ながら攪拌します（回しすぎず，少し食感が残るようにします）。冷蔵庫でよく冷やしてからいただきます。すぐに食べない場合は，密閉容器に移します。冷蔵庫で約5日間保存できます。

ヴィーガン版チキンヌードルスープ

北米では風邪をひいたらチキンヌードルスープで体を温めます。にんじん，セロリ，玉ねぎなどのたっぷりの野菜とパスタはそのまま通常のレシピ通りですが，ヴィーガン向けはコクを出すためにチキンの代わりに，ニュートリショナルイーストを使います。栄養満点なので体力回復間違いなし！

4人分

ポイント

グルテンフリーのパスタは，大量の湯を沸騰させてゆでます。小さな鍋ではパスタがくっついてしまうので，大きな鍋に，パスタの量の5倍以上の水を用意しましょう。

水	4カップ (1L)
ニュートリショナルイースト	1カップ (250ml)
にんじん　一口大に切る	1/2カップ (125ml)
セロリ　一口大に切る	1/2カップ (125ml)
玉ねぎ　粗みじん切り	60ml
タイムの葉　きざむ	大さじ1
ペンネまたはスパイラル（グルテンフリー，乾麺，ポイント参照）	
	1/2カップ (125ml)
海塩	小さじ1/2
パセリ　きざむ	1/2カップ (125ml)

1. 大きめの鍋に水，ニュートリショナルイースト，にんじん，セロリ，玉ねぎ，タイムを入れて，強火にかけます。ひと煮立ちしたら弱火にし，野菜がやわらかくなるまで10分ほど煮ます。

2. 別の鍋にパスタをゆでる湯を沸かします。沸騰したら，パスタと塩を入れて，パッケージに記載してあるゆで時間に従ってアルデンテにゆで上げます。ざるに上げて水を切ります。

3. 1の鍋に2のパスタとパセリを入れて混ぜ合わせ，温かいうちにいただきます。すぐに食べない場合は，冷ましてから密閉容器に移します。冷蔵庫で約5日間保存できます。

アヴゴレモノスープ

アヴゴレモノは卵を落としたレモン風味のスープで，ギリシャの伝統料理です。ヴィーガン版では野菜をたっぷり入れて，キヌアとタヒーニでまろやかにしあげます。ハード系のパンをお供にご賞味あれ。

3人分

ポイント

みそは体によい酵母菌が生きている未殺菌の生みそを選びます。グルテンフリーには，玄米みそかひよこ豆のみそを選び，さらにグルテンを含む大麦が使われていないか，ラベルの確認も必要です。みそを加えてから沸騰させてしまうと酵母菌が死んでしまうので，火加減には注意しましょう。

グレープシードオイル	大さじ2
玉ねぎ　一口大に切る	1/2カップ（125ml）
にんじん　一口大に切る	1/2カップ（125ml）
海塩	小さじ1
にんにく　みじん切り	3〜4かけ
野菜だし（267ページ）	5カップ（1.25L）
キヌア　洗って水を切る	1/2カップ（125ml）
レモン果汁	60ml
タヒーニ	大さじ2
生みそ（ポイント参照）	大さじ1
ディルの葉　ざっときざむ	60ml
ニュートリショナルイースト	60ml

1. 大きめの鍋でグレープシードオイルを中火で熱します。玉ねぎ，にんじん，塩を入れて，6〜8分炒めます。野菜がやわらかくなったら，にんにくを加え，香りが立つまで2〜3分炒めます。野菜だしとキヌアを加えて混ぜ，ひと煮立ちさせます。ひと煮立ちしたら弱火にし，20分ほど煮込みます。

2. 小さいボウルにレモン果汁とタヒーニ，生みそを入れてよく混ぜ合わせます。

3. 1の鍋の火を止めて，2とディル，ニュートリショナルイーストを加えて混ぜ合わせ，温かいうちにいただきます。すぐに食べない場合は，冷ましてから密閉容器に移します。冷蔵庫で約5日間保存できます。

フレンチオニオンスープ

フランス料理の代表的なスープです。しょうゆでコクを出し，新鮮なハーブとにんにくの味わいを楽しみます。しあげにクルトンとヴィーガンモッツァレラをトッピングすれば完璧です。

6人分

ポイント

にんにくを細かくきざむ：にんにくをまな板の上に置き，包丁の腹で強くゆっくり押します。薄皮が浮いてはがれやすくなるので，親指と人差し指でつまんで押し出すように実を取り出します。まずは粗めにきざみ，塩を少しふり，包丁の腹ですりつぶし（塩の粒でさらにつぶれます），さらに包丁で叩くようにきざみます。

シェリー酒がない場合は，白または赤ワインビネガーで代用できます。

グレープシードオイル	大さじ1
玉ねぎ　薄切り	4カップ（1L）
海塩	小さじ1/4
にんにく　みじん切り（ポイント参照）	10〜12かけ
白ワイン　辛口（なくても可）	1/2カップ（125ml）
水	8カップ（2L）
たまりしょうゆ	1/2カップ（125ml）
タイムの葉　きざむ	大さじ1
シェリー酒（省略可，ポイント参照）	少々
グルテンフリークルトン（261ページ）	適量
ヴィーガンモッツァレラ（247ページ）	適量

1. 大きめの鍋でグレープシードオイルを強火で熱します。玉ねぎと塩を入れて，10〜12分炒めます。玉ねぎが薄い茶色になったら弱火にし，とろっとしてあめ色になるまで，30分ほど炒めます。

2. にんにくを加え，香りが立つまで2〜3分炒めます。好みでワインを加え，水分が飛ぶまで炒めます。水，しょうゆ，タイムを加えて混ぜ，ひと煮立ちさせます。ひと煮立ちしたら火を弱め，12〜15分煮込みます。

3. スープが濃い茶色になり，いい香りがしてきたら火を止めて，好みでシェリー酒を少々加えて混ぜます。クルトンとヴィーガンモッツァレラでトッピングし，温かいうちにいただきます。すぐに食べない場合は，冷ましてから密閉容器に移します。冷蔵庫で約1週間保存できます。

春のミネストローネ

野菜と豆とパスタで満足感もたっぷりの春らしいスープです。暖かくなり始めた季節にハード系のパンを添えて軽めのランチやディナーで召し上がれ。

ポイント

トマト缶は新鮮なトマト4カップ（1L）で代用できます。

グルテンフリーのパスタは，大量の湯を沸騰させてゆでます。小さな鍋だとパスタがくっついてしまうので，大きな鍋に，パスタの量の5倍以上の水を用意しましょう。

グレープシードオイル	大さじ2
玉ねぎ　みじん切り	1/2カップ（125ml）
セロリ　みじん切り	1/2カップ（125ml）
にんじん　みじん切り	1/2カップ（125ml）
さつまいも　皮をむいて一口大に切る	1/2カップ（125ml）
海塩　分けて使用	小さじ1
タイムの葉　きざむ　分けて使用	小さじ2
オレガノ（乾）	小さじ1
にんにく　みじん切り（前ページのポイント参照）	4〜6かけ
水	4カップ（1L）
トマト水煮缶（ダイスカット，汁含む，ポイント参照）	2缶（800ml）
レンズ豆（赤）　洗って水を切る	1/2カップ（125ml）
たまりしょうゆ	大さじ3
レモン果汁	大さじ1
ペンネまたはスパイラル（グルテンフリー，乾麺，ポイント参照）	1カップ（250ml）

1. 大きめの鍋でグレープシードオイルを中火で熱します。玉ねぎ，セロリ，にんじん，さつまいも，塩小さじ1/2を入れて炒めます。野菜がやわらかくなるまで6分ほど炒め，タイム小さじ1，オレガノ，にんにくを加え，香りが立つまで2〜3分炒めます。

2. 水4カップ（1L），トマト，レンズ豆，しょうゆ，レモン果汁を加えて混ぜ，ひと煮立ちさせます。ひと煮立ちしたら弱火にし，レンズ豆がやわらかくなるまで20分ほど煮込みます。

3. その間，ペンネをゆでます。大きめの鍋にたっぷりの水（分量外）を入れて，沸騰したらペンネと塩小さじ1/2を加え，アルデンテにゆで，ざるに上げて水を切ります。

4. 3のペンネと残りのタイム小さじ1を，2のスープに加えて混ぜ合わせ，温かいうちにいただきます。すぐに食べない場合は，冷ましてから密閉容器に移します。冷蔵庫で約5日間保存できます。

トマトとさつまいものスープ

さつまいもは栄養価が高いだけでなく，なめらかな食感で舌触りもよく，食欲のないときにもおすすめです。また，気持ちをほっこりさせてくれる味わいのスープなので，仕事で疲れたときのディナーに取り入れたい一品です。グルテンフリーのクラッカーと一緒にいただきましょう。

4人分

ポイント

にんにくの量は1かけの大きさで調整します。大きめなら4かけ，小さめなら6かけとなります。

にんにくを細かくきざむ：にんにくをまな板の上に置き，包丁の腹で強くゆっくり押します。薄皮が浮いてはがれやすくなるので，親指と人差し指でつまんで押し出すように実を取り出します。まずは粗めにきざみ，塩を少しふり，包丁の腹ですりつぶし（塩の粒でさらにつぶれます），さらに包丁で叩くようにきざみます。

スープを2回撹拌することで舌触りのなめらかなスープになります。1回目の撹拌で，しっかり油分を乳化させます。

- ハンドブレンダー
- ミキサー

グレープシードオイル	大さじ1
にんじん　乱切り	60ml
玉ねぎ　薄切り	1/2カップ（125ml）
海塩	小さじ1/4
にんにく　みじん切り（ポイント参照）	4～6かけ
さつまいも　皮をむいて一口大に切る	2カップ（500ml）
トマト水煮缶（ダイスカット，汁含む）	3缶（1.2L）
たまりしょうゆ	大さじ1と1/2
バルサミコ酢	60ml
エクストラバージンオリーブオイル	大さじ6

1. 大きめの鍋でグレープシードオイルを中火で熱します。にんじん，玉ねぎ，塩を入れて，6～7分炒めます。野菜がやわらかくなったら，にんにくを加え，香りが立つまで2～3分炒めます。

2. さつまいも，トマト，しょうゆ，バルサミコ酢を加えて混ぜ，ひと煮立ちさせます。ひと煮立ちしたら火を弱め，よく混ぜながら25分ほど煮込みます。

3. 2の野菜がやわらかくなったら，ハンドブレンダーを鍋に入れて回し，オリーブオイルをゆっくりそそぎます。オイルが完全に乳化して混ざり合うまで（表面に浮いたオイルがなくなるまで），ハンドブレンダーで混ぜます。

4. ミキサーの容器の半分まで3のスープを入れて，クリーム状になるまで撹拌し（ポイント参照），別の鍋に移します。残りも同様にします。クリーム状になったスープは，煮立たせないように中火で加熱し，全体が温まったらできあがり。温かいうちにいただきます。すぐに食べない場合は，冷ましてから密閉容器に移します。冷蔵庫で約1週間保存できます。

さつまいものココナッツジンジャースープ

生姜の風味がアクセントになった，なめらかなさつまいものクリームスープです。生姜の辛さを和らげるピニャコラーダジュース（上巻参照）を合わせてどうぞ。

6人分

ポイント

生姜の皮むきは，スプーンのふちで皮をこそげ落とすようにすると，無駄がありません。

さつまいもの代わりにバターナッツかぼちゃを使ってもおいしくできます。

熱い食材をミキサーにかけるときは，容器の半分の量を超えないようにします。蒸気の圧力でふたが外れスープが飛び散ってしまうこともあるので，ふたの上にタオルをかぶせ，その上から手でしっかり押さえるのがコツです。

• ミキサー

グレープシードオイル	大さじ1
玉ねぎ　薄切り	1/2カップ（125ml）
生姜　みじん切り（ポイント参照）	大さじ1
海塩	小さじ1/2
さつまいも　皮をむいて一口大に切る（ポイント参照）	
	6カップ（1.5L）
水	4カップ（500ml）
ココナッツミルク（全脂肪）	1/2カップ（125ml）

1. 大きめの鍋でグレープシードオイルを中火で熱します。玉ねぎ，生姜，塩を入れて炒めます。玉ねぎが透き通って，生姜の香りが立つまで6分ほど炒めます。

2. さつまいもと水を加え，火を強めます。ひと煮立ちしたら弱火にし，さつまいもがやわらかくなるまで15分ほど煮ます。火を止めて，ココナッツミルクを混ぜ入れます。

3. ミキサーの容器の半分まで2を入れて（ポイント参照），なめらかなクリーム状になるまで高速で回し，別の鍋に移します。数回に分けて，同様に繰り返します。クリーム状になったスープは，煮立たせないように中火で加熱し，全体が温まったらできあがり。すぐに食べない場合は，密閉容器に移します。冷蔵庫で約5日間保存できます。

リークとじゃがいもとレンズ豆のスープ

カナダの家庭では定番のリークとじゃがいものクリームスープです。寒い夜に暖かい毛布に包まれていつの間にか眠りに落ちる,そんな子どもの頃を思い出させてくれます。体の芯から温まり気分もほっこり,思わず笑みがこぼれてしまうはずです。

8人分

ポイント

リーク(西洋ねぎ)の緑の部分は繊維がかたく,あまり風味もありません。通常は使わない部分ですが,だし用に取っておいてもよいでしょう。

熱い食材をミキサーにかけるときは,容器の半分を超えないようにします。蒸気の圧力でふたが外れスープが飛び散ってしまうこともあるので,ふたの上にタオルをかぶせ,その上から手でしっかり押さえるのがコツです。

2回攪拌することで,舌触りのなめらかなスープになります。

- ハンドブレンダー
- ミキサー

グレープシードオイル	大さじ2
リーク(西洋ねぎ,白い部分,ポイント参照) 乱切り	
	4カップ(1L)
セロリ 一口大に切る	1/2カップ(125ml)
タイムの葉 きざむ	大さじ3
海塩	小さじ1
にんにく みじん切り	10かけ
水	8カップ(2L)
じゃがいも 乱切り	2カップ(500ml)
レンズ豆(赤) 洗って水を切る	1/2カップ(125ml)
ニュートリショナルイースト	60ml
エクストラバージンオリーブオイル	1/2カップ(125ml)

1. 大きめの鍋でグレープシードオイルを中火で熱します。リーク,セロリ,タイム,塩を入れて,野菜がやわらかくなるまで10分ほど炒めます。にんにくを加え,香りが立つまで2～3分炒めます。
2. 水,じゃがいも,レンズ豆,ニュートリショナルイーストを加えて混ぜ,火を強めます。ひと煮立ちしたら弱火にし,じゃがいもがやわらかくなるまで20分ほど煮ます。
3. ハンドブレンダーを鍋に入れて回しながら,オリーブオイルを一定のスピードでそそぎ入れます。表面に浮かんでくるオイルがなくなるまでしっかり混ぜ合わせます。
4. 3のスープをミキサーの容器の半分まで入れて(ポイント参照),全体がなめらかなピューレ状になるまで攪拌し,別の鍋に移します。同様に,数回に分けてスープをピューレ状にし,鍋に移します。クリーム状のスープを煮立たせないように中火で加熱し,全体が温まったらできあがり。すぐに食べない場合は,密閉容器に移します。冷蔵庫で約5日間保存できます。

キヌア入りボルシチ

ロシアの伝統料理ボルシチは寒い国ならではの煮込み料理。本来は熱々でいただきますが，冷たくして食べることもあります。ビーツの甘み成分はエネルギーになりやすく，体の温め効果も抜群。このレシピではキヌアを使って，さらにタンパク質と食物繊維をアップさせました。栄養満点のキヌア入りボルシチは，ぜひ熱々にして召し上がってください。

8人分

ポイント

スープをつくるとき，タイムなどの新鮮なハーブを，2段階に分けて使用します。まずは最初の段階で香味野菜を炒めるときにプラスします。そして，しあげの段階で加熱後に加えます。こうすることで，ハーブは何層にも重なる洗練された風味を生み出します。

キヌアは白，黒，赤のいずれでもおいしくつくれます。

つくり方2で水を加えるときは，8カップ（2L）を使用します。できあがってから，好みに応じて水を足して薄めてください。

グレープシードオイル	大さじ2
玉ねぎ みじん切り	1/2カップ（125ml）
セロリ みじん切り	1/2カップ（125ml）
にんじん みじん切り	1/2カップ（125ml）
海塩	小さじ1/2
にんにく みじん切り	4〜5かけ
タイムの葉 きざむ 分けて使用（ポイント参照）	小さじ2
トマト 一口大に切る	1/2カップ（125ml）
さつまいも 皮をむいて一口大に切る	1カップ（250ml）
ビーツ（赤） 皮をむいて一口大に切る	2カップ（500ml）
キヌア 洗って水を切る（ポイント参照）	1/2カップ（125ml）
水（ポイント参照）	8〜10カップ（2〜2.5L）
たまりしょうゆ	60ml
バルサミコ酢	大さじ2
レモン果汁	大さじ1
ヴィーガンサワークリーム（263ページ）	適量
ディルの葉	適量

1. 大きめの鍋でグレープシードオイルを中火で熱します。玉ねぎ，セロリ，にんじん，塩を入れて，野菜がやわらかくなるまで6分ほど炒めます。にんにくとタイム小さじ1を加え，香りが立つまで2〜3分炒めます。

2. トマト，さつまいも，ビーツ，キヌアを加え，2〜3分炒めます。野菜が少しやわらかくなったら水，しょうゆ，バルサミコ酢，レモン果汁を加えて混ぜ，火を強めます。ひと煮立ちしたら弱火にし，ビーツがやわらかくなるまで25分ほど煮込みます。

3. やわらかくなったら火を止めて残りのタイム小さじ1を入れて混ぜます。器に盛り，ヴィーガンサワークリームとディルをトッピングします。すぐに食べない場合は，トッピングをせずに密閉容器に移します。冷蔵庫で約5日間保存できます。

トムヤムスープ

「世界三大スープ」にも数えられるタイ料理を代表するメニューの一つがトムヤムスープです。ココナッツミルクの濃厚な味わいと唐辛子の辛さのハーモニーがたまりません。レモングラスやライムが入るので，辛さだけではないさわやかな味わいもプラスされます。パイナップルとココナッツの炒飯（27ページ参照）に合わせてどうぞ。

6人分

ポイント

タイで使われるのはガランガル（なんきょう）と呼ばれるスパイスですが，なかなか新鮮なものが見つかりません。手に入った場合は，生姜の代わりに同じ量で使用できます。タイや東南アジアの食品店で探してみましょう。

トムヤムスープには通常バーズアイと呼ばれる唐辛子が使われますが，普通の赤唐辛子でもOK。辛さを増したい場合は，唐辛子の数を5〜6個に増やし，種やワタも一緒に使うとよいでしょう。

レモングラスは全部が食べられるわけではありません。炒めもの，スープ，カレーなどに使うレモングラスは用途に合わせて切り分ける必要があります。外側の皮と下部2.5cmはかたいので使いません。上部の繊維質の部分はスープやソースの風味つけに使い，食べる前に取り出します。中央の5〜7.5cmの部分はやわらかいので，きざんで食べることもできますが，少なくとも4〜5分ほど加熱する必要があります。

グレープシードオイル	大さじ2
玉ねぎ　みじん切り	1/2カップ（125ml）
赤パプリカ　粗みじん切り	1/2カップ（125ml）
セロリ　粗みじん切り	60ml
生姜　みじん切り（ポイント参照）	大さじ3
赤唐辛子　粗みじん切り（ポイント参照）	2個
ココナッツミルク（全脂肪）	2缶（800ml）
水	2カップ（500ml）
レモングラス　きざむ（ポイント参照）	1/2カップ（125ml）
たまりしょうゆ	大さじ3
ライム果汁	大さじ3
アガベシロップ（次ページのポイント参照）	大さじ2
ココナッツシュガー（オーガニック）	小さじ1
カイエンペッパー	少々
木綿豆腐　水切りして一口大に切る	1丁

1. 大きめの鍋でグレープシードオイルを中火で熱します。玉ねぎ，赤パプリカ，セロリ，生姜，赤唐辛子を入れて，6〜8分炒めます。野菜がやわらかくなったらココナッツミルク，水，レモングラス，しょうゆ，ライム果汁，アガベシロップ，ココナッツシュガー，カイエンペッパーを加えて混ぜ，火を強めます。ひと煮立ちしたら弱火にし，20分ほど煮込みます。
2. 豆腐を加え，2〜3分煮て，豆腐が温まればできあがり。温かいうちにいただきます。

スイート&サワースープ

とろみのあるスープなので炊きたてのご飯やゆでたての麺にかけるとあんかけ風になり，いろいろなアレンジができます。豆腐を入れずにつくり置きすれば，翌日は味がなじんで，さらにおいしくなります。

6人分

ポイント

このスープには通常，中国黒酢が使われます。普通の米酢より味が濃厚でコクと甘みがあります。中国黒酢は中華系の食品店で販売しています。米酢の代わりに中国黒酢を同量使ってもよいでしょう。

アガベシロップは，低温処理（ロー）のものを選びましょう。遺伝子組み換えでない100％天然の甘味料で，自然にできた果糖（フルクトース）を含み，GI値が低いのが特徴です。ゆっくりとグルコースに分解されるため，エネルギーが持続します。

唐辛子フレークは好みの量を使用してください。

水	6カップ（1.5L）
米酢（ポイント参照）	1/2カップ（125ml）
アガベシロップ（ポイント参照）	60ml
たまりしょうゆ	大さじ3
焙煎ごま油	大さじ2
唐辛子フレーク（ポイント参照）	小さじ1/2〜1
コーンスターチ（オーガニック）	大さじ3
冷水	大さじ3
しいたけ　薄切り	1カップ（250ml）
ねぎ（緑の部分）　小口切り	1/2カップ（125ml）
木綿豆腐　水切りして一口大に切る	1丁
生白ごま	小さじ1/2

1. 大きめの鍋にごま油を入れて，水，米酢，アガベシロップ，しょうゆ，唐辛子を入れて強火で熱します。ひと煮立ちしたら弱火にし，5分ほど煮ます。

2. 小さいボウルにコーンスターチと冷水を入れて，ダマがなくなるまでよく混ぜます。

3. 1の鍋を再び煮立たせ，2のコーンスターチを加えます。2分ほど煮立たせます。火を止めて，しいたけ，ねぎ，豆腐，生白ごまを加えて混ぜればできあがり。温かいうちにいただきます。

バリエーション

より本格的にしあげたい場合は，クワイとタケノコを加えます。どちらも缶詰の水気を切り，クワイはきざみ，タケノコは薄切りにして，1/2カップ（125ml）ずつ加えます。

きのこのクリームスープ

きのことレンズ豆だけで濃厚なクリームスープを再現しました。余計な脂肪分を足さずに，豆をなめらかなピューレ状にしているので，健康を気にしている人でも気兼ねなく楽しめます。寒さが続く冬，体の芯から温められて元気になれる一品です。

6人分

ポイント

ポータベロマッシュルームがとても大きいと，石づきの繊維がかたくて食べられないことがあります。その場合は，下部分を1cmほど切り落とします。小さいものは切り落とす必要はありません。

熱い食材をミキサーにかけるときは，容器の半分の量を超えないようにします。蒸気の圧力でふたが外れスープが飛び散ってしまうこともあるので，ふたの上にタオルをかぶせ，その上から手でしっかり押さえます。

• ミキサー

グレープシードオイル	大さじ1
玉ねぎ　薄切り	1カップ (250ml)
海塩	小さじ1/4
にんにく　みじん切り	5かけ
マッシュルーム　薄切り	4カップ (1L)
ブラウンマッシュルーム　薄切り	4カップ (1L)
ポータベロマッシュルーム　乱切り (ポイント参照)	大1個
レンズ豆 (赤)	60ml
タイムの葉　きざむ	大さじ1
水	6カップ (1.5L)
ニュートリショナルイースト	60ml
たまりしょうゆ	大さじ2

1. 大きめの鍋でグレープシードオイルを中〜強火で熱します。玉ねぎと塩を入れて10分ほどよく炒めます。薄く焼き色がついたらにんにくを加え，香りが立つまでさらに2分ほど炒めます。

2. きのこを全種入れて炒めます。きのこから出た水分がほとんど蒸発し，軽く焼き色がつくまで10〜12分ほど炒めます。

3. レンズ豆，タイム，水，ニュートリショナルイースト，しょうゆを加えて混ぜ，火を強めます。ひと煮立ちしたら火を弱め，豆がやわらかくなるまで20分ほど煮ます。

4. ミキサーの容器の半分まで3を入れ (ポイント参照)，なめらかなクリーム状になるまで高速で攪拌し，別の鍋に移します。同様に数回に分けて繰り返します。クリーム状になったスープは，煮立たせないように中火で加熱し，全体が温まったらできあがり。すぐに食べない場合は，冷ましてから密閉容器に移します。冷蔵庫で約5日間保存できます。

ブロッコリーとキヌアのチーズ風味スープ

素材本来の旨味を堪能するならシンプルが一番！　新鮮なブロッコリーにやわらかな食感のキヌアと，チーズのように濃厚でコクのあるニュートリショナルイーストを用いたこの組み合わせは，食べ飽きることがありません。

6人分

ポイント

ブロッコリーの茎もおいしいので捨てずに使います。下のほうのかたい部分は切り落とし，外側のかたい皮はピーラーなどでむきます。中のやわらかい部分は，スープ，シチュー，炒めものなどに使えます。

• ミキサー

グレープシードオイル	大さじ1
玉ねぎ　薄切り	1/2カップ（125ml）
海塩	小さじ1/4
にんにく　みじん切り	3〜4かけ
タイムの葉　きざむ	大さじ1
ブロッコリー　小房に切る（ポイント参照）	6カップ（1.5L）
水	6カップ（1.5L）
ニュートリショナルイースト	1と1/2カップ（375ml）
キヌア　洗って水を切る	60ml
しあげ用ニュートリショナルイースト	適量

1. 大きめの鍋でグレープシードオイルを中火で熱します。玉ねぎと塩を入れて，玉ねぎが透き通るまで5〜6分炒めます。にんにくとタイムを加え，香りが立つまで2〜3分炒めます。ブロッコリー，水，ニュートリショナルイーストを加えて混ぜ，火を強めます。ひと煮立ちしたら火を弱め，ブロッコリーがやわらかくなるまで，15分ほど煮ます。

2. ミキサーの容器に半分まで1を入れて（前ページのポイント参照），なめらかなクリーム状になるまで高速で攪拌し，別の鍋に移します。同様に数回に分けて繰り返します。

3. クリーム状になったスープにキヌアを加えて混ぜ，ひと煮立ちさせます。ひと煮立ちしたら弱火にし，キヌアがやわらかくなるまで15分ほど煮ます。しあげにニュートリショナルイーストをふりかけます。すぐに食べない場合は，冷ましてから密閉容器に移します。冷蔵庫で約5日間保存できます。

ローストガーリック＆カリフラワーのスープ

カリフラワーはローストすると，お肉のような歯応えになり，やさしい甘さと香ばしいナッツのような風味が出ます。基本のキヌア（上巻参照）や，炊きたてのご飯によく合います。しあげに低温圧搾のエクストラバージンオリーブオイルととっておきの塩を少々ふっていただきましょう。

8人分

ポイント

このレシピではにんにくをたくさん使っていますが，多すぎると感じたら，好みに応じて減らしてください。2株にまで減らすことができます。

にんにくを丸ごとローストするときは，包丁で株の上部0.5cmほどを切り落とし，1つひとつの実が見える状態にします。

熱い食材をミキサーにかけるときは，容器の半分の量を超えないようにします。蒸気の圧力でふたが外れスープが飛び散ってしまうこともあるので，ふたの上にタオルをかぶせ，その上から手でしっかり押さえます。

- オーブンを220℃に予熱
- オーブンシートを敷いたオーブントレイ，2セット
- ミキサー，もしくはハンドブレンダー

にんにく（ポイント参照）	6株
グレープシードオイル　分けて使用	大さじ4
カリフラワー　ざく切り	6カップ（1.5L）
海塩　分けて使用	小さじ1
玉ねぎ　薄くスライス	1/2カップ（125ml）
セロリ　ざく切り	1/2カップ（125ml）
にんじん　ざく切り	1/2カップ（125ml）
ニュートリショナルイースト	1/2カップ（125ml）
タイムの葉　きざむ	大さじ2
水	8カップ（2L）

1. ボウルににんにくとグレープシードオイル大さじ1を入れて混ぜ，全体にオイルをからめます。オーブントレイに並べ，オーブンで焼きます。にんにくの実がやわらかくなり，皮に焼き色がつくまで30分ほど焼き，オーブンから出して冷まします。触れられるくらいに冷めたら，実を取り出します。

2. にんにくが冷めるのを待つ間に，カリフラワーを焼きます。大きなボウルにカリフラワー，グレープシードオイル大さじ2，塩小さじ1/2を入れてよくからめます。オーブントレイに重ならないように並べ，20分ほど焼きます。カリフラワーがやわらかく，こんがりしてきたら取り出します。

3. 大きめの鍋でグレープシードオイル大さじ1を中火で熱します。玉ねぎ，セロリ，にんじん，ニュートリショナルイースト，タイム，残りの塩小さじ1/2を入れて炒めます。玉ねぎが透き通り，野菜がやわらかくなるまで6分ほど炒めます。

4. 3にカリフラワー，にんにく，水を加えて混ぜ，火を強めます。ひと煮立ちしたら弱火にし，20分ほど煮詰めます。

5. ミキサーの容器の半分まで4を入れて（ハンドブレンダーを使って鍋でピューレ状にしてもOK），なめらかなクリーム状になるまで高速で攪拌し，別の鍋に移します。数回に分けて繰り返します（ポイント参照）。

6. クリーム状になったスープは，煮立たせないように中火で加熱し，全体が温まったらできあがり。すぐに食べない場合は，冷ましてから密閉容器に移します。冷蔵庫で約5日間保存できます。

バリエーション

スパイシーローストガーリック＆カリフラワーのスープ：つくり方3で，野菜を炒めているときに，チリパウダー大さじ1とパプリカパウダー（スイート）小さじ1を加えます。ハンドブレンダーを使って，スープを攪拌します。鍋の片側でハンドブレンダーを8〜10秒回し，野菜の形が少し残る程度にします（ハンドブレンダーがない場合は，スープの半量のみをミキサーにかけます。このときもクリーム状になるまでは回さず，野菜の形状と食感を残すようにします。残りをスープの鍋に戻して混ぜます）。しあげにレモン果汁とたまりしょうゆをそれぞれ大さじ1ずつ加えて混ぜます。

焦がしカリフラワーと白いんげん豆のスープ

タンパク質と繊維がふんだんにとれるこのスープは，焦がしたカリフラワーの深いスモーキーな風味がアクセント。家族だけではもったいないのでホームパーティーのメニューにも取り入れて，大勢で食べたい一品です。

8人分

ポイント

豆を水にひたす：白いんげん豆と水4カップ（1L，分量外）をボウルに入れます。ラップをして，6時間または冷蔵庫に一晩置き，水を切ります。

- グリルを高温で予熱
- ハンドブレンダー

白いんげん豆（ポイント参照）	1カップ（250ml）
水　分けて使用	12カップ（3L）
カリフラワー　半分またはグリルのサイズに合わせて切る　2個	
エクストラバージンオリーブオイル	60ml
海塩　分けて使用	小さじ2
グレープシードオイル	大さじ1
玉ねぎ　粗みじん切り	1カップ（250ml）
セロリ　一口大に切る	1/2カップ（125ml）
にんにく　みじん切り	10〜12かけ
タイムの葉　きざむ	大さじ3
ニュートリショナルイースト	1カップ（250ml）

1. 大きめの鍋に水4カップ（1L），白いんげん豆を入れて強火にかけます。煮立ったら火を弱め，豆が少しやわらかくなるまで30分ほど煮ます。ざるに上げて水気を切り，鍋に戻してふたをしておきます。

2. ボウルにカリフラワーとオリーブオイル，塩小さじ1を入れて，よくからめたら，グリルで焼きます。表面にしっかりと焼き色がつき，グリルの焼き跡がつくまで，全面を焼きます。

3. 大きめの鍋でグレープシードオイルを中火で熱します。玉ねぎ，セロリ，残りの塩小さじ1を入れて4〜5分炒めます。野菜がやわらかくなったら，にんにくを加え，香りが立つまで2〜3分炒めます。

4. 1の豆，2のカリフラワー，残りの水8カップ（2L），タイム，ニュートリショナルイーストを加えて混ぜ合わせます。ひと煮立ちさせたら火を弱め，30分ほど煮込みます。

5. ハンドブレンダーでスープの1/3を攪拌します（ピューレ状にはせず，野菜の形状と食感を残します。次ページのポイント参照）。温かいうちにいただきます。すぐに食べない場合は，冷ましてから密閉容器に移します。冷蔵庫で約5日間保存できます。

スモーキーコーンチャウダー

ヴィーガンサワークリーム（263ページ参照）を加えて味にコクと酸味をプラスし，見た目も豪華に。温かいものがほしい日に，体にじんわり沁みわたり，身も心も大満足のチャウダーです。

8人分	

ポイント

さつまいもの代わりにじゃがいもを使ってもOKです。

タヒーニをスープやソースに使うときは，ゆっくり加熱します。煮立たせると油分が分離してしまいます。

スープの1/3を攪拌して，さつまいもの食感を残しながら，デンプン質をつぶしてとろみを出します。ハンドブレンダーを鍋の片側だけで10秒ほど回します。ハンドブレンダーがない場合は，スープの1/3をミキサーで攪拌して鍋に戻します。

• ハンドブレンダー

グレープシードオイル	大さじ1
玉ねぎ　みじん切り	60ml
セロリ　みじん切り	60ml
にんじん　みじん切り	80ml
赤パプリカ　みじん切り	1/2カップ（125ml）
海塩	小さじ1
にんにく　みじん切り	2〜3かけ
さつまいも　皮をむいて乱切り（ポイント参照）	5カップ（1.25L）
アーモンドミルク（276ページ）	4カップ（1L）
水	1カップ（250ml）
コーン（冷凍でも可）	2カップ（500ml）
ディルの葉　きざむ	大さじ2
タヒーニ（練りごまで代用可，ポイント参照）	60ml
パプリカパウダー（スイート，スモーク）	小さじ1/2

1. 大きめの鍋でグレープシードオイルを中火で熱します。玉ねぎ，セロリ，にんじん，赤パプリカ，塩を入れて炒めます。野菜がやわらかくなるまで6〜8分炒めます。

2. にんにくを加え，香りが立つまで2〜3分炒めます。さつまいも，アーモンドミルク，水，コーンを加えて混ぜ，火を強めます。煮立ったら火を弱め，さつまいもがやわらかくなるまで20分ほど煮込みます。

3. 火を止めて，ディル，タヒーニ，パプリカパウダーを加えます。ハンドブレンダーでスープの1/3を攪拌し（ピューレ状にはせず，野菜の形状と食感を残します。ポイント参照），できあがり。すぐに食べない場合は，冷ましてから密閉容器に移します。冷蔵庫で約5日間保存できます。

バリエーション

ワイルドライス入りスモーキーコーンチャウダー：大きな鍋に湯を沸騰させ，塩少々とワイルドライス1/2カップ（125ml）を入れます。45分ほどゆで，水を切ります。つくり方**3**で，攪拌する前にスープに加えます。

ブラックビーンとさつまいものチャウダー

さつまいものほっこりした甘さにメキシカンテイストのスパイスを効かせた，辛さと甘さのバランスが絶妙な一皿です。レモンライムのフュージョンジュース（上巻参照）を合わせてどうぞ。

6人分

ポイント

豆を水にひたす：ブラックビーンと水4カップ（1L，分量外）を器に入れます。ラップをして，6時間または冷蔵庫に一晩置き，水を切ります。

にんにくを細かくきざむ：にんにくをまな板の上に置き，包丁の腹で強くゆっくり押します。薄皮が浮いてはがれやすくなるので，親指と人差し指でつまんで押し出すように実を取り出します。まずは粗めにきざみ，塩を少しふり，包丁の腹ですりつぶし（塩の粒でさらにつぶれます），さらに包丁で叩くようにきざみます。

チポトレパウダーはメーカーによって辛さに差があります。辛さを見ながら小さじ1/2から加え始めて，好みの辛さに調節しましょう。

トマト水煮缶の代わりに新鮮なトマト4カップ（1L）を使ってもOKです。

水　分けて使用	5カップ（1.25L）
ブラックビーン（ポイント参照）	1カップ（250ml）
グレープシードオイル	大さじ3
玉ねぎ　粗みじん切り	1カップ（250ml）
セロリ　一口大に切る	1/2カップ（125ml）
海塩	小さじ1
にんにく　みじん切り（ポイント参照）	8かけ
クミン（粉）	小さじ1
チポトレパウダー（ポイント参照）	小さじ1/2
トマト水煮缶（ダイスカット，汁含む，ポイント参照）	
	2缶（800ml）
レモン果汁	大さじ2
アガベシロップ	大さじ1
さつまいも　皮をむいて一口大に切る	4カップ（1L）

1. 鍋に水4カップ（1L）とブラックビーンを入れて強火にかけます。煮立ったら火を弱め，1時間ほど煮込みます。豆がやわらかくなったら火を止めます。

2. 大きめの鍋でグレープシードオイルを中火で熱します。玉ねぎ，セロリ，塩を入れて6〜8分炒めます。にんにくを加え，香りが立つまで2〜3分炒めます。クミンとチポトレパウダーを加えて混ぜ合わせ，さらに2分ほど炒めます。

3. 1の豆を汁ごと加えます。残りの水1カップ（250ml），トマト水煮，レモン果汁，アガベシロップ，さつまいもを加え，よく混ぜ合わせ，火を強めます。ひと煮立ちしたら弱火にし，さつまいもがやわらかくなるまで30分ほど煮込みます。5分に一度，よくかき混ぜてください。

4. ハンドブレンダーでスープの1/3程度をピューレ状にします。さつまいもとブラックビーンを砕いてデンプン質のとろみを出します（食感を残すためにも，回しすぎないようにします。前ページのポイント参照）。温かいうちにいただきます。すぐに食べない場合は，冷ましてから密閉容器に移します。冷蔵庫で約5日間保存できます。

ラタトゥイユ

フランスの伝統的な野菜の煮込みです。基本のキヌア（上巻参照）と相性抜群。しあげに良質のエクストラバージンオリーブオイルをさっと回しかけると，香りがより引き立ちます。

4人分

ポイント

にんにくの量は1かけの大きさで調整します。大きめなら8かけ，小さめなら10かけとなります。

トマト水煮缶の代わりに新鮮なトマト4カップ（1L）を使ってもOKです。

レシピの野菜は，ローストではなくグリルする方法もあります。グリルは中〜高温に予熱し，つくり方1の通り，グレープシードオイルと塩をからめます。グリルバスケットに重ならないように野菜を入れて7〜8分，野菜がやわらかく，やや焦げ目がつくまで焼いてください。

- オーブンを230℃に予熱
- オーブンシートを敷いたオーブントレイ

グレープシードオイル　分けて使用	大さじ3
赤パプリカ　一口大に切る	1カップ（250ml）
ズッキーニ　一口大に切る	1カップ（250ml）
赤玉ねぎ　一口大に切る	1カップ（250ml）
なす　一口大に切る	1カップ（250ml）
タイムの葉　きざむ　分けて使用	大さじ4
海塩　分けて使用	小さじ1
玉ねぎ　粗みじん切り	60ml
にんにく　みじん切り（ポイント参照）	8〜10かけ
トマトペースト	150ml
トマト水煮缶（ダイスカット，汁含む，ポイント参照）	2缶（800ml）
たまりしょうゆ	大さじ3

1. ボウルにグレープシードオイル大さじ2，赤パプリカ，ズッキーニ，赤玉ねぎ，なす，タイム大さじ2，塩小さじ1/2を入れてよく混ぜ，オイルをからめます。オーブントレイにあけ，重ならないように広げます。

2. オーブンで25分ほど焼きます。野菜がやわらかく，軽く焦げ目がついたら取り出しておきます。

3. 大きめの鍋で残りのグレープシードオイル大さじ1を中火で熱します。玉ねぎと残りの塩小さじ1/2を入れて3分ほど炒めます。玉ねぎが透き通ってきたらにんにくを加え，さらに2分，香りが立つまで炒めます。トマトペースト，トマト水煮，しょうゆを加えて混ぜます。

4. よく混ぜながら，煮立たせないように5分ほど煮詰めます。2の野菜と残りのタイムを加え，トマトソースとよく混ぜ合わせ，温かいうちにいただきます。すぐに食べない場合は，冷ましてから密閉容器に移します。冷蔵庫で約1週間保存できます。

グリーントマトのベルベルスパイス煮込み

やわらかく煮込んだグリーントマトに，ベルベルスパイスが華を添えます。アフリカ風スパイシー雑穀サラダ（上巻参照）に合わせてどうぞ。

4人分

ポイント

生姜の皮むきは，スプーンのふちで皮をこそげ落とすようにすると，無駄がありません。

ベルベルスパイスとは，クミン，コリアンダー，シナモン，唐辛子などをブレンドしたもので，エチオピア・スパイスミックスとも呼ばれます。専門店や大型店で販売されています。

グリーントマトはトマトのシーズンが終わる頃に出回ります。気温が下がり，熟れることのない緑色のかたいトマトです。

グレープシードオイル	大さじ3
玉ねぎ　粗みじん切り	1/2カップ（125ml）
海塩	小さじ1/4
生姜　みじん切り（ポイント参照）	大さじ1
ベルベルスパイス（ポイント参照）	大さじ2
水	60ml
たまりしょうゆ	大さじ2
レモン果汁	大さじ1
アガベシロップ	大さじ1
グリーントマト　一口大に切る（ポイント参照）	8カップ（2L）

1. 大きめの鍋でグレープシードオイルを中火で熱します。玉ねぎと塩を入れて8〜10分炒めます。玉ねぎがきつね色になり始めたら生姜とベルベルスパイスを加え，香りが立つまで3〜4分炒めます。水，しょうゆ，レモン果汁，アガベシロップを加えて混ぜます。

2. 煮立たせないように，2〜3分煮詰めます。少し煮詰まったところでグリーントマトを加えます。

3. 弱火にし，ふたをしっかりして煮込みます。10分おきにかき混ぜながら40分ほど煮込み，トマトがやわらかくなったらできあがり。温かいうちにいただきます。すぐに食べない場合は，冷ましてから密閉容器に移します。冷蔵庫で約1週間保存できます。

モロッコ風コラードグリーン

フレッシュなハラペーニョと香り高いフェンネルシード，そしてにんにくと一緒に，栄養豊富で風味の強いコラードグリーンを煮込みます。アフリカ風スパイシー雑穀サラダ（上巻参照）や，アフリカ風スパイステンペのチリ（61ページ参照），さつまいもとキヌアのフリッター（上巻参照）と合わせると，豪華なアフリカンテイストのディナーに。

4人分

ポイント

ハラペーニョの種とワタを取り除いて使うと，辛さが抑えられます。ハラペーニョを縦に半分に切り，小さいスプーンで種とワタをこそげて取り除きます。

温め直し：フライパンに水1/2カップ（125ml）を入れて沸かします。沸騰する手前で食材を入れ，混ぜながら全体を温めます。

グレープシードオイル	大さじ3
にんにく　薄切り	8〜10かけ
玉ねぎ　粗みじん切り	1/2カップ（125ml）
ハラペーニョ　薄切り（ポイント参照）	1/2カップ（125ml）
フェンネルシード	大さじ3
海塩	小さじ1/2
コラードグリーン　かたい茎を除き，2.5cm幅に切る	4カップ（1L）
水	1カップ（250ml）
りんご酢	1/2カップ（125ml）

1. 大きめの鍋でグレープシードオイルを中火で熱します。にんにくを加え，香りが立ってくるまで5分ほど炒めます（焦がさないように注意）。玉ねぎ，ハラペーニョ，フェンネルシード，塩を加え，5分ほどよく炒めます。

2. コラードグリーン，水，りんご酢を加えて混ぜ，火を強めます。ひと煮立ちしたら弱火にし，ふたをします。5分おきに混ぜながら，30分ほど煮込みます。

3. ふたを開けて6分ほど煮詰めます。水分がほぼなくなればできあがり。温かいうちにいただきます。すぐに食べない場合は，冷ましてから密閉容器に移します。冷蔵庫で約1週間保存できます。

玉ねぎとマッシュルームの雑穀煮込み

玉ねぎの甘さとマッシュルームのやわらかな食感を楽しめる一品です。栄養たっぷりの雑穀の煮込みはどんなメインとも好相性です。

4人分

ポイント

マッシュルームが小さければそのままで，大きいものは半分に切って使います。

にんにくを細かくきざむ：にんにくをまな板の上に置き，包丁の腹で強くゆっくり押します。薄皮が浮いてはがれやすくなるので，親指と人差し指でつまんで押し出すように実を取り出します。まずは粗めにきざみ，塩を少しふり，包丁の腹ですりつぶし（塩の粒でさらにつぶれます），さらに包丁で叩くようにきざみます。

グレープシードオイル	大さじ2
玉ねぎ　薄切り	4カップ（1L）
マッシュルーム　一口大に切る（ポイント参照）	8カップ（2L）
にんにく　みじん切り（ポイント参照）	3〜4かけ
タイムの葉　きざむ	大さじ1/2
雑穀（キビ，アワ，ヒエ）　洗って水を切る	60ml
野菜だし（267ページ参照）	2カップ（500ml）

1. 大きめの鍋でグレープシードオイルを中火で熱します。玉ねぎとマッシュルームを入れて炒めます。マッシュルームがやわらかくなるまで10分ほど炒め，にんにくとタイムを加え，香りが立つまで2分ほど炒めます。次に雑穀を加えて混ぜます。
2. 野菜だしを加え，ひと煮立ちさせます。ひと煮立ちしたら火を弱め，ときどき混ぜながら15分ほど煮込みます。雑穀がやわらかくなったらできあがり。温かいうちにいただきます。すぐに食べない場合は，冷ましてから密閉容器に移します。冷蔵庫で約1週間保存できます。

さつまいもとマッシュルームのレンズ豆煮込み

寒い季節に食べたくなる，ほっこり温まる豆の煮込みです。炊きたてご飯やハーブローストポテト（上巻参照）に合わせれば，疲れた体と心が癒やされます。

4〜5人分

ポイント

にんにくの量は1かけの大きさで調整します。大きめなら8かけ，小さめなら10かけとなります。

グレープシードオイル	大さじ2
マッシュルーム　薄切り	4カップ（1L）
玉ねぎ　粗みじん切り	1カップ（250ml）
セロリ　一口大に切る	1/2カップ（125ml）
にんじん　一口大に切る	1/2カップ（125ml）
海塩	小さじ1/2
にんにく　みじん切り（前ページのポイント参照）　8〜10かけ	
トマトペースト	150ml
赤ワイン　辛口	1カップ（250ml）
水	3カップ（750ml）
たまりしょうゆ	1/2カップ（125ml）
さつまいも　皮をむいて一口大に切る	1カップ（250ml）
レンズ豆（赤）　洗って水を切る	1/2カップ（125ml）
タイムの葉　きざむ	大さじ3

1. 大きめの鍋でグレープシードオイルを中〜強火で熱します。マッシュルーム，玉ねぎ，セロリ，にんじん，塩を入れて炒めます。野菜がやわらかくなり，マッシュルームから出た水分がほとんどなくなるまで10分ほど炒めます。にんにくを加え，香りが立つまで2〜3分炒めます。トマトペーストを加え，5分ほどよく炒めます。にんにくを焦がさないように注意しつつ，トマトペーストはやや焦げるくらいに炒めます。

2. ワインを加え，水分がなくなるまで4〜5分炒めます。次に水，しょうゆ，さつまいも，レンズ豆を加えます。

3. 全体を混ぜてひと煮立ちさせます。さつまいもと豆がやわらかくなるまで，25分ほど弱火で煮詰めます。タイムを加えて混ぜればできあがり。温かいうちにいただきます。すぐに食べない場合は，冷ましてから密閉容器に移します。冷蔵庫で約1週間保存できます。

プランテーンとオクラのココナッツカレー煮

プランテーン（調理用バナナ）を煮て，甘さとまろやかな味わいを引き出します。炊きたてのバスマティ
ライスにたっぷりかけて，シャキシャキのグリーンサラダを添えていただきましょう。

4人分

ポイント

プランテーンがない場合は，皮
をむいて一口大に切ったさつま
いもで代用できます。

オクラはアメリカ南部の家庭料
理でよく使われる野菜です。低
温で煮込むことでデンプンが出
て，煮込み料理やキャセロール
にコクととろみをプラスします。

グレープシードオイル	大さじ2
玉ねぎ　粗みじん切り	1カップ（250ml）
セロリ　一口大に切る	1/2カップ（125ml）
海塩	小さじ1/2
生姜　みじん切り	小さじ1
にんにく　みじん切り	6〜8かけ
カレーパウダー	大さじ2
クミン（粉）	小さじ2
コリアンダー（粉）	小さじ1/2
白ワイン　辛口（省略可）	1/2カップ（125ml）
プランテーン　一口大に切る（ポイント参照）	1カップ（250ml）
オクラ　小口切り（ポイント参照）	1/2カップ（125ml）
水	1/2カップ（125ml）
ライム果汁	大さじ3
ココナッツミルク（全脂肪）	1缶（400ml）
ライム　くし切り	適量
海塩	適量

1. 大きめの鍋でグレープシードオイルを中火で熱します。玉ねぎ，セ
   ロリ，塩を入れて炒めます。玉ねぎが透き通ってくるまで7〜8分
   炒め，生姜とにんにくを加え，香りが立つまで2〜3分炒めます。
   カレーパウダー，クミン，コリアンダーを加え，5〜6分炒めます。
   ここで好みでワインを加え，水分がなくなるまで4〜5分炒めます。

2. プランテーン，オクラ，水，ライム果汁，ココナッツミルクを加え
   てよく混ぜ，ひと煮立ちさせます。

3. ひと煮立ちしたら火を弱め，15分ほど煮込みます。プランテーン
   がやわらかくなり，全体が少し煮詰まったらできあがり。ライムを
   添え，塩を少々ふっていただきます。すぐに食べない場合は，冷ま
   してから密閉容器に移します。冷蔵庫で約5日間保存できます。

マッシュルーム，ブラックビーン，さつまいものラグー

体の芯からポカポカ温まる寒い季節にぴったりの癒しメニューです。基本のキヌア（上巻参照）にたっぷりかけて食べれば，寒さも一気に吹き飛びます。

4人分

ポイント

豆を水にひたす：ブラックビーンとたっぷりの水4カップ（1L，分量外）をボウルに入れます。ラップをして，6時間以上または冷蔵庫に一晩置き，水を切ります。

さつまいもの下ゆではちょっと手間がかかりますが，これによってデンプンが分解され，ラグーにとろみとコクが出ます。

新鮮なハーブは，繊維がつぶれると茶色に変色してしまうので，よく切れる包丁できざむようにしましょう。

ブラックビーン（ポイント参照）	1カップ（250ml）
さつまいも　皮をむいて一口大に切る（ポイント参照）	
	2カップ（500ml）
グレープシードオイル	大さじ3
玉ねぎ　粗みじん切り	1カップ（250ml）
にんじん　一口大に切る	1カップ（250ml）
セロリ　一口大に切る	1カップ（250ml）
海塩	小さじ1/2
マッシュルーム　一口大に切る	4カップ（1L）
にんにく　みじん切り	6〜8かけ
トマトペースト	150ml
赤ワイン　辛口	1カップ（250ml）
たまりしょうゆ	60ml
タイムの葉　きざむ（ポイント参照）	大さじ1
水	2カップ（500ml）

1. 鍋にブラックビーンと水4カップ（1L，分量外）を入れて強火にかけます。煮立ったら弱火で1時間ほど煮ます。ブラックビーンがやわらかくなったら，ざるに上げておきます。

2. 1の作業をしている間，さつまいもをゆでます。別の鍋にさつまいもとかぶるくらいの水（分量外）を入れて，強火にかけます。煮立ったら弱火にし，15分ほどゆでます。さつまいもがやわらかくなったらざるに上げておきます。

3. 大きめの鍋でグレープシードオイルを中火で熱します。玉ねぎ，にんじん，セロリ，塩を入れて炒めます。6分ほどよく炒め，野菜がやわらかくなったら，マッシュルームとにんにくを加えます。マッシュルームから出た水分がほとんどなくなるまで5〜6分炒め，トマトペーストを加え，さらに2〜3分炒めます。香ばしい香りがしてきたらワインを加え，さらに煮詰めます。

4. 1の豆と2のさつまいも，しょうゆ，タイム，水を加えて混ぜ，ひと煮立ちさせます。ひと煮立ちしたら弱火にし，15〜20分煮込みます。全体が少し煮詰まったらできあがり。すぐに食べない場合は，冷ましてから密閉容器に移します。冷蔵庫で約5日間保存できます。

グリルトマトとポータベロのラグー

グリルしたトマトのスモーク風味が肉厚なポータベロマッシュルームに絶妙にマッチした，満足感たっぷりの一品です。

4人分

ポイント

スロークッカーで調理中は途中でふたを開けないようにします。一度開けると温度が下がり，調理時間を20〜30分延長しなければならなくなります。

- グリルを高温で予熱
- スロークッカー（容量3.8L，ポイント参照）

トマト　縦半分に切る	10個
グレープシードオイル　分けて使用	大さじ6
海塩　分けて使用	小さじ1と1/2
ポータベロマッシュルーム（傘の部分）	6個
玉ねぎ　粗みじん切り	2カップ（500ml）
にんにく	6〜8かけ
レンズ豆（赤）　洗って水を切る	1/2カップ（125ml）
トマトペースト	大さじ3
濃いめの野菜だし（267ページ参照）	8カップ（2L）
ニュートリショナルイースト	60ml
たまりしょうゆ	大さじ3
タイムの葉　きざむ	大さじ2

1. ボウルにトマト，グレープシードオイル大さじ2，塩小さじ1/2を入れてよくからめます。

2. 別のボウルにポータベロマッシュルーム，グレープシードオイル大さじ2，塩小さじ1/2を入れてよくからめます。

3. グリルでトマトを焼きます。全面がやや焦げるくらいに，2〜3分ずつ向きを変えながら焼きます。

4. ポータベロマッシュルームを焼きます。片面につき4〜5分，やわらかくなるまで両面を焼き，冷ましておきます。10分ほど置いて多少冷めたら，5cm幅に切ります。

5. 大きめのフライパンでグレープシードオイル大さじ2を中火で熱します。玉ねぎと塩小さじ1/2を入れて，玉ねぎが透き通るまで6分ほど炒めます。にんにく，レンズ豆，トマトペーストを加え，トマトペーストが軽く焦げるまで4〜5分炒めます。

6. 野菜だしを加え，火を強めます。煮立たせないように注意して，底が焦げつかないように木べらなどでこそげるように混ぜます。

7. スロークッカーの内鍋に移し，焼いたトマトとポータベロマッシュルームも加えます。

8. ふたをして，低温で6時間または高温で3時間加熱調理します。ニュートリショナルイースト，しょうゆ，タイムを加えて混ぜ，ふたをして20分置き，全体がなじんだらできあがりです。

オクラとバターナッツかぼちゃのガンボ

冬の寒い夜に，ポカポカ温まる一品です。ハード系のパンをつけてソースまで堪能してください。

4人分

ポイント

オクラはアメリカ南部の家庭料理でよく使われる野菜です。低温で煮込むことでデンプンが出て，煮込み料理やキャセロールにコクととろみをプラスします。

バターナッツかぼちゃの代わりに同量のさつまいもでもつくれます。

- スロークッカー（容量3.8L，前ページのポイント参照）

グレープシードオイル	大さじ3
オクラ　1cmに小口切り（ポイント参照）	2カップ（500ml）
玉ねぎ　一口大に切る	1カップ（250ml）
セロリ　一口大に切る	1カップ（250ml）
ピーマン　一口大に切る	1カップ（250ml）
海塩	小さじ1
ケイジャンシーズニング	大さじ2
にんにく	6〜8かけ
トマトペースト	60ml
トマト水煮缶（ダイスカット，汁含む）	2缶（800ml）
バターナッツかぼちゃ　皮をむいて一口大に切る（ポイント参照）	8カップ（2L）
たまりしょうゆ	大さじ2
タイムの葉　きざむ	大さじ2
カイエンペッパー	小さじ1/8〜1/4

1. 大きめのフライパンでグレープシードオイルを中〜強火で熱します。オクラ，玉ねぎ，セロリ，ピーマン，塩を入れて炒めます。野菜がやわらかくなるまで5〜6分炒め，ケイジャンシーズニング，にんにく，トマトペーストを加えて混ぜます。トマトペーストが軽く焦げるまで5〜6分炒めます。

2. トマト水煮缶を汁ごと加え，バターナッツかぼちゃも加えて混ぜます。煮立つ手前で火を止めて，スロークッカーの内鍋に移します。

3. ふたをして，低温で8時間または高温で4時間加熱調理します。しあげにしょうゆ，タイム，カイエンペッパーを加えて混ぜればできあがり。すぐに食べない場合は，冷ましてから密閉容器に移します。冷蔵庫で約5日間保存できます。

マッシュルームのスロッピージョー

マッシュルームの食感を挽き肉に見立て，アメリカの定番家庭料理を再現しました。サンドイッチの具材にしたり，クリーミーマッシュポテト（上巻参照）や，ポレンタ（上巻参照），かぼちゃとハーブのベイクドオーツ（上巻参照）の上にたっぷりかけると，夕食のメインとしても活躍します。

4人分

ポイント

スロッピージョーとはアメリカの家庭料理で，ハンバーガーの余り物でつくる挽き肉のソース煮込みです。バンズやご飯にかけて食べます。

スロークッカーで調理中は途中でふたを開けないようにします。一度開けると温度が下がり，調理時間を20〜30分延長しなければならなくなります。

きのこは水洗いせずに，濡れた布巾などで表面の土などを拭いてきれいにします。水洗いしてしまうと，スポンジのように水を吸収し，変色してしまいます。

• スロークッカー（容量3.8L，ポイント参照）

グレープシードオイル　分けて使用	大さじ2
マッシュルーム　粗みじん切り，分けて使用（ポイント参照）	8カップ（2L）
玉ねぎ　みじん切り	1/2カップ（125ml）
クラシック・ガーリックトマトソース（279ページ参照）	1と1/2カップ（375ml）
メープルチポトレBBQソース（上巻参照）	60ml

1. 大きめの鍋でグレープシードオイル大さじ1を強火で熱します。マッシュルームの半量を入れて，軽く焼き色がつくまでよく炒めます（水分が残っていてもOK）。

2. 水分ごとスロークッカーの内鍋にあけます。マッシュルームの残りの半分も同様に炒めて鍋に移します。スロークッカーの内鍋に玉ねぎ，クラシック・ガーリックトマトソース，メープルチポトレBBQソースを加えて混ぜます。

3. ふたをして，低温で6時間または高温で3時間加熱調理してできあがり。すぐに食べない場合は，冷ましてから密閉容器に移します。冷蔵庫で約5日間保存できます。

豆腐のフレンチオニオン蒸し

あめ色玉ねぎのコクのある深い味わいとタンパク質豊富な豆腐の最強コンビです。基本のキヌア（上巻参照）をつけ合わせ，グリーンサラダを添えればパーフェクトメニューの完成です。

4人分

ポイント

スロークッカーで調理中は途中でふたを開けないようにします。一度開けると温度が下がり，調理時間を20〜30分延長しなければならなくなります。

玉ねぎは天然の糖分を多く含んでいます。長時間じっくり加熱すると，あめ色に変わり，甘さが出ます。

新玉ねぎや白たまねぎのような甘さの強い種類を使いましょう。

にんにくを細かくきざむ：にんにくをまな板の上に置き，包丁の腹で強くゆっくり押します。薄皮が浮いてはがれやすくなるので，親指と人差し指でつまんで押し出すように実を取り出します。まずは粗めにきざみ，塩を少しふり，包丁の腹ですりつぶし（塩の粒でさらにつぶれます），さらに包丁で叩くようにきざみます。

- スロークッカー（容量3.8L，ポイント参照）

グレープシードオイル	大さじ2
玉ねぎ　薄切り（ポイント参照）	12カップ（3L）
海塩	小さじ1
にんにく　みじん切り（ポイント参照）	12〜15かけ
水	1/2カップ（125ml）
たまりしょうゆ	大さじ2
ニュートリショナルイースト	大さじ2
りんご酢	大さじ1
木綿豆腐　かたく水切りして縦長に4つに切る	1丁
タイムの葉　きざむ	大さじ2

1. 大きめのフライパンでグレープシードオイルを強火で熱します。玉ねぎと塩を入れて炒めます。最初の5分は強火で，焦げ始めてきたら弱火にします。ときどきかき混ぜながら，45分間じっくり加熱し，やわらかいあめ色玉ねぎにします。にんにくを加え，香りが立つまで2〜3分炒めます。水，しょうゆ，ニュートリショナルイースト，りんご酢を加えてよく混ぜます。
2. スロークッカーの内鍋に移し，その上に豆腐を並べます。
3. ふたをして，低温で6時間または高温で3時間加熱調理します。タイムを加えて混ぜ，ふたをしてさらに30分加熱調理してできあがり。温かいうちにいただきます。

なすとレンズ豆のトマトチリ

なすのとろけるような食感と，タンパク質たっぷりのレンズ豆がとても味わい深い一品です。この2つの食材がトマトのチリに味の深みと食べ応えをもたらします。クリーミーマッシュポテト（上巻参照）のお供や，野菜のロースト（上巻参照）にたっぷりかけて召し上がれ。

4人分

ポイント

ココナッツ風味が好きな方には，グレープシードオイルの代わりに同量のココナッツオイルも使えます。

にんにくを細かくきざむ：にんにくをまな板の上に置き，包丁の腹で強くゆっくり押します。薄皮が浮いてはがれやすくなるので，親指と人差し指でつまんで押し出すように実を取り出します。まずは粗めにきざみ，塩を少しふり，包丁の腹ですりつぶし（塩の粒でさらにつぶれます），さらに包丁で叩くようにきざみます。

グレープシードオイル（ポイント参照）	60ml
玉ねぎ　粗みじん切り	1/2カップ（125ml）
海塩	小さじ1/2
チリパウダー	大さじ1
クミン（粉）	小さじ1
にんにく　みじん切り（ポイント参照）	6〜8かけ
たまりしょうゆ	大さじ3
なす　一口大に切る	2カップ（500ml）
トマト　一口大に切る	2カップ（500ml）
レンズ豆（赤）　洗って水を切る	1カップ（250ml）
水	3カップ（750ml）

1. フライパンでグレープシードオイルを中〜強火で熱します。玉ねぎと塩を入れて3分ほど炒めます。玉ねぎが透き通ってきたらチリパウダーとクミンを加え，香りが立つまで2〜3分炒めます。にんにくを加え，さらに1〜2分炒めます。次にしょうゆを加えて混ぜ，木べらでフライパンの底をこそげるように混ぜます。

2. なす，トマト，レンズ豆を加え，3〜4分炒めます。水を加え，ひと煮立ちさせます。

3. ひと煮立ちしたら火を弱め，なすとレンズ豆がやわらかくなるまで，30分ほど煮詰めればできあがり。すぐに食べない場合は，冷ましてから密閉容器に移します。冷蔵庫で約5日間保存できます。

アフリカ風スパイステンペのチリ

しっかりとしたスパイスの風味が効いているテンペなので，シンプルな蒸し野菜を添えていただきます。スパイシーさをさらに引き立てるローストガーリックのチミチュリソース（上巻参照）を少しかければ，スペシャルディナーの完成です。おもてなし料理としてもおすすめです。

4～5人分

ポイント

加熱殺菌していないテンペは大型スーパーや自然食品店の冷凍コーナーにあります。冷凍テンペのほうが食感がよいので，できるだけこちらを使いますが，見つからない場合は，冷蔵のテンペも同様に使えます。

水煮缶のトマトの代わりに新鮮なトマトを使用する場合は，分量は8カップ（2L）となります。

テンペ（ブロック，ポイント参照）	240g
水	4カップ（1L）
たまりしょうゆ　分けて使用	1/2カップ（125ml）
にんにく　皮をむく	2かけ
グレープシードオイル	大さじ3
玉ねぎ　粗みじん切り	1カップ（250ml）
セロリ　粗みじん切り	1/2カップ（125ml）
にんじん　粗みじん切り	1/2カップ（125ml）
にんにく　みじん切り	6～8かけ
チリパウダー	大さじ1
フェネグリークシード	小さじ1
フェンネルシード	小さじ1
クミン（粉）	小さじ1
キャラウェイシード	小さじ1/2
コリアンダー（粉）	小さじ1/2
パプリカパウダー（スイート）	小さじ1/4
トマト水煮缶（ダイスカット，汁含む，ポイント参照）	
	2缶（800ml）

1. 鍋にテンペ，水，しょうゆ60ml，にんにく2かけを入れて，ふたをして強火にかけます。煮立ったら火を弱め，15分ほど煮ます。テンペを取り出し（煮汁は使いません），15分ほど置いて冷ましてから，みじん切りにします。

2. フライパンでグレープシードオイルを中～強火で熱します。1のテンペを入れて，こんがりするまで10分ほど炒めます。玉ねぎ，セロリ，にんじんを加え，やわらかくなるまで5～6分炒めます。にんにくのみじん切りを加え，さらに2分ほど炒めます。

3. チリパウダー，フェネグリーク，フェンネルシード，クミン，キャラウェイシード，コリアンダー，パプリカパウダーを加えて混ぜ，5分ほど炒めます（にんにくを焦がさないように注意）。トマト水煮と残りのしょうゆを加え，ひと煮立ちさせます。ひと煮立ちしたら火を弱め，15分ほど煮込みます。全体が少し煮詰まればできあがり。すぐに食べない場合は，冷ましてから密閉容器に移します。冷蔵庫で約5日間保存できます。

ブラックビーンとさつまいものチリ

私のレストランの人気メニューのレシピをここに大公開！　熱々のチリをご飯にたっぷりかけて，ヴィーガンサワークリーム（263ページ参照）をトッピングすれば，寒い季節のとっておきメニューに早変わりです。食卓の定番にしてみてください。

8人分

ポイント

このチリは，私のレストランで人気メニューの一つです。レシピのチリパウダーとクミンの量がとてつもなく多いと驚かれると思いますが，オレンジやレモン果汁とうまくバランスがとれるのでご心配なく。

ブラックビーンは自分で煮たものでも水煮缶でもOKです。缶詰の場合はできれば塩無添加のものを選び，水ですすいでから使います。

ハンドブレンダーを鍋の片側で10秒だけ回します。ハンドブレンダーがない場合は，鍋から1/3量を取ってミキサーにかけ，鍋に戻します。こうすることで，ある程度のデンプン質が分解され，チリにとろみがつきます。

熱い食材をミキサーにかけるときは，容器の半分の量を超えないようにします。蒸気の圧力でふたが外れ中身が飛び散ってしまうことがあるので，ふたの上にタオルをかぶせ，その上から手でしっかり押さえます。

- ハンドブレンダー
- ミキサー

さつまいも　皮をむいて一口大（2.5cm）に切る	2カップ（500ml）
グレープシードオイル	大さじ3
玉ねぎ　粗みじん切り	1カップ（250ml）
セロリ　粗みじん切り	1/2カップ（125ml）
赤パプリカ　粗みじん切り	1/2カップ（125ml）
海塩	小さじ1/2
にんにく　粗みじん切り	大さじ2
チリパウダー	大さじ6
クミン（粉）	大さじ3
たまりしょうゆ	1/2カップ（125ml）
オレンジ果汁	1/2カップ（125ml）
アガベシロップ	大さじ3
レモン果汁	大さじ3
トマト水煮缶（ダイスカット，汁含む）	2缶（800ml）
コーン（冷凍可）	2カップ（500ml）
ブラックビーン水煮　水気を切る（ポイント参照）	4カップ（1L）

1. 大きめの鍋に湯を沸かし（分量外），さつまいもをゆでます。12分ほどゆで，やわらかくなったらざるに上げておきます。

2. 1の作業をしている間，野菜を炒めます。大きめの鍋でグレープシードオイルを中～強火で熱します。玉ねぎ，セロリ，赤パプリカ，塩を入れて炒めます。玉ねぎが透き通って，ほかの野菜がやわらかくなるまで5～6分炒めます。

3. さらににんにくを加え，香りが立つまで2～3分炒め，チリパウダーとクミンを加えて混ぜます。火を弱め，スパイスの香りが立つまで3～4分炒めます。

4. しょうゆ，オレンジ果汁，アガベシロップ，レモン果汁，トマトを加えて混ぜ，中火にします。ひと煮立ちしたら弱火にし，10～12分ほど煮ます。

5. コーンとブラックビーンを加えて混ぜ，さらに12～15分ほど煮ます。少し煮詰まったら火を止めます。

6. ハンドブレンダーを鍋の片側で持ち，ブラックビーンとコーンの1/3程度を砕きます（ポイント参照）。野菜の形状と食感を残したいので，回しすぎないように注意します。ハンドブレンダーがない場合は，鍋から1/3の量をとり，ミキサーにざっとかけ（ポイント参照），鍋に戻して混ぜます。

7. 1のさつまいもを加えて混ぜればできあがり。温かいうちにいただきます。

テンペとローストパプリカのスロッピージョー

テンペと赤パプリカ，たっぷりの野菜が入った煮込みは，オープンサンドだけでなく，ご飯にかけてもおいしいです。グルテンフリーピタパンがない場合は，好みのハード系のパンを合わせて，ヴィーガンサワークリーム（263ページ参照）をたっぷり落として召し上がれ。

4～6人分

ポイント

スロッピージョーとはアメリカの家庭料理で，ハンバーガーの余り物でつくる挽き肉のソース煮込みです。バンズやご飯にかけて食べます。

加熱殺菌していないテンペは大型スーパーや自然食品店の冷凍コーナーにあります。冷凍テンペのほうが食感がよいので，できるだけこちらを使いますが，見つからない場合は，冷蔵のテンペも同様に使えます。

にんにくの量は1かけの大きさで調整します。大きめなら10かけ，小さめなら12かけとなります。

にんにくを細かくきざむ：にんにくをまな板の上に置き，包丁の腹で強くゆっくり押します。薄皮が浮いてはがれやすくなるので，親指と人差し指でつまんで押し出すように実を取り出します。まずは粗めにきざみ，塩を少しふり，包丁の腹ですりつぶし（塩の粒でさらにつぶれます），さらに包丁で叩くようにきざみます。

- オーブンを200℃に予熱
- オーブンシートを敷いたオーブントレイ
- フードプロセッサー

赤パプリカ	2個
グレープシードオイル　分けて使用	大さじ4
海塩　分けて使用	小さじ1
テンペ（ブロック，ポイント参照）	240g
水	4カップ（1L）
たまりしょうゆ　分けて使用	1/2カップ（125ml）
にんにく　皮をむく	2かけ
にんじん　粗みじん切り	1カップ（250ml）
玉ねぎ　粗みじん切り	1カップ（250ml）
セロリ　粗みじん切り	1/2カップ（125ml）
にんにく　みじん切り（ポイント参照）	10～12かけ
赤ワイン　辛口（省略可）	1/2カップ（125ml）
トマト水煮缶（ダイスカット，汁含む，ポイント参照）	
	2缶（800ml）
トマトペースト（ポイント参照）	150ml
グルテンフリーピタパン（184ページ参照）	4～6枚

1. ボウルに赤パプリカを入れてグレープシードオイル大さじ1と塩1/2を全体にからめます。オーブントレイに並べてオーブンに入れ，ときどき向きを変えながら，全体がやや焦げるまで25分ほど焼きます。取り出したらボウルに入れて，ぴっちりとラップをかけて10分ほど置きます。冷めたら手で薄皮を取り，半分に切って種とワタを取り除き，一口大に切ります。

2. 1と同時進行でテンペをゆでます。鍋にテンペ，水，しょうゆ60ml，にんにく2かけを入れて，ふたをして強火にかけます。煮立ったら火を弱め，15分ほど煮ます。テンペを取り出し（煮汁は使いません），皿に置いて冷まします。

3. テンペが冷めたらざく切りにして，フードプロセッサーに入れます。にんじんも加え，ざっと回し，挽き肉程度の大きさに砕きます。

トマト水煮缶の代わりに新鮮な
トマトを使う場合，分量は4
カップ（1L）となります。

トマトペーストの分量が多いの
で驚かれるかもしれませんが，
煮詰めるうちにテンペに味がし
みておいしくなります。

ピタパンを使った盛りつけの例
・大きめにちぎってテンペと一
　緒に器に入れる
・テンペを巻いてラップサンド
　にする
・市販のピタポケットパンを使
　うなら，ポケットの中にテン
　ペを入れる

4. フライパンでグレープシードオイル大さじ3を中火で熱します。玉
   ねぎ，セロリ，塩小さじ1/2を入れて炒めます。野菜が透き通って
   くるまで7～8分炒め，にんにくのみじん切りを加え，さらに2～
   3分炒めます。にんにくの香りが立ってきたら，好みでワインを加
   え，水分が飛ぶまで炒めます。
5. 3のテンペとにんじんのミックスを加えて混ぜます。テンペに焼き
   色がついてやわらかくなるまで8～10分炒めます。残りのしょう
   ゆ，トマト水煮，トマトペーストを加え，弱火にして10分ほど煮
   詰めます。
6. グルテンフリーピタパンの上にたっぷりかけてオープンサンドにし
   ます。すぐに食べない場合は，冷ましてから密閉容器に移します。
   冷蔵庫で約1週間保存できます。

カリフラワーでつくるシェパーズパイ

時間のあるときにつくり置きしておくと，アレンジしながら1週間は楽しめるメニューです。単品でも立派なメニューですが，感謝祭のグレービーソース（266ページ参照）をかけるとさらに豪華になり，シャキシャキのグリーンサラダを添えればバランスのとれた完璧なディナーになります。

4人分

ポイント

加熱殺菌していないテンペは大型スーパーや自然食品店の冷凍コーナーにあります。冷凍テンペのほうが食感がよいので，できるだけこちらを使いますが，見つからない場合は，冷蔵のテンペも同様に使えます。

にんじん，セロリ，玉ねぎはスープや煮込みなどに最も使われる三大野菜です。料理用語ではこの3つをまとめて「ミルポワ」といいます。

- フードプロセッサー
- オーブンを180℃に予熱
- 33cm×23cm耐熱ガラス製ケーキ型

トッピング

カリフラワー　小さく切る	6カップ（1.5L）
海塩　分けて使用	小さじ1
ニュートリショナルイースト	1/2カップ（125ml）

フィリング

テンペ（ブロック，ポイント参照）	480g
水　分けて使用	6カップ（1.5L）
たまりしょうゆ　分けて使用	1/2カップ（125ml）
にんにく　皮をむく	2かけ
グレープシードオイル	大さじ3
玉ねぎ　粗みじん切り	1カップ（250ml）
にんじん　粗みじん切り	1カップ（250ml）
セロリ　粗みじん切り	1カップ（250ml）
海塩	小さじ1/2
にんにく　みじん切り	3〜4かけ
ココナッツオイル	大さじ3
玄米粉	60ml
赤ワイン　辛口	1/2カップ（125ml）
タイムの葉　きざむ	小さじ1
コーン（生でも冷凍でも可）	1カップ（250ml）
パプリカパウダー（スイート）	少々

1. **トッピング**：大きめの鍋にたっぷりの水（分量外），カリフラワー，塩1/2を入れて強火にかけます。煮立ったら火を弱め，カリフラワーがやわらかくなるまで15分ほど煮ます。煮汁を1カップ（250ml）取り，ざるに上げます。

2. フードプロセッサーに**1**のカリフラワー，煮汁60ml，ニュートリショナルイースト，塩小さじ1/2を入れ，なめらかになるまで回します。ときどき止めて，容器の内側をこそげて混ぜ込みながら，クリーム状になるまで回します。必要に応じて，煮汁を大さじ2ずつ

加えます（煮汁を使い切らなくても，クリーム状になればOK）。フードプロセッサーはまた使うので，容器を洗っておきます。

3. **フィリング**：鍋にテンペ，水4カップ（1L），しょうゆ60ml，にんにく2かけを入れて強火にかけます。煮立ったら火を弱め，15分ほど煮ます。テンペを皿に取り出し（煮汁は使いません），15分ほど置いて冷まします。

4. テンペが冷めたらざっと切り，フードプロセッサーに入れ，挽き肉程度の大きさに砕きます。

5. 大きめの鍋でグレープシードオイルを中火で熱します。4のテンペ，玉ねぎ，にんじん，セロリ，塩を入れて10分ほど炒めます。玉ねぎが透き通って，テンペに焼き色がついてきたらにんにくのみじん切りを加えます。にんにくの香りが立つまでさらに2分炒めます。

6. ココナッツオイルと玄米粉を加えて混ぜます。5分ほどよく炒めて，粉っぽさがなくなったらワインを加えます。水分を飛ばすようによく炒め，水2カップ（500ml）としょうゆ60mlを加えます。煮立つ手前で火を弱め，10〜12分ほど煮詰めます。火を止めて，タイムとコーンを加えて混ぜます。

7. オーブンを180℃に予熱します。

8. 6のフィリングをケーキ型に入れて表面を平らにならします。上から2のカリフラワーをかけて均等にならします。パプリカパウダーをふりかけて，オーブンで25〜30分焼きます。表面にこんがりと焼き色がついたらできあがり。熱々をいただきます。すぐに食べない場合は，冷ましてから密閉容器に移します。冷蔵庫で約1週間保存できます。

なすとズッキーニのナポリ風重ね焼き

みなさんにイタリアのナポリから伝統の味をお届けします！　このレシピもつくり置きに向いているので，時間のあるときに下ごしらえをしておけば，焼くだけでOK（ポイント参照）。いざというときの強い味方になってくれます。焼いてからも冷蔵庫で約5日間保存できるので重宝します。

4〜6人分

ポイント

なすとズッキーニは，火の通りが均等になるように，できるだけ同じ厚さに切ります。スライサーを使うと便利です。

クラシック・ガーリックトマトソースがない場合は，好みの市販のトマトソースを使ってください。

下準備を前もってする場合，つくり方5までを完了させて，しっかりラップをし，冷蔵庫に入れます。2日以内にオーブンで焼いてください。

- オーブンを180℃に予熱
- 33cm×23cm耐熱ガラス製ケーキ型
- キッチンペーパーを敷いたオーブントレイ

なす　厚さ0.5cmの縦長に切る（ポイント参照）	中2個
ズッキーニ　厚さ0.5cmの縦長に切る（ポイント参照）	中2本
海塩	小さじ1/2
グレープシードオイル　分けて使用	大さじ4
クラシック・ガーリックトマトソース（279ページ参照，ポイント参照）	2カップ（500ml）
ニュートリショナルイースト　分けて使用	1と1/2カップ（375ml）
イタリアンパセリ	1/2カップ（125ml）
エクストラバージンオリーブオイル	大さじ3
レモン果汁	大さじ2
タイムの葉　きざむ	大さじ1
オレガノ（乾）	小さじ2

1. 清潔な台に切ったなすとズッキーニを並べ，両面に塩をふります。
2. 大きめのフライパンでグレープシードオイル大さじ2を中〜強火で熱します。なすとズッキーニをフライパンの大きさに応じて2〜3枚ずつ，片面につき1〜2分こんがり焼き色がつくまで焼きます。キッチンペーパーを敷いたオーブントレイに置き，余分な油を切ります。グレープシードオイルを足しながら，すべてを焼きます。
3. ボウルにクラシック・ガーリックトマトソース，ニュートリショナルイースト1カップ（250ml），イタリアンパセリを入れて混ぜ合わせます。
4. 別のボウルに，オリーブオイル，レモン果汁，タイム，オレガノを入れてよく混ぜます。2のなすとズッキーニにハケで塗ります。裏面にもしっかり塗ります。
5. 3のトマトソースをケーキ型の底に薄く広げます。その上になすとズッキーニを重ね，その上にまたトマトソースを重ねて入れ，均等にならします。野菜とソースがなくなるまで繰り返します。最後はトマトソースで終わるようにし，しあげにニュートリショナルイースト1/2カップ（125ml）をまんべんなくふりかけます。

6. オーブンに入れて40分ほど焼きます。ソースがふつふつと蒸気を立て，表面に焼き色がつけばできあがり。すぐに食べない場合は，冷ましてから密閉容器に移します。冷蔵庫で約5日間保存できます。

きのこのポットパイ

寒い季節に食べたくなる，きのこの風味豊かなポットパイです。きのこならではの滋味深い味わいとサクサクとした食感のパイが織りなすおいしさといったらたまりません。オーブンで焼けるまで待ち切れないかもしれません。

<table>
<tr><td>4人分</td></tr>
</table>

ポイント

乾燥ワイルドマッシュルームの湯戻し：乾燥ワイルドマッシュルームと湯2カップ（500ml）をボウルに入れ，ラップをして1時間置きます。土や微細なゴミが沈むので，静かにマッシュルームだけを取り上げます。戻し汁は使いません。

濃いめの野菜だし（267ページ参照）を使うことで，深い味わいを出すことができます。ない場合は普通の野菜だしでも，水だけでもかまいません。

パイ生地はヴィーガンパイ生地（270ページ参照）でも，市販のものでもOKです。市販のものを使う場合は，パッケージに記載されている焼き時間に従ってください。

- オーブンを180℃に予熱
- 直径25cm大のパイ皿（深いもの），油（分量外）を塗る

ココナッツオイル	60ml
玉ねぎ　粗みじん切り	1カップ（250ml）
にんじん　粗みじん切り	1カップ（250ml）
セロリ　粗みじん切り	1カップ（250ml）
海塩	小さじ1/2
にんにく　みじん切り	6〜8かけ
マッシュルーム　薄切り	4カップ（1L）
乾燥ワイルドマッシュルーム　戻す（ポイント参照）	
	1/2カップ（125ml）
ブラウンマッシュルーム　薄切り	4カップ（1L）
玄米粉	80ml
濃いめの野菜だし（267ページ，ポイント参照）2カップ（500ml）	
ニュートリショナルイースト	60ml
たまりしょうゆ	大さじ2
タイムの葉　きざむ	大さじ2
グリーンピース（冷凍）	1/2カップ（125ml）
ヴィーガンパイ生地（270ページ，ポイント参照）　レシピの半分量	

1. 大きめの鍋でココナッツオイルを中火で熱します。玉ねぎ，にんじん，セロリ，塩を入れて6分ほど炒めます。野菜がやわらかくなったらにんにくを加え，香りが立つまで2分ほど炒めます。

2. きのこ全種を加え，さらに炒めます。きのこから出た水分がほとんどなくなるまで，12〜15分ほどよく炒めます。玄米粉を加え，粉っぽさがなくなるまで5分ほど炒め，火を止めます。

3. 玄米粉がダマにならないように，濃いめの野菜だしをゆっくりそそぎ入れてよく混ぜ，再び中火にします。ひと煮立ちしたら弱火にし，4〜5分ほど煮ます。

4. 火を止めて，ニュートリショナルイースト，しょうゆ，タイムを入れて混ぜます。グリーンピースを加えて混ぜ，パイ皿に移します。約1時間，冷蔵庫で冷まします。

5. オーブンを180℃に予熱します。

6. ヴィーガンパイ生地を25cmより大きめにのばし，4にかぶせます。

余った周囲の生地は切り洛とし，ふちをしっかり皿に押しつけます。生地の真ん中にフォークを1〜2回刺して，蒸気が出る穴を開けます。

7. オーブンに入れ，約45分間焼きます。パイ生地がきつね色に焼け，蒸気が出ていればできあがり。熱々をいただきます。すぐに食べない場合は，冷ましてから密閉容器に移します。冷蔵庫で約5日間保存できます。

レンズ豆のシェパーズパイ

一度つくったらリピート間違いなし！　タンパク質もたっぷりとれるヘルシーなあったかレシピです。疲れた日の夕食に手間をかけずに栄養補給できるよう，つくり置きしておくと便利です。

4 ～ 6人分

ポイント

新鮮なハーブをきざむときは，切れない包丁を使ったり，叩いたりしてはいけません。繊維が傷ついて茶色に変色してしまいます。

野菜だしの代わりに濃いめの野菜だし（267ページ参照）を使ってもOKです。どちらもなければ，水だけでもかまいません。

レンズ豆は自分で煮たものでも水煮缶でもOKです。缶詰めの場合はできれば塩無添加のものを選び，水ですすいでから使います。

このレシピはつくり方3まで完了したら，ラップをして冷蔵庫で保存できます。2日以内にオーブンで焼いてください。

- オーブンを200℃に予熱
- 33 cm × 23 cm耐熱ガラス製ケーキ型，油（分量外）を塗る

グレープシードオイル	大さじ3
玉ねぎ　粗みじん切り	1カップ（250ml）
セロリ　粗みじん切り	1/2カップ（125ml）
にんじん　粗みじん切り	1/2カップ（125ml）
海塩	小さじ1
にんにく　みじん切り	6 ～ 8かけ
タイムの葉　きざむ（ポイント参照）	大さじ2
トマトペースト	156ml
野菜だし（ポイント参照）	2カップ（500ml）
レンズ豆水煮（緑）　水気を切る（ポイント参照）	4カップ（1L）
たまりしょうゆ	大さじ2
クリーミーマッシュポテト（上巻参照）	4カップ（1L）
パプリカパウダー（スイート）	小さじ1/4

1. 大きめの鍋でグレープシードオイルを中火で熱します。玉ねぎ，セロリ，にんじん，塩を入れて6分ほど炒めます。野菜がやわらかくなったら，にんにくとタイムを加え，香りが立つまで2分ほど炒めます。トマトペーストを加え，軽く焦げるまで2 ～ 3分炒めます。
2. 野菜だし，レンズ豆，しょうゆを加えて混ぜ，ひと煮立ちさせます。ひと煮立ちしたら火を弱め，3 ～ 5分ほど煮詰めます。
3. ケーキ型に移し，平らにならします。上からクリーミーマッシュポテトを重ね，均等にならします。パプリカパウダーをふりかけます。
4. オーブンを200℃に予熱します。
5. オーブンで45分ほど焼きます。表面がきつね色に焼けたらできあがり。熱々をいただきます。すぐに食べない場合は，冷めてから密閉容器に移します。冷蔵庫で約5日間保存できます。

ポテトサラダラップサンド

クリーミーなじゃがいもに新鮮なハーブの香りを包み込んだ，おいしいラップサンドです。食物繊維はもちろん，ヘンプシードでタンパク質もしっかりとれます。

4個分

ポイント

じゃがいもは水からゆでます。湯が沸いてからゆで始めると，中まで火が通るまで外側がやわらかくなりすぎて，煮くずれしやすいので要注意。

新鮮なハーブの保存：水で洗って泥などを落とします。サラダスピナーでしっかり水を切って，湿らせたキッチンペーパーに包み，冷蔵庫へ。これで約1週間は保存可能です。

- ミキサー

じゃがいも　皮のまま2.5cm角に切る	4カップ（1L）
水	1/2カップ（125ml）
海塩	小さじ1/2
タヒーニ（練りごまでも代用可）	1/2カップ（125ml）
レモン果汁	60ml
エクストラバージンオリーブオイル	大さじ2
ディジョンマスタード	大さじ1
にんにく　皮をむく	1かけ
イタリアンパセリ　ざく切り	1/2カップ（125ml）
ディルの葉　きざむ	60ml
生ヘンプシード（皮なし）	60ml
グルテンフリーピタパン（184ページ参照）	4枚
ホットソース	好みで少々

1. 大きめの鍋に水（分量外）と塩（分量外），じゃがいもを入れて強火にかけます（ポイント参照）。煮立ったら火を弱め，15分ほどゆでます。ざるに上げて湯を切り，大きめのボウルに移して冷まします。

2. ミキサーに水，塩，タヒーニ，レモン果汁，オリーブオイル，ディジョンマスタード，にんにくを入れて高速で攪拌し，クリーム状にします。1のじゃがいもにかけ，イタリアンパセリ，ディル，生ヘンプシードも加えてよく混ぜ合わせます。しばらく置いて全体をなじませます。

3. 清潔な台にグルテンフリーピタパンを置き，2のポテトサラダの1/4の量を真ん中に広げます。ピタパンの端を折り込みながら，具を包みます。残りも同様につくります。好みでホットソースを添えていただきます。

ジャーク豆腐とアボカド，プランテーンのラップサンド

ジャマイカのジャークスパイスで豆腐をマリネします。もったりとした食感のアボカドとほのかな甘さのプランテーンに，スパイスを効かせた豆腐が絶妙にマッチ。朝食やランチ，そしてディナーにと，1日に何度でも食べたくなるラップサンドです。

4個分

ポイント

アナハイムチリペッパーが見つからない場合は，ハラペーニョや赤唐辛子で代用できます。種とワタを取り除いて使うと辛さが抑えられ，種もそのまま使うと，辛さが増します。

プランテーンは皮が真っ黒になった，完熟のものを使用します。

コーントルティーヤを使用する場合は，大きさに応じて枚数やフィリングの量を調整してください。またコーントルティーヤはラベルを確認して，遺伝子組み換え作物と小麦が使われていないものを選びましょう。

• フードプロセッサー

ジャーク豆腐

エクストラバージンオリーブオイル	大さじ2
グレープシードオイル	大さじ2
ライム果汁	60ml
赤パプリカ　粗みじん切り	1/2カップ（125ml）
タイムの葉　きざむ	大さじ2
たまりしょうゆ	大さじ2
りんご酢	大さじ1
生姜　みじん切り	大さじ1
ココナッツシュガー（オーガニック）	大さじ1
オールスパイス（粉）	小さじ2
アナハイムチリペッパー（ポイント参照）　粗みじん切り	2個
にんにく　皮をむく	3～4かけ
木綿豆腐　かたく水切りして0.5cmのさいの目切り	500g

プランテーン

グレープシードオイル	60ml
プランテーン（完熟）　皮をむいて縦半分に切る（ポイント参照）	2本
海塩	小さじ1/4

ラップとトッピング

トルティーヤ（グルテンフリー，25cm大，ポイント参照）	4枚
アボカド　つぶす	中2個
グレープシードオイル	大さじ1

1. **ジャーク豆腐:** フードプロセッサーにオリーブオイル，グレープシードオイル，ライム果汁，赤パプリカ，タイム，しょうゆ，りんご酢，生姜，ココナッツシュガー，オールスパイス，アナハイムチリペッパー，にんにくを入れて回します。ときどき止めて，容器の内側をこそげて混ぜ込みながら，なめらかになるまで回します。

2. 大きめのボウルに移します。豆腐を加えてよく混ぜ，ラップをして30分置きます。または冷蔵庫で一晩寝かせてもOK。トルティーヤにのせる前に，豆腐をストレーナーなどですくって，水気を切ります。

3. **プランテーン**：大きめのフライパンでグレープシードオイルを中火で熱します。プランテーンを入れて焼きます。こんがり焼き色がつくように，3〜4分焼き，裏側もさらに2〜3分焼きます。皿に移し塩をふっておきます。

4. **ラップサンドに包む**：トルティーヤを清潔な台に置き，つぶしたアボカドの分量の1/4を真ん中に広げます。**2**の豆腐の分量の1/4を重ね，**3**のプランテーンをのせます。トルティーヤの両端を折り込みながら，手前から巻いていきます。残りの3枚も同様につくります。

5. 大きめのフライパンでグレープシードオイルを中火で熱します。**4**のラップサンドの巻き終わりを下にして置き，こんがり焼き色がつくまで焼きます。片面につき5分ほど，全面を焼きます。残りも同様につくります。温かいうちにいただきます。

ギリシャ風ジャイロラップサンド

シャキシャキのレタスとクリーミーなザジキ，みずみずしいトマトを包んだ食感のよいラップサンドです。さわやかなレモンの酸味とオレガノの香りで，いつもと違った異国の味わいを楽しみましょう。

4個分

ポイント

加熱殺菌していないテンペは大型スーパーや自然食品店の冷凍コーナーにあります。冷凍テンペのほうが食感がよいので，できるだけこちらを使いますが，見つからない場合は，冷蔵のテンペも同様に使えます。

トマトはよく切れる包丁を使ってきざみましょう。まずはヘタを取ります。ヘタに沿って果物ナイフの先を差し込み，トマトをぐるっと回してヘタを取ります。

テンペ（ブロック，ポイント参照）	240g
水	4カップ（1L）
たまりしょうゆ	1/2カップ（125ml）
にんにく　皮をむく	2かけ
レモン　皮のままスライス	1/4個
エクストラバージンオリーブオイル	60ml
レモン果汁	大さじ3
オレガノ（乾）	大さじ1
海塩	小さじ1/2
グルテンフリーピタパン（192ページ）	4枚
クリーミーカシューザジキ（上巻参照）	1カップ（250ml）
トマト　粗みじん切り（ポイント参照）	1カップ（250ml）
ロメインレタス　千切り	1カップ（250ml）
赤玉ねぎ　薄切り	1/2カップ（125ml）

1. 鍋にテンペ，水，しょうゆ，にんにく，レモンを入れて強火にかけます。煮立ったら火を弱め，ふたをして15分ほど煮ます。テンペを皿に取り出し，15分ほど冷まします（煮汁は使いません）。

2. 1のテンペを，均等に8個の棒状に切り分けます（できなければ，一口大に切ります）。ボウルにオリーブオイル，レモン果汁，オレガノ，塩を入れてよく混ぜます。切ったテンペを加え，ざっと混ぜて，ラップをして30分ほど置きます。または冷蔵庫で一晩寝かせてもOK。

3. ピタパンを清潔な台に置き，中央にクリーミーカシューザジキを60ml塗ります。その上にトマト60ml，ロメインレタス60ml，赤玉ねぎ大さじ2を重ね，2のテンペの分量の1/4を重ねます。ピタパンの両端を内側に折り込み，手前から巻いていきます。残りも同様につくります。つくりたてをいただきます。

ベイクドチャナマサラ

数種類のスパイスの刺激的な香りが食欲をかき立てます。炊きたてのバスマティライスと抜群の相性です。私のおすすめは，キャベツとにんにくのさっと炒め（21ページ参照）を添えて，フレッシュな香菜をふりかけた一皿。つくり置きもできるので，常備菜としても最適です。

4～6人分

ポイント

香菜は，ほかのハーブやスパイスと同様に抗酸化物質などの植物栄養素が豊富です。また香菜には消化を助け，豆を食べたあとの膨満感を抑える働きがあるとの研究結果もあります。

生姜の皮むきは，スプーンのふちで皮をこそげ落とすようにすると，無駄がありません。

ひよこ豆は自分で煮たものでも水煮缶でもOKです。缶詰の場合はできれば塩無添加のものを選び，流水ですすいでから使います。

- 耐熱（オーブン可）の大鍋とふた
- オーブンを180℃に予熱

ココナッツオイル	大さじ3
玉ねぎ　粗みじん切り	1カップ（250ml）
海塩	小さじ1
クミン（粉）	大さじ1
コリアンダー（粉）	小さじ1
シナモン（粉）	小さじ1/2
ターメリック（粉）	小さじ1/2
フェンネルシード	小さじ1/2
カルダモン（粉）	小さじ1/4
クローブ（粉）	小さじ1/8
カイエンペッパー	小さじ1/8
香菜（葉と茎，ポイント参照）　きざむ	1/2カップ（125ml）
生姜　みじん切り（ポイント参照）	大さじ1
にんにく　みじん切り	6～8かけ
トマト　粗みじん切り	12カップ（3L）
水	1/2カップ（125ml）
ライム果汁	大さじ2
アガベシロップ	大さじ1
ひよこ豆水煮　水気を切る（ポイント参照）	4カップ（1L）

1. 耐熱の鍋でココナッツオイルを中火で熱します。玉ねぎと塩を入れて8分ほど，玉ねぎがきつね色になるまで炒めます。クミン，コリアンダー，シナモン，ターメリック，フェンネルシード，カルダモン，クローブ，カイエンペッパーを加えて混ぜます。スパイスの香りが立つまで3分ほど炒め，香菜，生姜，にんにくを加えます。にんにくの香りが立つまで2分ほど炒めます。

2. トマト，水，ライム果汁，アガベシロップを加えてよく混ぜます。焦げつきのないように，鍋底をこそげてしっかり混ぜます。ひよこ豆を加えてひと煮立ちさせます。

3. ふたをしてオーブンに入れ，45分間加熱します。とてもいい香りがしてくるので，温かいうちにいただきます。すぐに食べない場合は，冷ましてから密閉容器に移します。冷蔵庫で約5日間保存できます。

きのこのコルカノン

コルカノンとはじゃがいもを使ったアイルランドの伝統的な家庭料理で、マッシュしたじゃがいもにケールやキャベツなどの葉物野菜を混ぜたものです。このレシピでは、ローストしたきのことカリッと焼いたテンペベーコンを加えて、風味をアップさせました。タンパク質もたくさんとれるので健康にもよい一品です。

4人分

ポイント

切ったリークをボウルに入れて2カップ（500ml）の水に5分間さらします。微細な泥などが沈むので、穴あきおたまなどで静かにすくって水を切ります。

じゃがいもは、栄養分が逃げないように皮のままゆでます。

- オーブンを200℃に予熱
- オーブンシートを敷いたオーブントレイ
- フードプロセッサー

グレープシードオイル　分けて使用	大さじ8
マッシュルーム	4カップ（1L）
たまりしょうゆ	大さじ3
タイムの葉　きざむ	大さじ1
リーク（白い部分）　ざく切り（ポイント参照）	
	1/2カップ（125ml）
海塩　分けて使用	小さじ1
じゃがいも　皮のまま2.5cm角に切る（ポイント参照）	
	8カップ（2L）
玉ねぎ　粗みじん切り	1/2カップ（125ml）
カーリーケール　茎を取って粗みじん切り	1束
にんにく　みじん切り	3〜4かけ
白ワイン　辛口（省略可）	1/2カップ（125ml）
ココナッツミルク（全脂肪）	1缶（400ml）
テンペベーコン（上巻参照）　ざく切り	2カップ（500ml）
ヴィーガンホイップバター（262ページ参照）	大さじ3〜4

1. 大きめのボウルにグレープシードオイル大さじ4，マッシュルーム，しょうゆ，タイムを入れてよくからめます。オーブントレイに重ならないように広げ，オーブンで焼きます。マッシュルームがやわらかくなり，焼き色がつくまで20分ほど焼きます（水分が出ますがそのままで）。

2. 大きめの鍋に水（分量外）と塩小さじ1/2，じゃがいもを入れて，強火にかけます。沸騰したら火を弱め，20分ほどゆでます。ざるに上げて湯を切ります。

3. 大きめの鍋でグレープシードオイル大さじ2を中火で熱します。リーク，玉ねぎ，塩小さじ1/2を入れて5〜6分炒めます。玉ねぎが透き通ってきたらカーリーケールを入れて2〜3分炒め，にんにくを加え，香りが立つまでさらに2分ほど炒めます。

4. 好みでワインを加え，水分が飛ぶまで炒めます。ココナッツミルクを入れて混ぜ，ひと煮立ちさせます。ひと煮立ちしたら火を弱め，5分ほど煮詰めます。

5. フードプロセッサーにテンペベーコンを入れ，挽き肉程度の大きさに砕きます。

6. フライパンでグレープシードオイル大さじ2を中火で熱します。5のテンペベーコンを入れて，こんがりするまで5〜6分炒め，火を止めます。

7. 大きめのボウルに2のじゃがいも，4の野菜とヴィーガンホイップバターを入れてよく混ぜ合わせます。ポテトマッシャーを使ってじゃがいもをつぶします。大きなかたまりがなくなったら，テンペベーコンと1のきのこを汁ごと加えて，全体をよく混ぜればできあがり。すぐに食べない場合は，冷ましてから密閉容器に移します。冷蔵庫で約5日間保存できます。

スタッフドスイートポテト＆ガーリックグリーン

クリスピーなテンペのベーコンビッツをのせた具だくさんのスタッフドポテトは，栄養豊富なさつまいもを使用してつくります。特別な日のスペシャルディナーにいかがでしょうか。

4人分

ポイント

さつまいもを丸ごと焼くときは，フォークで刺して穴をあけておきます。オーブンの中で，さつまいもの皮が破裂するのを防ぎます。

ケールやコラードの葉には，真ん中に太い茎が通っています。葉の上部の茎はやわらかいので残し，下へ行くにつれ太くかたくなるので，その部分を取り除きます。まな板に葉を広げて置き，ペティナイフで太い茎を切り落とします。このレシピでは，ケールを千切りにします。

- オーブンを200℃に予熱
- オーブンシートを敷いたオーブントレイ，2セット
- フードプロセッサー

さつまいもとフィリング

さつまいも（ポイント参照）	大2個
テンペベーコン（上巻参照）　ざく切り	1カップ（250ml）
グレープシードオイル	大さじ3
海塩	小さじ1/4
チアシードとパプリカのディップ（上巻参照）	1/2カップ（125ml）
ヴィーガンサワークリーム（263ページ）	1/2カップ（125ml）
万能ねぎ　小口切り	60ml

ガーリックグリーン

グレープシードオイル	大さじ2
にんにく　みじん切り	6～8かけ
コラードグリーン　千切り（ポイント参照）	4カップ（1L）
ほうれん草　ざく切り	4カップ（1L）
ケール　千切り	4カップ（1L）
野菜だし（267ページ）	1/2カップ（125ml）
タイムの葉　きざむ	大さじ1
海塩	小さじ1/4

1. **さつまいもとフィリング**：さつまいもはフォークで数カ所穴をあけ，アルミホイルでしっかり包みます。オーブントレイにのせてオーブンに入れて，やわらかくなるまで，45分ほど焼きます。オーブンから出して冷ましておきます。
2. オーブンの温度を180℃に下げます。
3. フードプロセッサーにテンペベーコンを入れ，挽き肉程度の大きさになるまで砕きます。
4. 大きめのフライパンでグレープシードオイルを中火で熱します。**3**のテンペベーコンを炒めます。全体がカリッとするまで5～6分炒め，穴あきおたますくってボウルに移します。塩をふりかけて混ぜます。トッピングのベーコンビッツになります。

5. さつまいもが手で触れるくらいに冷めたら，縦に半分に切ります。皮を破らないようにスプーンで身を取り出してボウルへ入れ，チアシードとパプリカのディップを加えます。ポテトマッシャーでさつまいもをつぶしながら全体を混ぜ合わせます。

6. 5のフィリングを，さつまいもの皮の器に均等に分け入れます。オーブントレイにのせ，オーブンで15分ほど焼きます。表面にこんがり焼き色がついたら取り出します。

7. **ガーリックグリーン**：大きめの鍋でグレープシードオイルを中火で熱します。にんにくを入れて，こんがりするまで2〜3分炒めます。コラードグリーン，ほうれん草，ケールを加え，しんなりするまで炒めます（にんにくを焦がさないように注意）。野菜だし，タイム，塩を加えて混ぜます。ふたをして10〜15分蒸し焼きにします。野菜がやわらかくなり，煮汁が少し煮詰まればOKです。

8. 焼き上がった6に，ヴィーガンサワークリーム，万能ねぎ，4のベーコンビッツをトッピングします。7のガーリックグリーンをつけ合わせて提供します。

スパイシーポータベロのファヒータ

メキシコの家庭料理ファヒータは，トルティーヤにグリルした具材をはさんで食べる人気メニューです。肉厚のポータベロマッシュルームとヴィーガンサワークリームをたっぷりのせてかぶりつきましょう。おもてなしには，具材とトルティーヤを別に盛り，それぞれが好みでファヒータをつくって楽しめば，大いに盛り上がるはず。ローストパプリカのモレソース（上巻参照）を添えてもおいしいです。

4人分

ポイント

ポータベロマッシュルームは，石づきの下1cmほどを切り落としてから使います。

トルティーヤは，表示を確認して小麦が使われていない，オーガニックのものを選びましょう。

市販のヴィーガンモッツァレラチーズやサワークリームでも代用できます。

トルティーヤの温め方：提供する直前に，乾いたフライパンを弱火にかけ，トルティーヤを入れ，20〜30秒ふたをして温めます。裏返して同様に温めます。

ポータベロマッシュルーム　細長く切る（ポイント参照）	大2個
たまりしょうゆ	大さじ3
エクストラバージンオリーブオイル　分けて使用	大さじ4
チリパウダー	小さじ2
クミン（粉）	小さじ1
トマト　粗みじん切り	2カップ（500ml）
イタリアンパセリ　粗みじん切り	1/2カップ（125ml）
レモン果汁	小さじ1
海塩	小さじ1/4
グレープシードオイル	大さじ2
トルティーヤ（グルテンフリー，25cm大，ポイント参照）　温める	4枚
ヴィーガンモッツァレラ（247ページとポイント参照）	1カップ（250ml）
ロメインレタス　千切り	1カップ（250ml）
ヴィーガンサワークリーム（263ページ）	1/2カップ（125ml）
万能ねぎ　小口切り	大さじ4

1. ボウルにポータベロマッシュルームとしょうゆ，オリーブオイル大さじ2，チリパウダー，クミンを入れて混ぜます。ラップをして30分置きます。ポータベロを取り出して別のボウルに移し，つけ汁はとっておきます。

2. 大きめのボウルにトマト，オリーブオイル大さじ2，イタリアンパセリ，レモン果汁，塩を入れてよく混ぜます。

3. 大きめのフライパンでグレープシードオイルを中〜強火で熱します。ポータベロを入れて炒めます。5分ほど炒めて，やわらかくなったらつけ汁を加え，煮詰めます。皿に移します。

4. 温めたトルティーヤの中央に，**3**のポータベロの分量の1/4，ヴィーガンモッツァレラ60ml，**2**のトマト1/2カップ（125ml），ロメインレタス60ml，ヴィーガンサワークリーム大さじ2，万能ねぎ大さじ1を重ねて，半分に折ります。残りも同様にしてつくります。つくりたてをいただきます。

ジャックフルーツのスロークックBBQ

東南アジアのジャックフルーツは，ハワイのブレッドフルーツと同じ種の植物で見た目も似ています。手で軽くもむと，まるで煮込んだ肉のようにほろほろと砕けてきます。これを甘辛のスモーキーなBBQソースで1日じっくり煮込みます。好みのパンにたっぷりのせたり，クリーミーマッシュポテト（上巻参照）と合わせたりと，いろいろな楽しみ方ができます。

4〜6人分

ポイント

スロークッカーで調理中は途中でふたを開けないようにします。一度開けると温度が下がり，調理時間を20〜30分延長しなければならなくなります。

アガベシロップは，低温処理のものを選びましょう。遺伝子組み換えでない100％天然の甘味料で，自然にできた果糖（フルクトース）を含み，GI値が低いのが特徴です。ゆっくりとグルコースに分解されるため，エネルギーが持続します。

ジャックフルーツは，煮込んだ肉に見えるように，包丁を使わず，手でもんだのち，小さくちぎります。

- スロークッカー（容量3.8L，ポイント参照）

グレープシードオイル	大さじ1
玉ねぎ　粗みじん切り	1カップ（250ml）
海塩	小さじ1
にんにく　みじん切り	6〜8かけ
チリパウダー	小さじ1
チポトレパウダー	小さじ1
ディジョンマスタード	大さじ1
りんご酢	60ml
純粋メープルシロップ	60ml
モラセス	60ml
アガベシロップ（ポイント参照）	大さじ2
ケチャップ	2カップ（500ml）
トマト水煮缶（ダイスカット，汁含む）	1缶（400ml）
ヤンググリーンジャックフルーツ（缶詰，ポイント参照）	540g

1. フライパンでグレープシードオイルを中火で熱します。玉ねぎと塩を入れて5〜6分炒めます。玉ねぎが透き通ってきたらにんにくを加え，香りが立つまで2分ほど炒めます。チリパウダーとチポトレパウダーを加え，スパイスの香りが立つまで2〜3分炒めます。
2. ディジョンマスタード，りんご酢，メープルシロップ，モラセス，アガベシロップ，ケチャップを加えて混ぜます。ひと煮立ちしたら火を弱め，10分ほど煮ます。トマトとジャックフルーツを加えて混ぜ，スロークッカーの内鍋に移します。
3. スロークッカーのふたをして，低温で8時間または高温で4時間加熱調理してできあがり。すぐに食べない場合は，冷ましてから密閉容器に移します。冷蔵庫で約10日間保存できます。

具だくさんのベイクドポテト＆ ジンジャーブロッコリー

たっぷりの具の上にのったベーコンビッツが香ばしいベイクドポテトは，家族の新しいお気に入りメニューになりそうです。友だちを招いての会食や，テレビのスポーツ観戦中のスナック，ピクニックのお弁当にと，いろいろなシーンで大活躍してくれること間違いなしです。

4人分

ポイント

じゃがいもを丸ごと焼くときは，フォークで刺して穴をあけておきます。オーブンの中で，じゃがいもの皮が破裂するのを防ぎます。

市販のヴィーガンモッツァレラチーズやクリームチーズ，植物性バターでも代用できます。

生姜の皮むきは，スプーンのふちで皮をこそげ落とすようにすると，無駄がありません。

海鮮醤（ホイシンソース）は，保存料や精製砂糖の使われていない高品質のものを選びましょう。質のよいものは大豆といもを発酵させ，モラセスなど天然の糖が使われています。

- オーブンを200℃に予熱
- オーブンシートを敷いたオーブントレイ，2セット
- フードプロセッサー

じゃがいも

じゃがいも（男爵など，ポイント参照）	大4個
テンペベーコン（上巻参照）ざく切り	1カップ（250ml）
グレープシードオイル	大さじ3
海塩	小さじ1/4
カシューチェダーチーズ（245ページ参照）	1カップ（250ml）
万能ねぎ　小口切り	1/2カップ（125ml）
ヴィーガンホイップバター（262ページ参照）	60ml
ヴィーガンモッツァレラ（247ページとポイント参照）	
	1/2カップ（125ml）

ブロッコリー

グレープシードオイル	大さじ2
生姜　皮をむいて乱切り（ポイント参照）	60ml
ブロッコリー　小房に切る	4カップ（1L）
水	60ml
海鮮醤（ホイシンソース，ポイント参照）	60ml

1. **じゃがいも**：じゃがいもはフォークで数カ所に穴をあけ，アルミホイルでしっかり包み，オーブンで45分ほど焼きます。中までやわらかくなったら取り出して，20分ほど置いて冷まします。
2. オーブンの温度を180℃に下げます。
3. フードプロセッサーにテンペベーコンを入れて挽き肉程度の大きさになるまで砕きます。
4. 大きめのフライパンでグレープシードオイルを中火で熱します。**3**のテンペベーコンを炒めます。全体がカリッとするまで5〜6分炒め，穴あきおたまですくってボウルに移します。塩をふりかけて混ぜます。トッピングのベーコンビッツになります。

5. じゃがいもが触れるくらいに冷めたら，半分に切ります。皮を破らないようにスプーンで身を取り出しボウルへ入れて，カシューチェダーチーズ，万能ねぎ，ヴィーガンホイップバターを加えます。ポテトマッシャーでじゃがいもをつぶしながら，全体を混ぜ合わせます。

6. 5のフィリングを，じゃがいもの皮の器に均等に分け入れます。上からヴィーガンモッツァレラを均等に分けてのせ，オーブントレイに移しオーブンで15分ほど焼きます。表面にこんがり焼き色がついたら取り出します。

7. ブロッコリー：大きめのフライパンでグレープシードオイルを中火で熱します。生姜を入れて，こんがりするまで5〜6分炒めます。ブロッコリーを加え，2〜3分炒めます。水と海鮮醤を加えてよく混ぜ，2〜3分煮詰めます。

8. 1人前につきベイクドポテトは2個（じゃがいも1個分），しあげに4のベーコンビッツをふりかけ，7のブロッコリーを添えて盛りつけます。

テンペとかぼちゃのスパイス煮込み

スロークッカーでじっくり煮込んだかぼちゃの料理には，なんだか心をホッとさせてくれるものがあります。このレシピではタンパク質豊富なテンペと合わせました。スロークッカーにかけておくだけなので，忙しい日にもおすすめのレシピです。

4～6人分

ポイント

スロークッカーで調理中は途中でふたを開けないようにします。一度開けると温度が下がり，調理時間を20～30分延長しなければならなくなります。

加熱殺菌していないテンペは大型スーパーや自然食品店の冷凍コーナーにあります。冷凍テンペのほうが食感がよいので，できるだけこちらを使いますが，見つからない場合は，冷蔵のテンペも同様に使えます。

ニュートリショナルイーストは大型スーパーや自然食品店，オンラインストアで販売しています。ビタミンB_{12}を多く含み，また野菜だけではなかなか出すことのできない旨味をもたらします。

• スロークッカー（容量3.8L，ポイント参照）

テンペ（ブロック，ポイント参照）	240g
水	4カップ（1L）
たまりしょうゆ　分けて使用	1/2カップ（125ml）
にんにく　皮をむく	2かけ
グレープシードオイル　分けて使用	大さじ4
玉ねぎ　粗みじん切り	1カップ（250ml）
海塩	小さじ1
唐辛子フレーク	小さじ1
カイエンペッパー	小さじ1/2
にんにく　みじん切り	4～6かけ
レンズ豆（赤，乾燥）	1/2カップ（125ml）
野菜だし（267ページ参照）	6カップ（1.5L）
バターナッツかぼちゃ　皮をむいて2～3cm角に切る	
	4カップ（1L）
かぼちゃ　皮のまま2～3cm角に切る	2カップ（500ml）
ニュートリショナルイースト（ポイント参照）	大さじ4
タイムの葉　きざむ	大さじ1

1. 鍋にテンペ，水，しょうゆ60ml，にんにく2かけを入れて，ふたをして強火にかけます。煮立ったら火を弱め，15分ほど煮ます。テンペを皿に取り出し（煮汁は使いません），15分ほど置いて冷まします。冷めたらよく切れる包丁を使って2.5cm角に切ります。

2. 大きめのフライパンでグレープシードオイル大さじ3を強火で熱します。テンペを入れて，全面がこんがりするように，よく転がしながら8～10分炒めます。穴あきおたまで取り出し，キッチンペーパーに置いて余分な油を切ります。

3. そのまま同じフライパンにグレープシードオイル大さじ1を追加し，玉ねぎ，塩，唐辛子，カイエンペッパー，にんにくのみじん切りを入れて5～6分よく炒めます。

4. 玉ねぎが透き通ってきたら，レンズ豆と野菜だしを加えて混ぜます。ひと煮立ちしたら火を止めて，スロークッカーの内鍋に移します。バターナッツかぼちゃとかぼちゃを加えて混ぜます。

5. スロークッカーのふたをして，低温で6時間または高温で3時間加熱調理します。加熱調理が終わったら残りのしょうゆ，ニュートリショナルイースト，タイムを加えて混ぜます。再びふたをして，20分加熱調理してできあがり。すぐに食べない場合は，冷ましてから密閉容器に移します。冷蔵庫で約5日間保存できます。

かぼちゃと豆腐の生姜煮込み

寒い季節には，体を芯から温めてくれる生姜をたっぷり使った煮込み料理はいかがですか？　タイ風ココナッツとなすのライスヌードル（上巻参照），パイナップルとココナッツの炒飯（27ページ参照），トリプルペッパーの野菜ソテー（14ページ参照）などに合わせて，ほっこり気分でリラックスして心も一緒に温まりましょう。

4人分

ポイント

生姜の皮むきは，スプーンで皮をこそげ落とすようにすると，無駄がありません。

スロークッカーで調理中は途中でふたを開けないようにします。一度開けると温度が下がり，調理時間を20〜30分延長しなければならなくなります。

• **スロークッカー（容量3.8L，ポイント参照）**

グレープシードオイル	大さじ2
生姜　みじん切り（ポイント参照）	60ml
玉ねぎ　薄切り	1カップ（250ml）
海塩	小さじ1
バターナッツかぼちゃ　皮をむいて一口大に切る	8カップ（2L）
野菜だし（267ページ参照）	1カップ（250ml）
たまりしょうゆ	大さじ2
ココナッツシュガー（オーガニック）	大さじ1
木綿豆腐　かたく水切りして縦長に4つに切る	大きめ1丁

1. 大きめのフライパンでグレープシードオイルを中火で熱します。生姜を入れて，こんがりするまで3〜4分炒めます。玉ねぎと塩を加え，6分ほど炒めます。次にスロークッカーの内鍋に移します。
2. バターナッツかぼちゃ，野菜だし，しょうゆ，ココナッツシュガーを加えて混ぜ合わせ，1の内鍋に入れ，豆腐を並べて置きます。
3. ふたをして低温で6時間または高温で3時間加熱調理したらできあがり。温かいうちにいただきます。

おもてなし

ビーツのケーキ，フェンネルの蒸し焼きと
クリーミースイスチャード添え

パーティーのメインディッシュに，このエキゾチックな一品はいかが？　ビーツのケーキを小さめにすれば，カナッペ風にアレンジすることもできます。

4人分

ポイント

生フラックスシードは，真空パックのパウダー状のものが売られていますが，自分で挽くこともできます。生フラックスシード60mlを，ミキサーまたはスパイスミルに入れます。高速で細かい粉末に挽きます。使い残しは，スムージーやシリアルに混ぜるなど，さまざまな用途に使えます。

ゴールデンフラックスシードを使うと明るい色のケーキになり，ブラウンフラックスシードを使うと濃い色のケーキにしあがります。

海塩はミネラルを含むホールフードとみなされています。塩分が気になる方は，分量を減らしても，または使用しなくてもかまいません。

- オーブンを200℃に予熱
- フードプロセッサー
- 耐熱（オーブン可）の鍋とふた
- ミキサー

ビーツのケーキ

生フラックスシード（粉，ポイント参照）	大さじ2
湯	90ml
キビ　洗って水を切る	1/2カップ（125ml）
水	4カップ（1L）
海塩（ポイント参照）	小さじ1/2
ビーツ　千切り　分けて使用	4カップ（1L）
コリアンダー（粉）	小さじ1/2
フェンネルシード	小さじ1/4
にんにく　皮をむく（ポイント参照）	1～2かけ
玄米粉	大さじ1

フェンネルの蒸し焼き

グレープシードオイル	大さじ2
にんにく　みじん切り（ポイント参照）	4～6かけ
フェンネル（根茎）　縦半分に切る（ポイント参照）	1株
海塩	小さじ1/2
水	1/2カップ（125ml）
赤ワインビネガー	大さじ3
たまりしょうゆ	大さじ1

クリーミースイスチャード

生カシューナッツ	1カップ（250ml）
水　分けて使用	4カップ（1L）
海塩	小さじ1/2
グレープシードオイル	大さじ2
玉ねぎ　みじん切り	1/2カップ（125ml）
にんにく　みじん切り	1～2かけ
スイスチャード　千切り	8カップ（2L）

にんにくの量は1かけの大きさで調整します。このレシピで使う総量は，大きめなら6かけ，小めなら10かけ程度です。

にんにくを細かくきざむ：にんにくをまな板に置き，包丁の腹で強くゆっくり押します。薄皮が浮いてはがれやすくなるので，親指と人差し指でつまんで押し出すように実を取り出します。まずは粗めにきざみ，塩を少しふり，包丁の腹ですりつぶし（塩の粒でさらにつぶれます），さらに包丁で叩くようにきざみます。

フェンネルは大きいまま調理して，風味と食感を保ちます。食べる直前に半分に切って取り分けます。

ビーツのケーキは，混ぜているときは水分が多いと思うかもしれませんが，焼き上がるとしっかりかたまります。

しあげ
グレープシードオイル　　　　　　　　　　　　大さじ4

1. **ビーツのケーキ**：ボウルに生フラックスシードと湯を入れてよく混ぜ，ふたをして10分置きます。フラックスシードが水分を吸収してふくらみます。

2. 鍋にキビ，水，塩を入れて強火にかけます。沸騰したら火を弱め，よく混ぜながら20分ほど煮ます。火を止めて，ふたをし，10分ほど蒸らします。

3. フードプロセッサーに，**2**のキビ，ビーツの半量，コリアンダー，フェンネルシード，にんにくを入れ，全体がなめらかになるまで回します。ボウルに移し，**1**のフラックスシード，玄米粉，残りの半量のビーツを加えてよく混ぜます。

4. **フェンネルの蒸し焼き**：鍋でグレープシードオイルを中火で熱します。にんにくとフェンネルを入れて，フェンネルの全面に焼き色がつくように，向きを変えながら5〜6分焼きます。塩，水，赤ワインビネガー，しょうゆを加えて混ぜます。ふたをしてオーブンに入れて，30分ほど蒸し焼きにします。フェンネルがやわらかくなったら，オーブンから出しておきます。

5. **クリーミースイスチャード**：フェンネルを焼いている間に，クリーミースイスチャードをつくります。鍋に生カシューナッツと水3カップ（750ml）を入れて，強火にかけます。沸騰したら火を止めて，ざるに上げて湯を切ります。ミキサーに移し，水1カップ（250ml）と塩を加え，なめらかになるまで高速で撹拌し，ボウルにあけます。

6. 大きめのフライパンでグレープシードオイルを中火で熱します。玉ねぎとにんにくを入れて，5〜6分炒めます。スイスチャードを加え，3〜4分炒め，やわらかくなったら**5**のクリーミースイスチャードを加えます。弱火にし，3〜4分煮詰めます。

7. **しあげ**：**3**を4等分し，手で厚めのパティに成形します。

8. 大きめのフライパンでグレープシードオイルを中〜強火で熱し，**7**のパティを焼きます。片面3〜4分ずつ，こんがり焼き色がついたら，キッチンペーパーに置いて余分な油を切ります。

9. **4**のフェンネルを半分に切って，4つの器に均等に盛りつけます。クリーミースイスチャードとビーツのケーキも均等に盛りつけて提供します。

クリスピークラブケーキ＆コールスロー

卵を使わないタルタルソースで，カニを使わないクラブケーキをいただきましょう。気の置けない仲間たちを招いたランチやディナーパーティーに最適です。カリッとしたケーキにさわやか風味のタルタルソース，コールスローを合わせれば，だれもが満足する人気メニューの完成です。

6人分

ポイント

市販のヴィーガンマヨネーズも使えます。

赤玉ねぎは大きく切ると味が強すぎてほかの味を消してしまうので，細かいみじん切りにします。マイルドな風味にしたい場合は，赤玉ねぎの代わりに，万能ねぎの小口切り60mlを使います。

アガベシロップは，低温処理（ロー）のものを選びましょう。遺伝子組み換えでない100％天然の甘味料で，自然にできた果糖（フルクトース）を含み，GI値が低いのが特徴です。ゆっくりとグルコースに分解されるため，エネルギーが持続します。

- フードプロセッサー
- ミキサー

クラブケーキ

木綿豆腐　水切りする	500g
ヴィーガンマヨネーズ（258ページとポイント参照）	1/2カップ（125ml）
赤パプリカ　みじん切り	1/2カップ（125ml）
セロリ　みじん切り	1/2カップ（125ml）
赤玉ねぎ　みじん切り（ポイント参照）	60ml
ディジョンマスタード	大さじ3
レモン果汁	大さじ3
ディル（乾）	大さじ1
海塩	小さじ1
コーンミール（オーガニック，臼挽き粗粒）	1カップ（250ml）

コールスロー

キャベツ　千切り	4カップ（1L）
にんじん　千切り	2カップ（500ml）
イタリアンパセリ　ざく切り	1/2カップ（125ml）
エクストラバージンオリーブオイル	大さじ2
レモン果汁	大さじ2
海塩	小さじ1
ココナッツシュガー（オーガニック）	小さじ1
ヴィーガンマヨネーズ（258ページ参照，ポイント参照）	1/2カップ（125ml）

タルタルソース

タヒーニ（練りごまで代用可）	1カップ（250ml）
レモン果汁	60ml
水	60ml
白ワインビネガー	大さじ1
アガベシロップ（ポイント参照）	大さじ1
イエローマスタード（辛くないアメリカンタイプ）	大さじ1
海塩	小さじ1

ディル風味のピクルス　みじん切り	1/2カップ（125ml）
ディル　きざむ	1/2カップ（125ml）

しあげ

グレープシードオイル	大さじ4
レモン　くし切り	適量

1. **クラブケーキ**：フードプロセッサーに豆腐を入れ，ざっと回してくずします。ボウルに移し，ヴィーガンマヨネーズ，赤パプリカ，セロリ，赤玉ねぎ，ディジョンマスタード，レモン果汁，ディル，塩を加えてよく混ぜ合わせます。6等分して，手で厚めのパティに成形します。冷蔵庫に30分ほど入れて，冷やしかためます。

2. コーンミールを入れたバットに**1**のケーキを入れて，まんべんなくまぶします。ラップをして，焼く直前まで冷蔵庫に入れておきます（ケーキが冷えてしっかりかたまります）。

3. **コールスロー**：大きめのボウルにキャベツ，にんじん，イタリアンパセリ，オリーブオイル，レモン果汁，塩，ココナッツシュガーを入れて，よく混ぜ合わせます。5〜10分置いて，全体がなじんだら，ヴィーガンマヨネーズを加えてよく混ぜます。

4. **タルタルソース**：ミキサーにタヒーニ，レモン果汁，水，白ワインビネガー，アガベシロップ，イエローマスタード，塩を入れ，なめらかになるまで高速で攪拌します。ボウルに移し，みじん切りのピクルスとディルを加えて混ぜ合わせます。

5. **しあげ**：大きめのフライパンでグレープシードオイルを中〜強火で熱します。**2**のケーキを並べ，片面5〜6分ずつ焼きます。中まで火が通り，表面にこんがりと焼き色がついたら，器に盛りつけます。

6. コールスローを均等に分けて**5**に盛りつけ，ケーキの上にタルタルソースをかけます。レモンを添えて提供します。残りのタルタルソースは別の器に入れ，追加として食卓に並べます。

花ズッキーニとスパイシーケソ（チーズ）ディップ

特別な日のランチやディナーの前菜に合う，ちょっとしたごちそうレシピです。まろやかなカシューナッツとキヌアの具が，スパイシーなソースと相性抜群です。

4人分

ポイント

カシューナッツを水にひたす：カシューナッツ1カップ（250ml）と水4カップ（1L）をボウルに入れます。ラップをかけ，30分または冷蔵庫に一晩置き，水を切ります。

香菜（パクチーまたはシラントロー）の茎の下部はかたいので，切り落とします。葉の出ている上部の茎はやわらかく風味もよいので，葉と一緒にきざんで使います。

花ズッキーニは旬の時期に大型スーパーや，野菜の直売所などで探してみましょう。

フィリングが余ったら，パンに塗ったり野菜のディップにしたり，さまざまな用途で使えます。特にカリフラワー，ブロッコリー，セロリなど，歯応えのある野菜にぴったりです。

- オーブンを200℃に予熱
- フードプロセッサー
- オーブンシートを敷いたオーブントレイ

生カシューナッツ　水にひたす（ポイント参照）	2カップ（500ml）
赤パプリカ　粗みじん切り	1/2カップ（125ml）
香菜（パクチーまたはシラントロー）　ざく切り（ポイント参照）	1/2カップ（125ml）
レモン果汁	大さじ2
チリパウダー	小さじ2
海塩	小さじ1
クミン（粉）	小さじ1
にんにく　皮をむく	1〜2かけ
カイエンペッパー	少々
水	80ml
基本のキヌア（上巻参照）	1カップ（250ml）
花ズッキーニ（花のみ，ポイント参照）	8個
エクストラバージンオリーブオイル	大さじ2
ケソ（チーズ）ディップ（上巻参照）	1/2カップ（125ml）

1. フードプロセッサーに生カシューナッツ，赤パプリカ，香菜，レモン果汁，チリパウダー，塩，クミン，にんにく，カイエンペッパーを入れ，回します。ときどき止めて，容器の内側についたものも混ぜ込みながら，全体が細かくなるまで回します。モーターを回したまま，注入口から水を流し入れます。そのまま全体がなめらかになるまで回します。大きめのボウルに移し，基本のキヌアを加えてざっくり混ぜ込みます。
2. ズッキーニの花を破らないように広げ，ボウルに入れます。オリーブオイルを回しかけ，全体がなじむように混ぜます。
3. オーブンを200℃に予熱します。
4. 小さいスプーンで1の具を花に詰めます。1個あたり60mlから80ml程度を詰め，オーブントレイに並べます。オーブンで25〜30分焼きます。中まで火が通り，外側がこんがり焼き色がついたら取り出し，器に盛りつけてケソディップを添えて提供します。

ボクスティー

アイルランド料理のボクスティーは，じゃがいもでつくるパンケーキです。ヴィーガンサワークリームをたっぷりのせて，カリカリに焼いたテンペベーコンを添えます。時間に余裕のある日のスペシャルブランチやランチにぜひ試してみてください。

大きめ8個分

ポイント

アーモンドミルクは，同量のカシューミルク（276ページ参照），ココナッツミルク（277ページ参照），オートミルク（上巻参照）で代用可能です。

じゃがいもは，スライサーのアタッチメントを使って千切りにするか，フードプロセッサーを使うと便利です。ほかの食材と混ぜる前に，手で絞って水気を切ります。

つくり方3で，玄米粉を加えると，やや乾燥した重い生地になります。水分が残っている場合は，玄米粉を追加してください。

- オーブンを200℃に予熱
- オーブンシートを敷いたオーブントレイ

アーモンドミルク（276ページとポイント参照）1カップ（250ml）	
りんご酢	小さじ1
生フラックスシード（粉）	大さじ1
湯	大さじ3
クリーミーマッシュポテト（上巻参照） 冷ます	4カップ（1L）
じゃがいも（メークイン） 千切り（ポイント参照）	4カップ（1L）
玄米粉（ポイント参照）	125～150ml
ベーキングパウダー（グルテンフリー）	小さじ2
海塩	小さじ1/2
グレープシードオイル	大さじ2

1. ボウルにアーモンドミルクとりんご酢を入れて，よく混ぜます。ふたをして10分ほど置き，ミルクを少し凝固させます。
2. 別のボウルに生フラックスシードと湯を入れて混ぜます。ふたをして8～10分置き，フラックスシードに水分を吸収させます。1のボウルに入れてよく混ぜます。
3. 大きめのボウルにクリーミーマッシュポテト，水気を切ったじゃがいも，玄米粉1/2カップ（125ml），ベーキングパウダー，塩，2を加えてよく混ぜ合わせます。8等分して，手で直径10～12cm，厚さ5cm程度のパティに成形します。
4. 大きめのフライパンでグレープシードオイル大さじ2を強火で熱します。パティは片面4分くらいずつ，表面がきつね色になるまで，両面を焼きます。オーブントレイに並べ，オーブンで12～15分ほど焼きます。中までしっかり火が通ったらできあがり。

キヌア入りレンズ豆のローフ

わが家の感謝祭は，クリーミーマッシュポテト（上巻参照）と，感謝祭のグレービーソース（266ページ参照）をたっぷりかけたこのローフで祝います。読者のみなさんの家でも，家族や大切な人みんなが心待ちにする新しいメニューになりますように。

6人分

ポイント

キヌアの代わりに，同量のキビを使ってもおいしくつくれます。

ニュートリショナルイーストは，てんさい糖をつくるときに出る廃糖蜜を発酵させて育てた酵母を不活性化処理したもので，チーズのような風味があります。ソース，シチュー，スープ，ディップなどに使います。大型スーパーや自然食品店，オンラインストアで入手できます。

- オーブンを200℃に予熱
- フードプロセッサー
- 23cm×12.5cm角のパウンドケーキ型，油（分量外）を塗る

水　分けて使用	7カップ（1.75L）
キヌア　洗ってざるに上げる（ポイント参照）	1カップ（250ml）
海塩　分けて使用	小さじ1/2
レンズ豆（緑，乾燥）　洗ってざるに上げる	2カップ（500ml）
グレープシードオイル	大さじ3
りんご　皮をむいてさいの目切り	1カップ（250ml）
玉ねぎ　みじん切り	1/2カップ（125ml）
にんじん　みじん切り	1/2カップ（125ml）
セロリ　みじん切り	1/2カップ（125ml）
にんにく　みじん切り	3〜5かけ
タイムの葉　きざむ	大さじ2
たまりしょうゆ	60ml
ニュートリショナルイースト（ポイント参照）	60ml
セージの葉　きざむ	大さじ2
ローズマリー　きざむ	大さじ1
玄米粉	1/2カップ（125ml）
生フラックスシード（粉，ゴールデン）	80ml
ケチャップ	1/2カップ（125ml）

1. 鍋に水3カップ（750ml），キヌア，塩小さじ1/4を入れて，強火にかけます。ひと煮立ちしたら火を弱め，こまめに混ぜながら15分煮ます。キヌアが水分を吸収しやわらかくなったら火を止めて，冷ましておきます。

2. 同時にレンズ豆を煮ます。鍋に水4カップ（1L）とレンズ豆を入れて，強火にかけます。煮立ったら火を弱め，20分ほど煮ます。ざるに上げ，冷ましておきます。

3. フライパンでグレープシードオイルを中火で熱します。りんご，玉ねぎ，にんじん，セロリ，塩少々（分量外）を入れて炒めます。玉ねぎが透き通るまで4〜5分炒め，にんにくとタイムを加え，さらに2分ほど炒めます。香りが立ってきたら火を止めて，しょうゆとニュートリショナルイーストを加えて混ぜ合わせます。

4. フードプロセッサーに **1** のキヌア全部，**2** の豆と **3** の野菜を半量ず
つ，セージ，ローズマリーを入れ，回します。ときどき止めて，容
器の内側をこそげるように混ぜ込みながら，全体がなめらかになる
まで回します。大きめのボウルにあけ，**2**，**3** の残りの半量を加え
てよく混ぜ合わせます。玄米粉，フラックスシード，塩小さじ1/4
を加えてよく混ぜます。

5. パウンドケーキ型に **4** を入れ，表面をならします。表面にケチャッ
プを均等に広げます。オーブンで1時間ほど焼き，中まで火が通り，
周りがやや焦げたらできあがり。すぐに食べない場合は，冷まして
から密閉容器に移します。冷蔵庫で約1週間保存できます。

そうめんかぼちゃの豆腐詰め

そうめんかぼちゃをじっくり焼いて食べられる器にし，豆腐のリコッタとほうれん草の具を詰めた食べ応えのある一品です。つくり置きしておけば，忙しい日の夕食にすばやく出せて便利です。

4人分

ポイント

そうめんかぼちゃは英語では「スパゲティスクワッシュ」といいます。ローストすると身がバラバラと麺のようにほぐれます。低糖質でグルテンフリーなので，パスタの代用品として重宝します。

豆腐の代わりに，クリーミーカシューリコッタ（242ページ参照）4カップ（1L）を使用してもおいしくつくれます。

- オーブンを180℃に予熱
- オーブンシートを敷いたオーブントレイ
- フードプロセッサー

そうめんかぼちゃ（ポイント参照）	中～大1個
エクストラバージンオリーブオイル	大さじ2
海塩　分けて使用	小さじ1
グレープシードオイル	大さじ2
玉ねぎ　粗みじん切り	1カップ（250ml）
にんにく　みじん切り	8～10かけ
ほうれん草　ざく切り	8カップ（2L）
木綿豆腐　かたく水切りして1cm角に切る（ポイント参照）	500g
ニュートリショナルイースト	60ml
オレガノ（乾）	小さじ1
バジル（乾）	小さじ1/2

1. よく切れる包丁で，そうめんかぼちゃを縦半分に切ります。種は使わないので，スプーンなどですくい出しておきます。オリーブオイルと塩小さじ1/2をよくまぶしつけ，アルミホイルでしっかり包み，切った面を上にしてオーブントレイに並べます。

2. オーブンで35～40分焼きます。オーブンから取り出し，そのまましばらく置きます。

3. かぼちゃを焼いている間に，フィリングをつくります。大きめのフライパンでグレープシードオイルを中火で熱します。玉ねぎ，塩小さじ1/4を入れて，5～6分炒めます。玉ねぎが透き通ったらにんにくを加え，香りが立つまで2～3分炒めます。次にほうれん草を加え，しんなりするまで5～6分炒め，火を止めます。

4. フードプロセッサーに豆腐を入れ，細かくなるまで回します。大きめのボウルに移し，ニュートリショナルイースト，オレガノ，バジル，残りの塩小さじ1/4を加えて混ぜ，3のほうれん草に加え，全体を混ぜ合わせます。

5. そうめんかぼちゃのアルミホイルを取り外し，身をスプーンですくい出して大きめのくぼみをつくります。そうめんかぼちゃの器を2つつくります。

6. そうめんかぼちゃの器に，**4**のフィリングを均等に分け入れます。オーブンに戻して30分ほど焼きます。表面にこんがりとした焼き色がつき，中まで火が通ったら取り出します。

7. それぞれをさらに半分に切り，**6**の器に盛りつけて提供します。

カリフラワーのステーキ，セルリアックのソースとクリスピー豆腐添え

ステーキにポテトを添えるという，定番メニューをヴィーガンバージョンにアレンジしてみました。
セルリアックのソースが，カリフラワー本来の自然な甘みを引き立ててくれます。

4人分

ポイント

セルリアックは，8カップ（総
重量で1.25kgほど）必要です。
皮をむいたり，かたい部分を切
り落としたりすると，総重量の
1/4は廃棄分になります。

にんにくの量は1かけの大きさ
で調整します。大きめなら2か
け, 小さめなら3かけとなります。

熱い食材をミキサーにかけると
きは，容器の半分を超えないよ
うにします。蒸気の圧力でふた
が外れて中身が飛び散ってしま
うこともあるので，ふたにタオ
ルをかぶせ，その上から手で
しっかり押さえます。

- オーブンを230℃に予熱
- オーブンシートを敷いたオーブントレイ
- ミキサー

セルリアックのソース

水	12カップ（3L）
セルリアック　皮をむいて2～3cm角に切る（ポイント参照）	
	8カップ（2L）
キャラウェイシード	大さじ1
海塩	小さじ1/2
にんにく　皮をむく（ポイント参照）	2～3かけ

カリフラワーのステーキ

カリフラワー	大1個
グレープシードオイル　分けて使用	60ml
ニュートリショナルイースト	60ml
チリパウダー	小さじ1
海塩	小さじ1

クリスピー豆腐

グレープシードオイル	60ml
木綿豆腐　かたく水切りして1cm角に切る	500g
ニュートリショナルイースト	大さじ2
タイムの葉　きざむ	小さじ1
海塩	小さじ1と1/2

しあげ

海塩	小さじ1/2
ニュートリショナルイースト	大さじ2
エクストラバージンオリーブオイル	90ml

1. **セルリアックのソース:**大きめの鍋に水，セルリアック，キャラウェイシード，塩，にんにくを入れて，強火にかけます。煮立ったら火を弱め，セルリアックがやわらかくなるまで15分ほどゆでます。

2. ゆで汁を1/2カップ（125ml）ほど取り，ざるに上げます。セルリアックとにんにく，キャラウェイシードを鍋に戻し，ふたをしてしばらく置きます。

3. **カリフラワーのステーキ:**カリフラワーは縦に半分に切り，さらに半分に切って4つにし，オーブントレイに並べます。

4. グレープシードオイル，ニュートリショナルイースト，チリパウダー，塩のそれぞれ半量をふりかけます。カリフラワーを裏返して，同様に残りの半量をふりかけます。オーブンに入れて，黄金色になるまで20分ほど焼きます。

5. **クリスピー豆腐:**カリフラワーを焼いている間に豆腐を炒めます。大きめのフライパンでグレープシードオイルを中～強火で熱します。豆腐を入れて，こんがり焼き色がつくまで10分ほどしっかり炒めます。穴あきおたまで豆腐を取り出し，ボウルに移します。ニュートリショナルイースト，タイム，塩を加えてよく混ぜます。

6. **しあげ:**ミキサーに2のセルリアックと2のゆで汁（にんにく，キャラウェイシードを含む），塩，ニュートリショナルイースト，オリーブオイルのそれぞれ半量ずつを加えて入れ，全体がなめらかになるまで攪拌し，鍋に移します。残りも同様にし，鍋に移して混ぜます。

7. 6の鍋を中火にかけ，煮立たせないように温めます。

8. 器にセルリアックのソースを均等に分けて盛りつけ，4のカリフラワーをのせます。5のクリスピー豆腐をつけ合わせて提供します。

ブロッコリー，パプリカ，きのことほうれん草のキッシュ

キッシュは持ち寄りパーティーでも大人気の一品です。ゲストを迎えるブランチやランチに，シンプルなグリーンサラダを添えてはいかがでしょうか。お弁当用にしたら注目の的になるはずです。

6〜8人分

ポイント

パイ生地は，パイ皿の直径より5cmほど大きくのばします。生地の上にパイ皿を逆さに置くと，大きさが確認できます。

市販のグルテンフリーパイ生地や，甘くないタルト生地も使えます。

にんにくを細かくきざむ：にんにくをまな板に置き，包丁の腹で強くゆっくり押します。薄皮が浮いてはがれやすくなるので，親指と人差し指でつまんで押し出すように実を取り出します。まずは粗めにきざみ，塩を少しふり，包丁の腹ですりつぶし（塩の粒でさらにつぶれます），さらに包丁で叩くようにきざみます。

市販の無糖アーモンドミルクも代用できます。

ブラックソルト（カラナマック）はヒマラヤ山脈の北西，パキスタンが原産地です。硫黄を含んだ塩は，料理に卵の風味を加えてくれます。ヴィーガンの「卵料理」に欠かせない塩です。

- オーブンを180℃に予熱
- 直径23cmのパイ皿，油（分量外）を塗る
- フードプロセッサー

パイ生地
ヴィーガンパイ生地（270ページとポイント参照）	レシピの半量

フィリング
グレープシードオイル	大さじ3
マッシュルーム　薄切り	4カップ（1L）
赤パプリカ　粗みじん切り	2カップ（500ml）
玉ねぎ　粗みじん切り	1/2カップ（125ml）
海塩	小さじ1/4
ほうれん草　ざく切り	2カップ（500ml）
ブロッコリー　小房に切る	2カップ（500ml）
たまりしょうゆ	大さじ2
タイムの葉　きざむ	大さじ1
にんにく　みじん切り（ポイント参照）	3〜4かけ
絹ごし豆腐	750g
ひよこ豆粉	60ml
アーモンドミルク（276ページとポイント参照）　分けて使用	120ml
ニュートリショナルイースト	1/2カップ（125ml）
レモン果汁	大さじ1
ブラックソルト（カラナマック，ポイント参照）　なければ海塩	小さじ1
ターメリック（粉）	小さじ1/2

1. **パイ生地**：清潔な台に米粉で打ち粉をして（分量外），ヴィーガンパイ生地をめん棒で0.5cmの厚さにのばします。のばした生地をめん棒に軽く巻きつけるようにして持ち上げ，パイ皿の上で広げます（ポイント参照）。

2. 破らないように注意しながら，パイ皿に生地をそわせ，やさしく押して密着させます。はみ出た余分な生地を切り落とし，生地の底にフォークで数カ所穴をあけます。次にオーブンで6分ほど焼きます。周囲に焼き色がつき始めた頃合いに取り出し，冷ましておきます。

3. **フィリング**：大きめのフライパンでグレープシードオイルを強火で熱します。マッシュルーム，赤パプリカ，玉ねぎ，塩を入れて，5～6分炒めます。野菜に軽く焼き色がついたら，ほうれん草とブロッコリーを入れて炒めます。ほうれん草がしんなりして，水分がほとんどなくなるまで8～10分炒めます。

4. 弱火にし，しょうゆ，タイム，にんにくを加え，香りが立つまで2分ほど炒めて火を止めます。

5. 小さいボウルにひよこ豆粉とアーモンドミルク60mlを入れて，ダマにならないようにしっかり混ぜます。

6. フードプロセッサーにアーモンドミルク60ml，絹ごし豆腐，ニュートリショナルイースト，レモン果汁，ブラックソルト，ターメリックを入れ，なめらかになるまで回します。4の炒めた野菜をおたま1杯程度加え，さらになめらかになるまで回します。5を加え，8～10回ほど細切れに回して全体を混ぜ合わせます。

7. 大きめのボウルに6を移し，炒めた野菜も加えてよく混ぜます。2のパイ皿にあけて，均等にならします。

8. オーブンで35～40分焼きます。少し揺らして中央部分があまり動かない程度にかたまればOKです。オーブンから出して20分ほど休ませると落ち着くので，それから切り分けて提供します。

ポータベロマッシュルームのグリル，
さつまいものグラタンといんげんのソテー

グリルしたスモーキーなポータベロの下に甘いさつまいもと新鮮ないんげんが重なり，みそアーモンドソースが華麗に彩ります。見た目も豪華な一品に，お招きしたゲストもきっと満足してくれるでしょう。「おもてなし料理」と呼ぶにはふさわりい完璧なメニューです。

6人分

ポイント

ポータベロマッシュルームがとても大きい場合は，石づきの下部分は繊維がかたく，食べられません。1cmほど切り落として使いましょう。小さいものはその必要はありません。

にんにくの量は1かけの大きさで調整します。大きめなら2かけ，小さめなら3かけとなります。

にんにくを細かくきざむ：にんにくをまな板に置き，包丁の腹で強くゆっくり押します。薄皮が浮いてはがれやすくなるので，親指と人差し指でつまんで押し出すように実を取り出します。

ポータベロマッシュルームは，ブロイラー機能で焼くこともできます。ブロイラーを高温にセットし，ポータベロをオーブントレイに重ならないように並べ，3～4分焼きます。一度取り出し，裏返して，さらに3～4分焼きます。

- オーブンを180℃に予熱
- グリルを高温に予熱
- 20cm角の耐熱ガラス製ケーキ型，薄く油（分量外）を塗る
- ミキサー

さつまいものグラタン

アーモンドミルク（276ページ参照）	3カップ（750ml）
ニュートリショナルイースト	大さじ2
タイムの葉　きざむ	大さじ1
海塩	小さじ1
さつまいも　0.5cmの薄切り	8カップ（2L，大きめ3個）

ポータベロマッシュルームのグリル

ポータベロマッシュルーム（ポイント参照）	6個
エクストラバージンオリーブオイル	大さじ3
たまりしょうゆ	大さじ1
タイムの葉　きざむ	大さじ1
海塩	小さじ1/4

みそアーモンドソース

水	180ml
アーモンドバター	1/2カップ（125ml）
りんご酢	大さじ3
アガベシロップ	大さじ3
玄米みそ	大さじ2
たまりしょうゆ	大さじ1
にんにく　皮をむく（ポイント参照）	1かけ

いんげんのソテー

グレープシードオイル	大さじ2
玉ねぎ　みじん切り	60ml
にんにく　みじん切り	2～3かけ
いんげん	4カップ（1L）

1. **さつまいものグラタン**：大きめのボウルにアーモンドミルク，ニュートリショナルイースト，タイム，塩を入れてよく混ぜます。さつまいもを加え，よくからめ，ケーキ型に入れてオーブンで45分ほど焼きます。表面がきつね色に焼けたら取り出し，そのまま置きます。
2. **ポータベロマッシュルームのグリル**：大きめのボウルにポータベロとオリーブオイル，しょうゆ，タイム，塩を入れてよくからめます。ふたをして10分ほど置き，なじませます。
3. グリルを高温に予熱します。ポータベロを並べ，片側4〜5分ずつ焼きます（ポイント参照）。
4. **みそアーモンドソース**：ミキサーにソースの全材料を入れ，クリーム状になるまで高速で攪拌します。
5. **いんげんのソテー**：フライパンでグレープシードオイルを中火で熱します。玉ねぎとにんにくを加え，にんにくの香りが立つまで3分ほど炒めます。いんげんを加え，やわらかくなるまで5分ほど炒めます。
6. さつまいものグラタンを均等に6人分の器に盛りつけ，その上にいんげんのソテーを重ねます。さらにその上にポータベロを重ねて置き，みそアーモンドソースを全体にかけて提供します。

アジア風豆腐のタコス

つくって楽しい，食べておいしいアジア風のタコスです。白菜と香菜のコールスローときゅうりの浅づけ，トルティーヤとホットソースをそれぞれ別に盛って，自由につくる手巻きスタイルで召し上がれ。次の休日はタコスパーティーにしませんか。

12個分

ポイント

香菜（パクチー）の茎の下部は繊維がかたいので，切り落とします。葉の出ている上部の茎はやわらかく風味もよいので，葉と一緒にきざんで使います。

アガベシロップは，低温処理（ロー）のものを選びましょう。遺伝子組み換えでない100％天然の甘味料で，自然にできた果糖（フルクトース）を含み，GI値が低いのが特徴です。ゆっくりとグルコースに分解されるため，エネルギーが持続します。

とうもろこしの多くは遺伝子組み換え作物なので，トルティーヤはオーガニックのものを選ぶことが特に重要です。

- オーブンを200℃に予熱
- オーブンシートを敷いたオーブントレイ

豆腐

玄米みそ	大さじ3
純粋メープルシロップ	大さじ3
たまりしょうゆ	大さじ1
焙煎ごま油	小さじ1
木綿豆腐　水切りして短冊切り	500g

白菜と香菜のコールスロー

白菜　千切り	4カップ（1L）
香菜（パクチー）　きざむ（ポイント参照）	1カップ（250ml）
万能ねぎ　小口切り	60ml
エクストラバージンオリーブオイル	大さじ3
米酢	大さじ2
ライム果汁	大さじ1
ココナッツシュガー（オーガニック）	小さじ1
海塩	小さじ1/2

きゅうりの浅づけ

きゅうり　薄切り	4カップ（1L）
米酢	大さじ3
アガベシロップ（ポイント参照）	大さじ2
海塩	小さじ1/4

しあげ

コーントルティーヤ（15cm大，オーガニック，グルテンフリー，ポイント参照）	12枚
ライム　くし切り	適量
ホットソース	適量

1. **豆腐**：ボウルにみそ，メープルシロップ，しょうゆ，ごま油を入れてよく混ぜます。豆腐を加えて全体によくからむように混ぜ，オーブントレイに並べます。オーブンで12〜15分，こんがりするまで焼きます。

2. **白菜と香菜のコールスロー**：大きめのボウルに白菜，香菜，万能ねぎ，オリーブオイル，米酢，ライム果汁，ココナッツシュガー，塩を入れてよく混ぜ，10分ほど置きます。

3. **きゅうりの浅づけ**：別のボウルに，きゅうり，米酢，アガベシロップ，塩を入れて，混ぜ合わせます。

4. **しあげ**：コーントルティーヤに豆腐，コールスロー，きゅうりをのせて，端からくるくる巻きます。ライムとホットソースを添えて提供します。

緑茶と絹ごし豆腐の冷製スープ，ベビーパクチョイのクリスプ添え

絹ごし豆腐のなめらかさ，緑茶の香りのスープ，香ばしく焼いたパクチョイ，とてもユニークな風味と食感のコンビネーションが楽しめます。ティータイムスムージー（上巻参照）と一緒にランチにすれば，気分もリフレッシュ！

4人分	

- オーブンを200℃に予熱
- オーブンシートを敷いたオーブントレイ

緑茶のスープ

水	8カップ（2L）
緑茶の葉	60ml
みりん	大さじ2
たまりしょうゆ	大さじ2
万能ねぎ　小口切り	1/2カップ（125ml）

ベビーパクチョイのクリスプ

グレープシードオイル	大さじ2
焙煎ごま油	大さじ2
ベビーパクチョイ　葉をばらす	6株
唐辛子フレーク	小さじ1

しあげ

絹ごし豆腐　水を切って1cm角に切る	1丁（375g）
焙煎ごま油	適量

1. **緑茶のスープ**：大きめの鍋に水を入れて，沸騰させます。火を止めて，緑茶，みりん，しょうゆを入れて混ぜます。ふたをして12〜15分置きます。

2. 容器に，**1**の茶葉を濾しながら移します。万能ねぎを加えて混ぜ，ふたをして冷蔵庫で30分冷やします。

3. **ベビーパクチョイのクリスプ**：大きめのボウルにグレープシードオイル，ごま油，ベビーパクチョイ，唐辛子フレークを入れてよく混ぜ，しっかりからめます。オーブントレイに重ならないように並べ（葉が重なるとカリッとしあがらないので注意），オーブンで焼きます。

4. まずは6〜8分焼き，一度取り出して葉を裏返します。さらに4〜5分焼いて，完全に乾燥してカリカリになったら取り出し，15分ほど置きます。

5. しあげ：絹ごし豆腐を4人分のスープ皿に分け入れます。冷えた緑茶のスープを入れて，ごま油を数滴たらします。ベビーパクチョイをトッピングして提供します。

豆腐のパピヨット

パピヨットとは，包み焼きのことです。蒸し焼きになった豆腐と野菜の香りに，ゲストの食欲も期待感も一気に高まることでしょう。炊きたてのご飯かキヌア（上巻参照）を添えて召し上がれ。

6人分

ポイント

切ったリークに土が残っている場合：水を入れたボウルにリークを入れ，5分置きます。土が沈んだら，穴あきおたまなどで静かにリークを取り出します。

- オーブンを200℃に予熱
- オーブンシート（33×60cmを6枚）
- オーブンシートを敷いたオーブントレイ

にんじん　薄く斜め切り	1カップ（250ml）
マッシュルーム　薄切り	1カップ（250ml）
リーク（白い部分のみ）　薄く斜め切り（ポイント参照）	
	1カップ（250ml）
にんにく　みじん切り	小さじ4
木綿豆腐　1丁を4枚に切る	3丁
ニュートリショナルイースト	小さじ4
海塩	小さじ1
野菜だし（267ページ参照）	1カップ（250ml）
たまりしょうゆ	60ml

1. 33×60cmのオーブンシートを半分に折ります。幅いっぱいに半分のハート型を描き，切り取ります。広げると，大きなハート型のシートができます。残りの5枚も同様に切ります。

2. 清潔な台にシートを広げ，ハート型の片側の中央に，にんじん，マッシュルーム，リーク，にんにく，木綿豆腐の順でそれぞれ1/6の量ずつ重ねて置きます。豆腐の上に，ニュートリショナルイーストと塩1/6を均等にふりかけます。

3. シートの片側を具の上にかぶせて折り，ハート型の上にあたる部分から少しずつ折り込んで袋を閉じていきます。端を1cmほど折り，それに少し重ねて次を折るという作業を繰り返し，すきまができないようにしっかり折ります。完全に閉じる前に，袋を少し傾けて野菜だしとしょうゆそれぞれ1/6の量をそそぎ入れます。最後のハート型の下にあたる尖った部分をよくひねって，しっかり閉じます。残りの5つも同様に包み，オーブントレイにのせます。

4. オーブンで45分ほど焼きます。包みのまま皿に盛りつけて提供します。

豆腐のオーソブッコ

オーソブッコとはイタリア伝統料理の仔牛の煮込みのことですが，ここでは仔牛の代わりに豆腐でつくります。野菜もたくさん入れて，じんわり温まるシチューにしあげました。きのこ入りワイルドドライスピラフ（上巻参照）とよく合います。

6人分

ポイント

にんにくの量は1かけの大きさで調整します。大きめなら3かけ，小さめなら5かけ程度必要です。

野菜だしがない場合は，同量の水にたまりしょうゆ大さじ2を加えて代用できます。

トマトの水煮缶ではなく生のトマトを使う場合，分量は4カップ（1L）となります。

- オーブンを200℃に予熱
- ふたつきのダッチオーブン（容量3.8L）

グレープシードオイル	大さじ3
木綿豆腐　1丁を半分に切る	3丁
海塩　分けて使用	小さじ1
玉ねぎ　粗みじん切り	1カップ（250ml）
セロリ　粗みじん切り	1カップ（250ml）
にんじん　粗みじん切り	1カップ（250ml）
ベイリーフ（ローリエ）	1枚
にんにく　皮をむく（ポイント参照）	1〜2かけ
白ワイン　辛口	1カップ（250ml）
野菜だし（267ページとポイント参照）	2カップ（500ml）
トマト水煮缶（ダイスカット，汁含む，ポイント参照）	2缶（800ml）
レモンの皮のすりおろし	大さじ1
イタリアンパセリ　きざむ	1/2カップ（125ml）
にんにく　みじん切り	2〜3かけ

1. ダッチオーブンにグレープシードオイルを中〜強火で熱します。豆腐に塩小さじ1/2をふり，2分ずつ全面を焼きます。すべての面にこんがりと焼き色がついたら，キッチンペーパーを敷いた皿に取り出します。

2. そのままのダッチオーブンに玉ねぎ，セロリ，にんじん，ローリエ，にんにく，残りの塩小さじ1/2を入れて炒めます。5〜6分炒め，野菜がやわらかくなったらワインを加えます。木べらで鍋底をこそげるようによく混ぜ，4〜6分炒めて水分を飛ばします。野菜だしとトマト水煮を加えて混ぜます。1の豆腐も加え，煮立たせないように注意して全体を温めます。

3. ふたをしてオーブンに入れて，45分ほど加熱調理します。取り出したらふたを開けて，10分ほど置いて冷まします。

4. 小さいボウルにレモンの皮とイタリアンパセリ，にんにくのみじん切りを入れて混ぜ合わせます。3に加えてよく混ぜ，温かいうちに提供します。

豆腐とズッキーニのフリッター＆
とうもろこしとパプリカのレリッシュ

フリッターには何か楽しくて華やかなイメージがあり，ゲストを迎えるおもてなし料理にはぴったりです。シンプルな蒸し野菜やフレッシュなサラダを合わせれば，簡単なのにおいしいスペシャルメニューの完成です。

6人分

ポイント

とうもろこしの実の取り方：とうもろこしの上と下を少し切って，平らにします。まな板に立てて持ち，包丁を沿わせて実を切り落とします。芯を削らないように注意しましょう。新鮮なとうもろこしが手に入らない季節には，オーガニックの冷凍コーンを使います。

アガベシロップは，低温処理（ロー）のものを選びましょう。遺伝子組み換えでない100％天然の甘味料で，自然にできた果糖（フルクトース）を含み，GI値が低いのが特徴です。ゆっくりとグルコースに分解されるため，エネルギーが持続します。

豆腐を細かく砕くときは，フードプロセッサーを使用するのがおすすめです。またズッキーニを千切りにする際には，千切り用アタッチメントをつけたスライサーが便利です。

レリッシュ
赤パプリカ　みじん切り	2カップ（500ml）
生とうもろこし（オーガニック，ポイント参照）	2カップ（500ml）
イタリアンパセリ　みじん切り	1カップ（250ml）
赤玉ねぎ　みじん切り	60ml
赤ワインビネガー	60ml
アガベシロップ（ポイント参照）	大さじ3
海塩	小さじ1/2

フリッター
生フラックスシード（粉）	大さじ3
湯	135ml
木綿豆腐　かたく水切りして砕く（ポイント参照）	125g
ズッキーニ　千切り（ポイント参照）	2カップ（500ml）
海塩	小さじ1
ガーリックパウダー	小さじ1
チリパウダー	小さじ1
レモンの皮のすりおろし	小さじ1
玄米粉（ポイント参照）　分けて使用	310ml
グレープシードオイル	1カップ（250ml）
水	180ml

1. **レリッシュ**：大きめのボウルに赤パプリカ，生とうもろこし，イタリアンパセリ，赤玉ねぎ，赤ワインビネガー，アガベシロップ，塩を入れてよく混ぜます。ラップをかけて，盛りつけまでしばらく置きます。

2. **フリッター**：小さいボウルに生フラックスシードと湯を入れて混ぜ，ふたをして10分ほど置きます。フラックスシードが水分を吸収してふくらみます。

3. 別の大きめのボウルに豆腐，ズッキーニ，塩，ガーリックパウダー，チリパウダー，レモンの皮，玄米粉60ml，**2**のフラックスシードを入れてよく混ぜます。

このレシピでは，全粒粉の玄米粉を使用しています。もっとサクサクしたしあがりにしたい場合は，玄米粉を同量の米粉に代えてください。

4. 大きめのフライパンでグレープシードオイルを中〜強火で熱します。

5. 別の小さいボウルに玄米粉1カップ（250ml）と水を入れて，よく混ぜます。

6. 3の具材を6等分し，手でパティに成形します。

7. パティに5の衣をまんべんなくからめ，4のフライパンでこんがり黄金色になるまで5〜6分，揚げ焼きします。キッチンペーパーに置いて余分な油を切り，塩（分量外）をふりかけます。

8. 1のレリッシュを6等分して器に盛りつけます。その上にフリッターをトッピングして提供します。

バリエーション

豆腐とさつまいものフリッター：ズッキーニの代わりに同量のさつまいもを使用し，同様につくります。

豆腐のポルチーニ焼き，
エシャロットと赤ワインバターソース

香り高いポルチーニ茸を粉末にし，ぜいたくにたっぷりまぶした豆腐のステーキは，今までにない味わい深さです。つけ合わせはシンプルなサラダにして，メインを引き立てましょう。濃厚なソースはヴィーガン版のブール・ルージュ，赤ワインと赤ワインビネガーを煮詰めてバターでしあげた，赤ワインバターのフレンチソースです。お供はもちろん，好みの赤ワインで！ 素敵なディナータイムをご堪能あれ。

4人分

ポイント

にんにくの量は1かけの大きさで調整します。このレシピで使う量は，大きめなら7かけ，小さめなら10かけ程度です。

にんにくを細かくきざむ：にんにくをまな板に置き，包丁の腹で強くゆっくり押します。薄皮が浮いてはがれやすくなるので，親指と人差し指でつまんで押し出すように実を取り出します。まずは粗めにきざみ，塩を少しふり，包丁の腹ですりつぶし（塩の粒でさらにつぶれます），さらに包丁で叩くようにきざみます。

ポルチーニ茸は輸入食品店やオンラインストアで販売しています。高価な食材なので，この料理は特別な日のとっておきメニューです。

- ミキサー
- オーブンを260℃に予熱
- オーブンシートを敷いたオーブントレイ
- キッチンペーパーを敷いたバット

豆腐

木綿豆腐　水切りする	1丁
水　分けて使用	1060ml
たまりしょうゆ	1/2カップ（125ml）
にんにく　みじん切り（ポイント参照）	1〜2かけ
タイムの小枝	1〜2本
グレープシードオイル	60ml
ディジョンマスタード	1/2カップ（125ml）
乾燥ポルチーニ茸（ポイント参照）	2カップ（500ml）

クリスピーエシャロット

グレープシードオイル	60ml
エシャロット　薄く斜め切り	2カップ（500ml）

赤ワインバター

にんにく　みじん切り（ポイント参照）	6〜8かけ
赤ワイン　辛口	2カップ（500ml）
赤ワインビネガー	大さじ2
ヴィーガンホイップバター（262ページ参照）	
冷やして4つのサイコロ状に切る	1/2カップ（125ml）
海塩	小さじ1/4
タイムの葉　きざむ	小さじ2

1. **豆腐**：鍋に豆腐，水4カップ（1L），しょうゆ，にんにく，タイムを入れて強火にかけます。煮立ったら火を弱め，15分煮ます。豆腐を取り出しておきます（煮汁は使いません）。

2. 豆腐が冷めたら十字に切り，4等分します。

3. 大きめのフライパンでグレープシードオイルを強火で熱します。豆腐を入れて，全面を3分ずつ，こんがりと焼きます。キッチンペーパーを敷いた皿に取り出しておきます。

4. 浅いボウルにディジョンマスタードと水60mlを入れてよく混ぜます。

5. オーブンを260℃に予熱します。

6. ミキサーに乾燥ポルチーニ茸を入れ，粉状になるまで攪拌します。別の浅いボウルに移します。

7. 3の冷めた豆腐を4のマスタードにつけてから，6のポルチーニを全面にしっかりまぶしつけます。オーブントレイに並べ，オーブンで20分ほど焼きます。焼き終わったらオーブンの電源を切り，そのまま豆腐を保温しておきます。

8. **クリスピーエシャロット**：大きめのフライパンでグレープシードオイルを強火で熱します。エシャロットを入れて，よくかき混ぜながら揚げ焼きにします。こんがり黄金色になったら取り出し，キッチンペーパーを敷いたバットに取り出して余分な油を切ります。

9. **赤ワインバター**：8のフライパンに残ったオイルを拭き取り，再び強火にかけます。にんにくを入れて1〜2分炒めてこんがり焼けたら，ワインとワインビネガーを加えます。よく混ぜながら10分ほど煮詰め，60ml程度に煮詰まったら火を止めます。ヴィーガンホイップバターを加え，ゆっくり混ぜて溶かします。溶けたら，塩とタイムを加えて混ぜます。

10. **しあげ**：7の豆腐を皿に置き，スプーンで赤ワインバターをかけます。エシャロットで飾りつけて提供します。

ポーチド豆腐と野菜のチージーヘンプソース和え

カジュアルなブランチやランチのおもてなしにぴったりの一品です。デザートには，チョコレートガナッシュ詰め洋梨のコンポート（194ページ参照）がおすすめです。

（194ページ参照）

4人分

ポイント

ヘンプシードオイルは大型スーパーや自然食品店などで販売しています。開栓後は，冷蔵庫で保存しましょう。

ポーチド豆腐

木綿豆腐　かたく水切りして2〜3cm角に切る	500g
水	8カップ（2L）
たまりしょうゆ	180ml
にんにく　皮をむく	2〜3かけ
タイムの小枝	2〜3本

野菜

水	8カップ（2L）
海塩	小さじ1
さつまいも　皮をむいて2〜3cm角に切る	1/2カップ（125ml）
にんじん　皮をむいて2〜3cm角に切る	1/2カップ（125ml）
ケール　茎を取って千切り	4カップ（1L）
ブロッコリー　小房に切る	2カップ（500ml）
赤パプリカ　粗みじん切り	1カップ（250ml）

チージーヘンプソース

ヘンプシードオイル（低温圧搾，ポイント参照）	60ml
ニュートリショナルイースト	1/2カップ（125ml）
生ヘンプシード（皮なし）	大さじ3
海塩	小さじ1/2

しあげ

生ヘンプシード	適量
カイエンペッパー	少々

1. **ポーチド豆腐**：鍋に豆腐，水，しょうゆ，にんにく，タイムを入れて強火にかけます。煮立ったら火を弱め，15分煮ます。火を止めて，ふたをして盛りつけまでこのまま置きます。

2. **野菜**：大きめの鍋に水，塩，さつまいも，にんじんを入れて強火にかけます。煮立ったら弱〜中火にし，さつまいもがやわらかくなるまで10分ほどゆでます。ケール，ブロッコリー，赤パプリカを加えて混ぜます。

3. ふたをして3〜4分加熱して火を止めて，ざるに上げて湯を切ります。野菜を鍋に戻し，ふたをしてしばらく置きます（火にはかけません）。

4. **チージーヘンプソース**：大きめのボウルにヘンプシードオイル，ニュートリショナルイースト，生ヘンプシード，塩を入れてよく混ぜます。3の野菜を加え，ソースとよく和えます。

5. **しあげ**：人数分の器を温め，1の豆腐は取り出して煮汁を切ります。器に豆腐を均等に分けて盛りつけます。4の野菜を均等につけ合わせて盛りつけ，生ヘンプシードとカイエンペッパーをふりかけて提供します。

ポレンタケーキとオリーブ，トマト，ほうれん草の ラグー

週末に企画している気の置けない友人たちとの楽しいディナーには，イタリアンテイストのメニューがおすすめ。新鮮なグリーンサラダととっておきのワインを添えれば，いっそう華やかなおもてなしを演出できます。栄養豊富なポレンタにヘンプシードを加えて，タンパク質もアップさせました。

6人分

ポイント
トマト水煮缶ではなく生のトマトを使う場合は，分量は4カップ（1L）となります。

- 33cm×23cm角の耐熱ガラス製ケーキ型
  オーブンシートを敷く

ポレンタケーキ

水	4カップ（1L）
海塩	小さじ1/2
コーンミール（オーガニック，臼挽き細粒）	
	1と1/2カップ（375ml）
生ヘンプシード（皮なし）	1/2カップ（125ml）
ニュートリショナルイースト	大さじ2
ヴィーガンホイップバター（262ページ参照）	大さじ2

ラグー

グレープシードオイル	大さじ2
にんにく　薄切り	3〜4かけ
玉ねぎ　粗みじん切り	1/2カップ（125ml）
海塩	小さじ1/4
ほうれん草　ざく切り	8カップ（詰めて軽量，2L）
ブラックオリーブ（種なし）　粗くきざむ	1カップ（250ml）
トマトペースト	150ml
赤ワイン　辛口	1カップ（250ml）
たまりしょうゆ	大さじ3
ニュートリショナルイースト	大さじ1
タイムの葉　きざむ	小さじ1
トマト水煮缶（ダイスカット，汁含む，ポイント参照）	
	2缶（800ml）

しあげ

グレープシードオイル　分けて使用	60ml

1. **ポレンタケーキ**：大きめの鍋に水と塩を入れて沸騰させます。沸騰した湯にコーンミールをゆっくりと流し入れ，かき混ぜながら12〜15分煮ます。コーンミールが煮詰まり，鍋肌から離れるようになったら，火を止めます。

2. 生ヘンプシード，ニュートリショナルイースト，ヴィーガンホイップバターを加えてよく混ぜます。ケーキ型に入れて，均等にならします。ラップをかけて冷蔵庫に入れて，1時間ほどかためます。

3. **ラグー**：大きめの鍋でグレープシードオイルを中火で熱します。にんにくを入れて，2〜3分炒めます。こんがり焼き色がついたら玉ねぎと塩を加え，玉ねぎが透き通るまで炒めます。ほうれん草とブラックオリーブを加えて，さらに炒めます。ほうれん草がしんなりして，水分がほとんどなくなるまで10分ほど炒め，一度ざるに上げて余分な水分を切ります。

4. 鍋を火にかけ，**3**の野菜を戻し入れ，トマトペーストを加えて2〜3分炒めます。ワインとしょうゆを加え，鍋底から焦げつきをこそげ取るようにかき混ぜながら5分ほど炒めます。ニュートリショナルイースト，タイム，トマトを加えてよく混ぜ合わせます。煮立たせないように注意して，よく混ぜながら15分ほど煮詰めます。

5. **しあげ**：**2**のポレンタケーキを冷蔵庫から取り出し，オーブンシートを持って引き上げます。かたまったポレンタケーキを6等分に切ります。

6. フライパンでグレープシードオイル大さじ2を中〜強火で熱します。2〜3回に分けて，ポレンタケーキを焼きます。片面3〜4分ずつ，こんがり黄金色になるまで焼きます（必要に応じてグレープシードオイルを足します）。器に1つずつ盛りつけ，**4**のラグーをたっぷりかけて提供します。

テンペのココナッツ焼き，さつまいものマッシュ添え

寒い冬の夜のおもてなしに，体も心もほっこり温まるメニューです。カリカリのココナッツをまぶしたテンペとさつまいもの甘さに，生姜がピリッと効いたレリッシュがよく合います。

4人分

ポイント

加熱殺菌していないテンペは，大型スーパーや自然食品店の冷凍コーナーにあります。冷凍テンペのほうが食感がよいので，できるだけそちらを使いますが，見つからない場合は，冷蔵のテンペも同様に使えます。

殺菌加工していないテンペは，テンペ菌が生きているので，使用する直前まで冷凍しておきましょう。冷蔵庫に1日以上置くと発酵が進み，黒く変色し臭みが出て使えなくなるので注意してください。

このレシピのテンペは，衣をつけてから密閉容器に入れておけば，約1週間冷蔵保存できるので，食べるタイミングに合わせて調理することができます。

アガベシロップは，低温処理（ロー）のものを選びましょう。遺伝子組み換えでない100％天然の甘味料で，自然にできた果糖（フルクトース）を含み，GI値が低いのが特徴です。ゆっくりとグルコースに分解されるため，エネルギーが持続します。

- オーブンを200℃に予熱
- オーブンシートを敷いたオーブントレイ

テンペ

テンペ（ブロック，ポイント参照）	240g
水	4カップ（1L）
たまりしょうゆ	60ml
八角（ホール）	2個
シナモン（7.5cmのスティック）	1本
にんにく　皮をむく	1かけ
ココナッツ（ミディアムシュレッド，無糖）	1カップ（250ml）
玄米粉	1/2カップ（125ml）
レモンの皮のすりおろし	大さじ1
海塩　分けて使用	小さじ1/4
アーモンドミルク（276ページ参照）	1カップ（250ml）
ディジョンマスタード	60ml

りんごと生姜のレリッシュ

ココナッツオイル	大さじ2
玉ねぎ　みじん切り	1/2カップ（125ml）
海塩	小さじ1/4
生姜　みじん切り	大さじ2
白ワイン　辛口（省略可）	大さじ2
青りんご　粗みじん切り	2カップ（500ml）
アガベシロップ（ポイント参照）	60ml
りんご酢	大さじ1と1/2
タイムの葉　きざむ	大さじ1

さつまいものマッシュ

さつまいも　皮をむいて5cm角に切る（ポイント参照）	
	6カップ（1.5L）
水	8カップ（2L）
海塩　分けて使用	小さじ2
液状ココナッツオイル	1/2カップ（125ml）
シナモン（粉）	小さじ2

さつまいもは5cm角より小さく切らないようにしましょう。小さすぎるとゆでている間に水分を吸収し，マッシュが水っぽくなってしまいます。

しあげ
グレープシードオイル　分けて使用　　　　　　　　　60ml

1. **テンペ**：鍋にテンペ，水，しょうゆ，八角，シナモン，にんにくを入れて，ふたをして強火にかけます。煮立ったら火を弱め，15分ほど煮ます。穴あきおたまでテンペをすくい（煮汁は使いません），皿に移し，15分ほど置いて冷まします。

2. 小さめのボウルにココナッツ，玄米粉，レモンの皮，塩小さじ1/8を入れてよく混ぜます。

3. 別のボウルにアーモンドミルク，ディジョンマスタード，塩小さじ1/8を入れてよく混ぜ合わせます。

4. テンペが冷めたら，同じ大きさの8個の三角形になるように切ります。

5. テンペを**3**の汁につけた後，**2**のココナッツをしっかりとまぶしつけます。全部に衣をつけたら，冷蔵庫に10〜15分入れてなじませます。

6. **りんごと生姜のレリッシュ**：大きめのフライパンでココナッツオイルを中火で熱します。玉ねぎと塩を入れて，5〜6分炒めます。玉ねぎが透き通ったら生姜を加え，さらに2〜3分炒めます。好みでワインを加え，水分が飛ぶまで炒めます。青りんご，アガベシロップ，りんご酢を加えて混ぜます。煮立たせないように5〜6分煮詰めます。りんごに火が通って煮くずれし始めたら火を止めて，タイムを加えて混ぜます。

7. **さつまいものマッシュ**：大きめの鍋にさつまいも，水，塩小さじ1を入れて強火にかけます。煮立ったら火を弱め，さつまいもがやわらかくなるまで，15分ほどゆでます。ざるに上げて湯を切り，さつまいもを元の鍋に戻し，塩小さじ1，ココナッツオイル，シナモンを加えてよく混ぜます。ポテトマッシャーを使って，大きなかたまりが残らないようにつぶしながら混ぜ，冷めないようにふたをしておきます。

8. **しあげ**：オーブンを200℃に予熱します。

9. 大きめのフライパンでグレープシードオイル大さじ2を中火で熱します。テンペを4個ずつ入れて，焼き目をつけていきます。片面4〜5分ずつ，しっかりと焼き色がついたらオーブントレイに並べ，オーブンに入れます。

10. オーブンで10分ほど焼いたら，取り出します。器にさつまいものマッシュを等分して盛りつけ，テンペを2個ずつ置きます。りんごと生姜のレリッシュをかけて提供します。

テンペのコロッケ，野菜炒めとハーブライス添え

タンパク質が豊富なテンペでつくるコロッケです。今回は新鮮な野菜の炒めものと，ハーブを炊き込んだ玄米ご飯を添えてみました。

4人分

ポイント

ハーブライスのつくり方：玄米1カップ（250ml）に対し，水2カップ（500ml），塩小さじ1，ニュートリショナルイースト大さじ3，タイム大さじ1を加えて，炊飯器または鍋で炊きます。

加熱殺菌していないテンペは，大型スーパーや自然食品店の冷凍コーナーにあります。冷凍テンペのほうが食感がよいので，できるだけそちらを使いますが，見つからない場合は，冷蔵のテンペも同様に使えます。

殺菌加工していないテンペは，テンペ菌が生きているので，使用する直前まで冷凍しておきましょう。冷蔵庫に1日以上置くと発酵が進み，黒く変色し臭みが出て使えなくなりますので注意してください。

テンペのコロッケはつくりおきが可能です。その場合は，衣をつける前の段階，または完成した段階で密閉容器に入れれば，約3日間冷蔵庫で保存できます。完成したコロッケは，200℃に予熱したオーブンで12分ほど温め直します。

• オーブントレイ

コロッケ

テンペ（ブロック，ポイント参照）	240g
水	4カップ（1L）
たまりしょうゆ	1/2カップ（125ml）
にんにく　皮をむく	1～2かけ
赤玉ねぎ　みじん切り	60ml
セロリ　みじん切り	60ml
赤パプリカ　みじん切り	60ml
レモン果汁	大さじ2
ディジョンマスタード	大さじ2
ディル（乾）	大さじ1
チリパウダー	大さじ1
海塩	小さじ2
パプリカパウダー（スイート）	小さじ2

衣

アーモンドミルク（276ページ参照）	1/2カップ（125ml）
ディジョンマスタード	60ml
海塩　分けて使用	小さじ3/4
玄米粉	1/2カップ（125ml）
コーンミール（オーガニック，臼挽き細粒）	1/2カップ（125ml）
レモンの皮のすりおろし	大さじ1
ディル（乾，ポイント参照）	小さじ1
パプリカパウダー（スイート）	小さじ1/2

野菜炒め

グレープシードオイル	大さじ2
にんにく　みじん切り	3～4かけ
赤パプリカ　細切り	1/2カップ（125ml）
にんじん　薄く斜め切り	1/2カップ（125ml）
ケール（葉の部分）　千切り	1/2カップ（125ml）
ブロッコリー　小房に切る	1/2カップ（125ml）
水	大さじ3
タイムの葉　きざむ	小さじ1

乾燥ディルの代わりに，新鮮な
ディルの葉をきざんだもの1/2
カップ（125ml）を使っても，
おいしくつくれます。

しあげ

グレープシードオイル	60ml

1. **コロッケ**：鍋にテンペ，水4カップ（1L），しょうゆ，にんにく1〜2かけを入れて，ふたをして強火にかけます。煮立ったら火を弱め，15分ほど煮ます。穴あきおたまでテンペをすくい（煮汁は使いません），皿に移し，10分ほど置いて冷ましてから，細かくきざみます。

2. ボウルにテンペ，赤玉ねぎ，セロリ，赤パプリカ，レモン果汁，ディジョンマスタード，ディル，チリパウダー，塩，パプリカパウダーを入れてよく混ぜます。4等分して，それぞれを手で丸め，パティにしてしばらく置きます。

3. **衣**：小さめのボウルにアーモンドミルク，ディジョンマスタード，塩小さじ1/4を入れて，よく混ぜます。別のボウルに玄米粉，コーンミール，レモンの皮，ディル，パプリカパウダー，塩小さじ1/2を入れて，よく混ぜ合わせます。

4. 2のテンペのパティをアーモンドミルクのつけ汁にくぐらせてから，衣を全体にしっかりとまぶしつけます。オーブントレイに並べ，冷蔵庫で15分ほど置いてなじませます。

5. **野菜炒め**：大きめのフライパンでグレープシードオイルを中火で熱します。にんにくのみじん切りを入れて，2分ほど炒めます。軽く焼き色がついたら，ほかの野菜も加えて炒めます。

6. 野菜がやわらかくなるまで4〜5分炒めたら，水大さじ3とタイムを加え，さらに2分炒めます。タイムの香りが立ったら，火を止めて，ふたをして保温します。

7. **しあげ**：別のフライパンでグレープシードオイルを中火で熱します。テンペのパティを揚げ焼きにします。片面4〜5分ずつ，こんがりするまでしっかり焼いたら，裏返して3〜4分焼きます。

8. 炊きたてのハーブライスを器に盛り，野菜炒めを添えます。コロッケも盛りつけて，温かいうちに提供します。

バリエーション

コロッケの具を大さじ1ずつの量で小さく，数を多くつくると，おつまみに最適なカナッペになります。つくり方は同様ですが，焼き時間を短く調整してください。ローストパプリカのモレソース（上巻参照）をかけて提供します。

ジャークテンペ，プランテーンとマンゴーの
サルサ添え

ジャマイカのジャークスパイスにヒントを得た一品です。ライムと唐辛子とオールスパイスで味つけしたスパイシーなテンペに，とろりとしたプランテーンとマンゴーの甘さが絶妙なバランスを醸し出します。ゲストもきっと大満足間違いないでしょう。

4人分

ポイント

加熱殺菌していないテンペは，大型スーパーや自然食品店の冷凍コーナーにあります。冷凍テンペのほうが食感がよいので，できるだけそちらを使いますが，見つからない場合は，冷蔵のテンペも同様に使えます。

殺菌加工していないテンペは，テンペ菌が生きているので，使用する直前まで冷凍しておきましょう。冷蔵庫に1日以上置くと発酵が進み，黒く変色し臭みが出て使えなくなるので注意してください。

にんにくの量は1かけの大きさで調整します。大きめなら5かけ，小さめなら7かけとなります。

辛さを抑えたい場合は，アナハイムチリペッパー（赤唐辛子で代用可）の種とワタを取り除いて使います。

- フードプロセッサー
- オーブンを180℃に予熱
- オーブンシートを敷いたオーブントレイ

テンペ

テンペ（ブロック，ポイント参照）	240g
水	4カップ（1L）
たまりしょうゆ　分けて使用	大さじ6
にんにく　皮をむく，分けて使用（ポイント参照）	5〜7かけ
エクストラバージンオリーブオイル	大さじ2
グレープシードオイル	大さじ2
ライム果汁	60ml
赤パプリカ　粗みじん切り	1/2カップ（125ml）
タイムの葉　きざむ	大さじ2
りんご酢	大さじ1
生姜　みじん切り	大さじ1
ココナッツシュガー（オーガニック）	大さじ1
オールスパイス（粉）	小さじ2
アナハイムチリペッパー　みじん切り（ポイント参照）	2本

プランテーン

グレープシードオイル	60ml
プランテーン（完熟，ポイント参照）縦長に半分に切る	2本
海塩	小さじ1/4

マンゴーサルサ

マンゴー　粗みじん切り	1カップ（250ml）
赤パプリカ　みじん切り	1/2カップ（125ml）
香草（シラントローまたはパクチー）きざむ（ポイント参照）	60ml
赤玉ねぎ　みじん切り	大さじ2
エクストラバージンオリーブオイル	大さじ1
海塩	小さじ1/2

プランテーンはバナナに似ていますが，生では食べられません。このレシピには，完熟して真っ黒になったものを使います。

香菜（シラントローまたはパクチー）の茎の下部は繊維がかたいので，切り落とします。葉の出ている上部の茎はやわらかく風味もよいので，葉と一緒にきざんで使います。

1. **テンペ**：鍋にテンペ，水，しょうゆ大さじ4，にんにく2〜3かけを入れて，ふたをして強火にかけます。煮立ったら火を弱め，15分ほど煮ます。穴あきおたまでテンペをすくい（煮汁は使いません），皿に置いて冷まします。

2. フードプロセッサーに，オリーブオイル，グレープシードオイル，ライム果汁，赤パプリカ，タイム，しょうゆ大さじ2，りんご酢，生姜，ココナッツシュガー，オールスパイス，アナハイムチリペッパー，にんにく3〜4かけを入れ，全体がなめらかになるまで回します。ときどき止めて，容器の内側をこそげて混ぜ込みながら回します。ボウルに移して，しばらく置きます。

3. テンペが冷めたら，8等分の三角形に切ります。2のボウルに加えて混ぜ，ラップをかけて1時間または冷蔵庫で一晩つけ込みます。

4. **プランテーン**：大きめのフライパンでグレープシードオイルを中火で熱します。プランテーンを入れて，こんがりきつね色になるまで4〜5分焼き，裏返してさらに2〜3分焼きます。オーブントレイに並べ，塩をふります。

5. **マンゴーサルサ**：大きめのボウルにマンゴー，赤パプリカ，香草，赤玉ねぎ，オリーブオイル，塩を入れてよく混ぜます。

6. **しあげ**：オーブンを180℃に予熱します。

7. テンペをつけ汁から取り出し，大きめのアルミホイルの中央に置きます。ホイルの四隅を持ち上げて器をつくり，そこにつけ汁を注ぎます。蒸気が逃げないようにホイルの端をしっかり折って包みます。

8. 4のプランテーンの横に並べて置き，オーブンで20分ほど焼きます。テンペとつけ汁が熱くなっているのを確認して取り出します。

9. 器にプランテーンとテンペを均等に盛りつけ，マンゴーサルサを横に添えて提供します。

ヴィーガントゥルティエール

トゥルティエールはカナダのケベック州伝統の挽き肉を使ったミートパイで，クリスマスイブなど特別な日にいただきます。クリスマスの季節が楽しみになるような，ヴィーガン版のトゥルティエールをぜひ試してみてください。

6～8人分

ポイント

パイ生地は冷たすぎるとのびません。常温にしばらく置いてから，のばすようにしましょう。

加熱殺菌していないテンペは，大型スーパーや自然食品店の冷凍コーナーにあります。冷凍テンペのほうが食感がよいので，できるだけそちらを使いますが，見つからない場合は，冷蔵のテンペも同様に使えます。

殺菌加工していないテンペは，テンペ菌が生きているので，使用する直前まで冷凍しておきましょう。冷蔵庫に1日以上置くと発酵が進み，黒く変色し臭みが出て使えなくなるので注意してください。

パイのフィリングはつくりおきが可能です。冷蔵で約5日間，冷凍で約2カ月間保存できます。

- ● 直径23cmのパイ皿，油（分量外）を塗る
- ● オーブンを180℃に予熱
- ● フードプロセッサー

ヴィーガンパイ生地（270ページとポイント参照）
　　　　　　　　　　レシピの量（直径25cm大2枚分）

テンペ（ブロック，ポイント参照）	240g
水	4カップ（1L）
たまりしょうゆ　分けて使用	大さじ8
にんにく　皮をむく	2かけ
グレープシードオイル	大さじ3
玉ねぎ　みじん切り	1カップ（250ml）
にんじん　みじん切り	1カップ（250ml）
セロリ　みじん切り	1カップ（250ml）
マッシュルーム　薄切り	2カップ（500ml）
海塩	小さじ1/2
にんにく　みじん切り	3～4かけ
ディジョンマスタード	大さじ3
タイムの葉　きざむ	大さじ1
シナモン（粉）	小さじ1/2
クローブ（粉）	小さじ1/4
ナツメグ（ホール）　すりおろす	小さじ1/4
アーモンドミルク（276ページ参照）	適量

1. ヴィーガンパイ生地を半分に分け，半分は乾燥しないようにラップに包んでおきます。清潔な台に打ち粉（分量外）をして，半分の生地を直径30cmほどにのばします。破れないように注意してパイ皿に入れて，底と周りを密着させます。余った生地は切り落とします。フォークで生地を刺し，蒸気が逃げる穴を開けます。

2. オーブンに入れて15分，パイがきつね色になるまで焼きます。焼き上がったら，取り出して冷ましておきます。

3. その間にフィリングをつくります（ポイント参照）。鍋にテンペ，水，しょうゆ大さじ4，にんにく2かけを入れて，ふたをして強火にかけます。煮立ったら火を弱め，15分ほど煮ます。穴あきおたまでテンペをすくい（煮汁は使いません），皿に置いて冷まします。

パイ生地のふちが焦げてしまうのを防ぐには，パイシールド（オンラインストアやキッチン用品店で販売しています）が便利です。パイシールドはアルミホイルを使って自作もできます。アルミホイルを7.5cm幅に折って，パイのふちにかぶせます。

4. テンペが冷めたら，大きめのさいの目切りにし，フードプロセッサーにかけ，さらに細かく，挽き肉ほどの大きさに砕きます。

5. 大きめのフライパンでグレープシードオイルを中火で熱します。4のテンペを入れて，10〜12分こんがり焼き色がつくまで炒めます。玉ねぎ，にんじん，セロリ，マッシュルーム，塩を加え，6分ほど炒めます。にんにくを加え，香りが立つまでさらに2分ほど炒めます。火を止めて，ディジョンマスタード，タイム，シナモン，クローブ，ナツメグ，しょうゆ大さじ4を加えてよく混ぜます。しばらく置いて，完全に冷まします。

6. 5のフィリングが冷めたら，2のパイ生地の上に広げます。スプーンの背などでしっかり押してきっちり詰めます。

7. オーブンを200℃に予熱します。

8. 清潔な台に打ち粉（分量外）をして，もう1枚のヴィーガンパイ生地を広げ，直径30cmほどにのばします。6の上にかぶせ，余分な生地を切り落とします。周囲を押しつけて密着させ，表面には包丁で数カ所に切り込みを入れます。表面全体にアーモンドミルクをハケで塗ります。

9. あればパイシールドを取りつけ（ポイント参照），200℃のオーブンで10分焼きます。次に180℃に温度を下げ，20〜25分焼きます。表面が黄金色になったら取り出し，切り込みから蒸気が出ていればOK。10分ほど休ませてから提供します。

スブラキ風米なすのグリルとザジキソース, ハーブポテト添え

スブラキは, ラムやチキンを串焼きにしたギリシャ料理です。ヴィーガン版ではボリュームのある米なすを使い, カシューナッツのザジキソースを添えて本物さながらにしあげます。コツは米なすを厚めに切り, たれに一晩つけ込んで味をしっかりしみ込ませることです。

4人分	

ポイント

にんにくの量は1かけの大きさで調整します。このレシピでは, 大きめなら19かけ, 小さめなら24かけ必要です。

にんにくを細かくきざむ：にんにくをまな板に置き, 包丁の腹で強くゆっくり押します。薄皮が浮いてはがれやすくなるので, 親指と人差し指でつまんで押し出すように実を取り出します。まずは粗めにきざみ, 塩を少しふり, 包丁の腹ですりつぶし（塩の粒でさらにつぶれます）, さらに包丁で叩くようにきざみます。

きゅうりを千切りにする際は, 千切り用アタッチメントをつけたスライサーまたはフードプロセッサーを使うと便利です。

- オーブンを190℃に予熱
- グリルを高温に予熱
- 33cm×23cm角の耐熱ガラス製ケーキ型
- ミキサー

米なすのグリル

米なす	大1個
エクストラバージンオリーブオイル	1/2カップ（125ml）
レモン果汁	大さじ3
赤ワインビネガー	大さじ3
オレガノ（乾）	大さじ1
海塩	小さじ1
にんにく　みじん切り（ポイント参照）	3〜4かけ

ハーブポテト

水	4カップ（1L）
レモンの皮のすりおろし	大さじ1
レモン果汁	1/2カップ（125ml）
ニュートリショナルイースト	60ml
オレガノ（乾）	大さじ2
ローズマリーの葉　きざむ	大さじ1
海塩	小さじ1
にんにく　みじん切り（ポイント参照）	8〜10かけ
じゃがいも　1cmに切る	8カップ（2L）

ザジキソース

生カシューナッツ	2カップ（500ml）
水　分けて使用	4カップ（1L）
レモン果汁	1/2カップ（125ml）
海塩	小さじ1/2
きゅうり　千切り（ポイント参照）	1/2カップ（125ml）
にんにく　すりおろし	8〜10かけ
ディルの葉　きざむ	1/2カップ（125ml）

1. **米なすのグリル**：米なすは皮をむいて，縦方向に厚さ4cm程度に4枚に切り密閉容器に入れます。ボウルにオリーブオイル，レモン果汁，ワインビネガー，オレガノ，塩，にんにくを入れて混ぜ，米なすを入れた密閉容器に加えます。冷蔵庫で8時間から一晩つけ込みます。

2. **ハーブポテト**：オーブンを190℃に予熱します。

3. 大きめのボウルに，水，レモンの皮と果汁，ニュートリショナルイースト，オレガノ，ローズマリー，塩，にんにくを入れて混ぜます。じゃがいもを加えてよく混ぜ，全体にからめます。

4. 3をケーキ型に入れて，アルミホイルをしっかりかけます。オーブンで45分焼き，一度取り出してアルミホイルをはずします。再び12 〜 15分オーブンに入れ，焼き色がついたら取り出して，15分ほど休ませます。

5. **ザジキソース**：鍋に生カシューナッツ，水3と1/2カップ（875ml）を入れて強火にかけます。沸騰したら火を止めて，ざるに上げて湯を切ります。

6. ミキサーにカシューナッツ，水1/2カップ（125ml），レモン果汁，塩を入れて高速で攪拌し，なめらかなクリーム状にします。大きめのボウルにあけ，きゅうり，にんにく，ディルを加えてよく混ぜ合わせます。

7. **しあげ**：グリルを高温に予熱します。

8. 1の米なすをつけだれから取り出し，キッチンペーパーで水分を拭き取ります。米なすの表面につけだれをハケで塗りながら，表面は軽く焦げ，中がやわらかくなるまで，片面5 〜 6分ずつグリルでしっかり焼きます。

9. 器にポテトを均等に盛りつけ，その上に8の米なすをのせます。ザジキソースをたっぷり添えて提供します。

手づくりトルティーヤと３種のディップ重ね

とうもろこしから手づくりするトルティーヤにビーンペーストとワカモレ，サルサを重ねます。それ
ぞれ違う食感と風味のハーモニーがたまりません。仲間が集まるパーティーや手軽なメキシコ料理の
ディナーに大人気間違いなしの一品です。

<table>
<tr><td colspan="2" align="center">**6人分**</td></tr>
</table>

ポイント

冷凍コーンを使うと，トル
ティーヤを焼く時間が30分ほ
どかかることがあります。15
分を過ぎたら，数分おきに焼き
具合を確認しましょう。

生フラックスシードを挽く：ミ
キサーに1と1/2カップ（375ml）
入れて高速で回し，細かい粉末
にします。ときどき止めて，容
器の内側についたものを混ぜ込
みながら，均等な粉末状にしま
す。使い残しは冷蔵庫で1カ月
間ほど保存できます。

ブラックビーンは自分で煮たも
のでも水煮缶でもOKです。缶
詰めの場合はできれば塩無添加
のものを選び，流水ですすいで
から使います。

アボカドを早く熟成させるに
は，紙袋にトマトかりんごと一
緒に入れておきます。熟したア
ボカドを日持ちさせるには，冷
蔵庫の一番低温の場所に入れま
す。これで約3〜4日もちます。
一度冷蔵して取り出したアボカ
ドは，再び冷蔵庫に入れると黒
ずんでしまうので，すぐに使い
切りましょう。

• オーブンを180℃に予熱
• フードプロセッサー
• オーブンシートを敷いたオーブントレイ，2セット

トルティーヤ

とうもろこし（生または冷凍，ポイント参照）	4カップ（1L）
にんじん　ざく切り	1/2カップ（125ml）
エクストラバージンオリーブオイル	大さじ2
チリパウダー	小さじ2
クミン（粉）	小さじ1
にんにく　皮をむく	1かけ
生フラックスシード（粉，ポイント参照）	300ml

ビーンペースト

ブラックビーン水煮　水気を切る（ポイント参照）	2カップ（500ml）
レモン果汁	大さじ3
たまりしょうゆ	大さじ2
チリパウダー	大さじ1
クミン（粉）	小さじ2
にんにく　みじん切り	2〜3かけ
エクストラバージンオリーブオイル	60ml

ワカモレ

アボカド（ポイント参照）	2個
レモン果汁	80ml
にんにく　みじん切り	1〜2かけ
海塩	小さじ1/2

サルサ

トマト　粗みじん切り	2カップ（500ml）
イタリアンパセリ　きざむ	1/2カップ（125ml）
エクストラバージンオリーブオイル	大さじ2
レモン果汁	大さじ1
海塩	小さじ1/4

しあげ

ロメインレタス　千切り　分けて使用　　　　　2カップ（500ml）
ヴィーガンサワークリーム（263ページ参照）　分けて使用
　　　　　　　　　　　　　　　　　　　　　1/2カップ（125ml）

1. **トルティーヤ**：フードプロセッサーにとうもろこし，にんじん，オリーブオイル，チリパウダー，クミン，にんにくを入れ，3分ほど回し，全体を混ぜ合わせます。大きめのボウルに移して，生フラックスシードを加えて混ぜ，10〜12分置いて水分を吸収させます。フードプロセッサーはまた使うので，容器を洗っておきます。

2. おたまなどで**1**の生地をすくい，オーブントレイに落としていきます（12個つくります）。手のひらで押し広げ，3mmほどの厚さの円にします。オーブンで15〜30分（ポイント参照），またはトルティーヤが完全に乾燥するまで焼きます。オーブンから取り出したら，トレイに置いたまま冷まします。

3. **ビーンペースト**：フードプロセッサーにブラックビーン，レモン果汁，しょうゆ，チリパウダー，クミン，にんにくを入れ，なめらかになるまで2〜3分回します。モーターを回したまま，注入口からオリーブオイルを一定のスピードでゆっくりそそぎます。全体が混ざり，なめらかになったらボウルに移します。

4. **ワカモレ**：大きめのボウルにアボカドを入れて，ポテトマッシャーでざっとつぶします。レモン果汁，にんにく，塩を加えてさらにつぶしながら混ぜます。ラップをかけておきます。

5. **サルサ**：大きめのボウルにトマト，イタリアンパセリ，オリーブオイル，レモン果汁，塩を入れてよく混ぜます。

6. **しあげ**：トルティーヤを1枚置き，ビーンペースト，ワカモレ，サルサ，ロメインレタスをそれぞれ大さじ3ずつ広げて重ねます。その上にトルティーヤを1枚重ね，同様に繰り返します。最後にヴィーガンサワークリームをひとすくい落とします。残りの材料で同様につくり，提供します。

梅肉ソースのクリスピーそばケーキ，わかめサラダ添え

梅干しの独特な風味は，欧米のヴィーガンの間でも認知度が高まっています。梅干しを使ったソースで，クリエイティブな和風の一皿をどうぞ。そばケーキは，そばをゆでた後にぬめりを洗い落とさないのがコツ。そばのデンプンでケーキ状にかたまります。

4人分

ポイント

香菜（パクチー）の茎の下部は繊維がかたいので，切り落とします。葉の出ている上部の茎はやわらかく風味もよいので，葉と一緒にきざんで使います。

アガベシロップは，低温処理（ロー）のものを選びましょう。遺伝子組み換えでない100％天然の甘味料で，自然にできた果糖（フルクトース）を含み，GI値が低いのが特徴です。ゆっくりとグルコースに分解されるため，エネルギーが持続します。

- 20cm角の耐熱ガラス製ケーキ型，油（分量外）を塗る
- ミキサー

そばケーキ

十割そば（乾麺）	500g
たまりしょうゆ	大さじ2
焙煎ごま油	大さじ2
生白ごま	大さじ1

わかめサラダ

わかめ（乾燥わかめの場合は水戻しする）	1カップ（250ml）
香菜（パクチー，ポイント参照）　ざく切り	1カップ（250ml）
万能ねぎ　小口切り	60ml
焙煎ごま油	大さじ1
たまりしょうゆ	小さじ2

梅肉ソース

水	大さじ2
焙煎ごま油	大さじ2
エクストラバージンオリーブオイル	大さじ2
梅干し　種を取ってきざむ	大さじ2
アガベシロップ（ポイント参照）	大さじ1と1/2
玄米酢	大さじ1
たまりしょうゆ	小さじ1と1/2

しあげ

グレープシードオイル	大さじ3

1. **そばケーキ：**大きめの鍋にたっぷりの湯（分量外）を沸騰させます。十割そばを入れて，パッケージの記載通りにゆでます。ゆで上がったら，ざるに上げて湯を切り，洗わずに大きめのボウルに移します。しょうゆ，ごま油，生白ごまを加えて混ぜます。

2. よく混ざったらケーキ型に入れて，木べらや計量カップの底などでしっかり押しかためます。その後1時間ほど冷蔵庫に入れて，冷やしかためます。

3. **わかめサラダ：**ボウルにわかめ，香菜，万能ねぎ，ごま油，しょうゆを入れてよく混ぜ，ラップをしておきます。

4. **梅肉ソース：**ミキサーに水，ごま油，オリーブオイル，梅干し，アガベシロップ，玄米酢，しょうゆを入れ，なめらかになるまで高速で攪拌します。

5. **しあげ：1**のそばをまな板に出し，4等分に切ります。大きめのフライパンでグレープシードオイルを中火で熱します。そばケーキを入れて3〜4分，こんがりと焼きます。焼き色がついたら裏返し，さらに3〜4分焼きます。

6. 器に**4**の梅肉ソースを広げ，その上にそばケーキを置きます。上からさらに梅肉ソースをかけ，4等分したわかめサラダを添えて提供します。

スパナコピタパイとパプリカのマリネ，ルッコラのレモンディジョン和え

スパナコピタはギリシャの軽食の一つで，薄いフィロという生地にほうれん草，玉ねぎ，フェタチーズを包んだものです。ここではフィロ生地をグルテンフリーパイ生地に代え，フェタチーズの代わりに豆腐を使います。ローストした赤パプリカのコールスローとルッコラのサラダを添えれば，おしゃれなディナーの主役が完成です。

6〜8人分

ポイント

にんにくを細かくきざむ：にんにくをまな板に置き，包丁の腹で強くゆっくり押します。薄皮が浮いてはがれやすくなるので，親指と人差し指でつまんで押し出すように実を取り出します。まずは粗めにきざみ，塩を少しふり，包丁の腹ですりつぶし（塩の粒でさらにつぶれます），さらに包丁で叩くようにきざみます。

赤パプリカをローストする：オーブンを230℃に予熱します。赤パプリカにグレープシードオイルと塩小さじ3/4（分量外）をまぶし，オーブントレイに並べます。オーブンに入れ，何度か方向を変えながら，全体に焦げ目がつくまで25分ほど焼きます。取り出したらボウルに入れて，ぴっちりとラップをかけて10分ほど置くと，余熱で蒸されて皮がはがれやすくなります。

- オーブンを200℃に予熱
- 直径25cmの深いパイ皿，油（分量外）を塗る
- フードプロセッサー
- ミキサー

スパナコピタパイ

ヴィーガンパイ生地（270ページ参照）	
	レシピの分量（直径25cm大2枚分）
グレープシードオイル	大さじ2
玉ねぎ　粗みじん切り	1カップ（250ml）
海塩　分けて使用	小さじ1
にんにく　みじん切り（ポイント参照）	8かけ
ほうれん草　ざく切り	8カップ（2L）
木綿豆腐　水切り後，1cm角に切る	500g
ニュートリショナルイースト	60ml
オレガノ（乾）	大さじ1
バジル（乾）	小さじ1
ナツメグ（ホール）　すりおろす	小さじ1/4

パプリカのマリネ

赤パプリカ　ローストする（ポイント参照）	4個
グレープシードオイル	大さじ3
りんご酢	60ml
アガベシロップ	大さじ3
イタリアンパセリ　ざく切り	1/2カップ（125ml）
海塩	小さじ1/4

ルッコラのレモンディジョン和え

エクストラバージンオリーブオイル	1/2カップ（125ml）
レモン果汁	60ml
ディジョンマスタード	大さじ3
海塩	小さじ1/4

パイ生地は冷たすぎるとのびません。常温にしばらく置いてから，のばすようにしましょう。

パイ生地にフォークで穴を開け，焼いている間に発生する蒸気を逃します。

パイ生地のふちが焦げてしまうのを防ぐには，パイシールド（オンラインストアやキッチン用品店で販売しています）が便利です。パイシールドはアルミホイルを使って自作もできます。アルミホイルを7.5cm幅に折って，パイのふちにかぶせます。

ベビールッコラ　　　　　　　8カップ（2L）

1. **スパナコピタパイ：**ヴィーガンパイ生地を半分に分け，半分は乾燥しないようにラップで包んでおきます。清潔な台に打ち粉（分量外）をして，半分の生地を直径35cmほどにのばします（ポイント参照）。破れないように注意しながらパイ皿に入れ，底と周りを密着させます。余った生地は切り落とします。フォークで生地を刺し，蒸気が逃げる穴をあけます（ポイント参照）。オーブンに入れて15分，またはパイがきつね色になるまで焼き，取り出して冷まします。

2. 大きめのフライパンでグレープシードオイルを中火で熱します。玉ねぎと塩小さじ1/2を入れて炒めます。3分ほど炒め，玉ねぎが透き通ったらにんにくを加え，香りが立つまで2〜3分炒めます。ほうれん草を加え，しんなりするまで4〜5分炒め，火を止めます。

3. フードプロセッサーに豆腐を入れ，回します。細かくなったらボウルに移し，ニュートリショナルイースト，オレガノ，バジル，ナツメグ，塩小さじ1/2を入れてよく混ぜます。2の野菜も加えてしっかり混ぜます。

4. オーブンを200℃に予熱します。

5. 1のパイ生地に3の具材を入れて，均等にならします。

6. 清潔な台に打ち粉（分量外）をして，もう1枚のパイ生地を広げ，直径35cmほどにのばします。5の上にかぶせ，余分な生地を切り落とします。周囲を押しつけて密着させ，表面にナイフで数カ所に切り込みを入れます。あればパイシールド（ポイント参照）を取りつけ，オーブンで10分焼きます。180℃に温度を下げ，15〜20分して表面が黄金色になったら取り出します。切り込みから蒸気が出ていれば焼き上がりです。

7. **パプリカのマリネ：**赤パプリカをローストして種とワタを取り，3mm幅に切ります（ローストの仕方はポイント参照）。ボウルに入れて，りんご酢，アガベシロップ，イタリアンパセリ，塩を加えて混ぜ合わせます。

8. **ルッコラのレモンディジョン和え：**ミキサーに，オリーブオイル，レモン果汁，ディジョンマスタード，塩を入れ，なめらかなクリーム状になるまで攪拌し，ドレッシングをつくります。大きめのボウルにベビールッコラを入れてドレッシングを加え，和えます。

9. スパナコピタパイを人数分に切り分け，パプリカのマリネとルッコラのレモンディジョン和えを添えて提供します。

エリンギのグリルとココナッツカレー風味ちまき

スパイスを効かせたココナッツミルクをしみ込ませたもち米に，グリルした肉厚のエリンギを合わせます。枝豆のジンジャーライム炒め（18ページ参照）を副菜にすれば，だれもが太鼓判を押す納得のメニューになります。

4人分

ポイント

もち米を水にひたす：大きめの鍋にもち米2カップ（500ml）と水875mlを入れ，ふたをして1時間置きます。

生姜の皮をむくときは，スプーンのふちで皮をこそげ落とすようにすると，無駄がありません。

香菜（パクチー）の茎の下部は繊維がかたいので，切り落とします。葉の出ている上部の茎はやわらかく風味もよいので，葉と一緒にきざんで使います。

バナナの葉は細長い形をしていますが，15cmの正方形に切ります。

バナナの葉が手に入らない場合は，オーブンシートやクッキングシートで代用できますが，バナナの葉の風味に欠けてしまいます。

エリンギの下の部分1〜2.5cmほどは繊維がかたいので，切り落とします。

- オーブンを200℃に予熱
- オーブントレイ
- グリルを高温に予熱

ちまき

もち米（ポイント参照）	2カップ（500ml）
海塩　分けて使用	小さじ1
グレープシードオイル	大さじ2
玉ねぎ　粗みじん切り	1/2カップ（125ml）
にんにく　みじん切り	2〜3かけ
生姜　みじん切り（ポイント参照）	小さじ1
香菜（パクチー）　ざく切り（ポイント参照）	1カップ（250ml）
万能ねぎ　小口切り	60ml
クミン（粉）	小さじ1
コリアンダー（粉）	小さじ1/2
ココナッツミルク（全脂肪）	1缶（400ml）
ライム果汁	大さじ2
たまりしょうゆ	大さじ1
ココナッツシュガー（オーガニック）	小さじ1
カイエンペッパー	小さじ1/8
バナナの葉　15cmの正方形に切る（ポイント参照）	4枚

エリンギのグリル

エリンギ（ポイント参照）	大きめ8本
エクストラバージンオリーブオイル	60ml
海塩	小さじ1

1. **ちまき**：もち米と水の入った鍋に塩小さじ1/2を加え，強火にかけます。ふたをずらして置き，沸騰したら弱火にし，20分炊きます。火を止めて，ふたをきちんとかぶせて10分蒸らします。

2. 大きめの鍋でグレープシードオイルを中火で熱します。玉ねぎと塩小さじ1/2を入れて，5〜6分炒めます。玉ねぎが透き通ったら，にんにくと生姜を加え，香りが立つまで2〜3分炒めます。香菜，万能ねぎ，クミン，コリアンダーを加え，スパイスのいい香りがしてくるまで3〜4分炒めます。

3. ココナッツミルク，ライム果汁，しょうゆ，ココナッツシュガー，カイエンペッパーを加えて混ぜます。煮立たせないように，鍋底からよく混ぜ返しながら8〜10分煮詰めます。火を止めて，**1**のもち米を加えてしっかり混ぜます。30分ほど置いて，完全に冷まします。

4. オーブンを200℃に予熱します。

5. バナナの葉を置き，**3**の具材を4等分して中央に置きます。葉の四隅を折って具材を包み，さらにアルミホイルでしっかり包みます。オーブントレイに並べ，オーブンで25分焼きます。

6. **エリンギのグリル：**グリルを高温に予熱します。

7. ボウルにエリンギ，オリーブオイル，塩を入れて混ぜ，オイルをからめます。グリルで焼き目がつくまで3〜4分焼き，裏返してさらに3〜4分焼きます。

8. **しあげ：**ちまきのアルミホイルを取り除き，バナナの葉に包まれたちまきを皿の中央に盛りつけます。グリルしたエリンギを2本ずつ添えて提供します。

中東風オードブルプレート

スペシャルデーやゲストのおもてなし，親戚の集まり，そして気の置けない友人たちとのカジュアルな食事会に，どんなイベントにでも大活躍してくれるオードブルです。

およそ8人分

ポイント

きゅうりを千切りにする際は，千切り用アタッチメントをつけたスライサーまたはフードプロセッサーを使うと便利です。

にんにくを細かくきざむ：にんにくをまな板に置き，包丁の腹で強くゆっくり押します。薄皮が浮いてはがれやすくなるので，親指と人差し指でつまんで押し出すように実を取り出します。まずは粗めにきざみ，塩を少しふり，包丁の腹ですりつぶし（塩の粒でさらにつぶれます），さらに包丁で叩くようにきざみます。

- フードプロセッサー
- 大きいオードブルトレイまたは大皿

カシューディップ

生カシューナッツ	2カップ（500ml）
水　分けて使用	4カップ（1L）
レモン果汁	1/2カップ（125ml）
海塩	小さじ1/2
きゅうり　千切り（ポイント参照）	1/2カップ（125ml）
にんにく　みじん切り（ポイント参照）	8〜10かけ
ディル　きざむ	1/2カップ（125ml）

盛り合わせ

基本のひよこ豆のフムス（上巻参照）	2カップ（500ml）
キヌアのタブーリ（上巻参照）	4カップ（1L）
オリーブのレモン・ガーリック・ハーブソテー（8ページ参照）	1カップ（250ml）
あめ色玉ねぎとオリーブのフラットブレッド（180ページ参照）	16枚
エクストラバージンオリーブオイル	60ml

1. **カシューディップ**：鍋にカシューナッツ，水3と1/2カップ（875ml）を入れます。強火でひと煮立ちさせたら，ざるに上げて湯を切ります。

2. フードプロセッサーに水1/2カップ（125ml），レモン果汁，塩を加え，高速で回してクリーム状にします。ボウルに移し，きゅうり，にんにく，ディルを入れて，よく混ぜ合わせます。

3. **盛り合わせ**：オードブルトレイに，1のカシューディップ，基本のひよこ豆のフムス，キヌアのタブーリ，オリーブのソテー，フラットブレッドを盛りつけ，上から全体にオリーブオイルを回しかけて提供します。

焼き菓子，パン

トリプルジンジャークッキー

生姜の香りが漂うこのクッキーは，クリスマスの季節には欠かせないお菓子です。家族が集まる暖かい部屋でティータイムに，また，職場での休憩時間にもどうぞ。

24個分

ポイント

粉の計量では，特にグルテンフリーの粉を計量する前は，必ず一度ボウルにあけて，泡立て器で軽く空気を通してください。より正確に計量できます。

ココナッツオイルがかたまっているときはフライパンに入れ，弱火にかけて溶かします。

生姜の砂糖煮は，大型スーパーや自然食品店などで販売しています。

オーブントレイを2枚使ってクッキーを焼くときは，オーブンラックの下段と上段を使い，中段はあけておきます。焼き時間の半分で一度取り出し，上下を入れ替え，さらに前後も替えてオーブンに入れ，後半を焼きます。

- オーブンを180℃に予熱
- オーブンシートを敷いたオーブントレイ，2セット
- スタンドミキサーまたはハンドミキサー

生フラックスシード（粉）	大さじ1
ぬるま湯	大さじ3
グルテンフリー中力粉（269ページとポイント参照）2カップ（500ml）	
ジンジャーパウダー	小さじ2
シナモン（粉）	小さじ1と1/2
生姜 みじん切り	小さじ1
重曹	小さじ1
オールスパイス（粉）	小さじ1/2
キサンタンガム	小さじ1/4
黒こしょう ミルで挽く	小さじ1/4
海塩	小さじ1/4
ココナッツシュガー（オーガニック） 分けて使用 1カップ（250ml）	
モラセス（ブラックストラップ）	80ml
液状ココナッツオイル（ポイント参照）	60ml
バニラエクストラクト	小さじ1
生姜の砂糖煮 きざむ（ポイント参照）	1カップ（250ml）

1. 小さいボウルに生フラックスシードと湯を入れて，よく混ぜます。ラップをして10分ほど置き，水分を吸収させます。
2. 大きめのボウルに中力粉，ジンジャーパウダー，シナモン，生姜のみじん切り，重曹，オールスパイス，キサンタンガム，黒こしょう，塩を入れて混ぜ合わせます。
3. ミキサーにココナッツシュガー150ml，モラセス，ココナッツオイル，バニラエクストラクト，**1**を入れ，全体がよく混ざるまで中速で攪拌し混ぜます。**2**と生姜の砂糖煮を加え，ミキサーを低速で攪拌し混ぜます。できた生地をラップで包み，冷蔵庫で2時間冷やします。
4. 残りのココナッツシュガーを浅型のボウルに入れます。クッキー生地を大さじ2ずつボール状に丸め，ココナッツシュガーをまぶしつけ，オーブントレイに5cm間隔で並べます。
5. オーブンで10分ほど，クッキーの表面にひびが入るまで焼きます。
6. オーブンから取り出し，トレイにのせたまま完全に冷まします。密閉容器に移し，常温で約3日間保存できます。

バナナとクコの実のクッキー

朝食にもちょうどいい，しっとりした食感の栄養豊富なクッキーです。たっぷりのアーモンドミルク（276ページ参照）と一緒に召し上がれ。

12個分

ポイント

アーモンドバターは小さいフライパンに入れ，とろ火でゆっくり温めます。

ベーキングパウダーは，アルカリ性の重曹と弱酸性のクリームオブタータが反応して炭酸ガスを発生させ，生地をふくらませます。また，水分を吸収させる成分として，小麦やコーンスターチも使われています。グルテンフリーのベーキングパウダーを購入する際は，原材料表示をしっかり確認しましょう。

クコの実は，鮮やかな赤い色が特徴です。原産地はチベットから中国にかけた東アジアです。乾燥クコの実（生では販売されていません）は，大型スーパーや自然食品店などで入手できます。見つからない場合は，乾燥ブルーベリーや乾燥いちごなどでも代用できます。

- オーブンを180℃に予熱
- オーブンシートを敷いたオーブントレイ

バナナ　ざく切り	1/2カップ（125ml）
アーモンドバター　温める（ポイント参照）	1/2カップ（125ml）
ココナッツミルク（277ページ参照）	1/2カップ（125ml）
アガベシロップ	60ml
アップルソース（無糖）	80ml
りんご酢	小さじ1
バニラエクストラクト	小さじ1/4
グルテンフリー中力粉（269ページ，前ページのポイント参照）	
	180ml
生フラックスシード（ゴールデン，粉）	大さじ1
ベーキングパウダー（グルテンフリー，ポイント参照）	
	小さじ1/2
ジンジャーパウダー	小さじ1
シナモン（粉）	小さじ1
海塩	少々
クコの実（ポイント参照）	大さじ2

1. ボウルにバナナ，アーモンドバター，ココナッツミルク，アガベシロップ，アップルソース，りんご酢，バニラエクストラクトを入れて，泡立て器でよく混ぜます。
2. 大きめのボウルに中力粉，生フラックスシード，ベーキングパウダー，ジンジャーパウダー，シナモン，塩を入れて，泡立て器で混ぜます。中央にくぼみをつくり，1を流し入れ，しっかり混ぜ合わせます。混ざったらクコの実を加えて，ざっくりと切るように混ぜ込みます。
3. 2の生地を大さじ2ずつボール状に丸め，オーブントレイに5cm間隔で並べます。
4. オーブンに入れて10分ほど，きつね色になるまで焼きます（焼き立ては少しやわらかいですが，冷めるとかたくなります）。
5. オーブンから取り出し，トレイにのせたまま5分ほど置いて粗熱をとり，ケーキクーラーに移して完全に冷まします。すぐに食べない場合は，密閉容器に移します。常温で約3日間保存できます。

オートミールレーズンクッキー

カナダやアメリカでは，手づくりクッキーの一番人気がこのオートミールレーズンです。アーモンドミルク（276ページ参照）と一緒にどうぞ。

36個分

ポイント

ベーキングパウダーは，アルカリ性の重曹と弱酸性のクリームオブタータが反応して炭酸ガスを発生させ，生地をふくらませます。また，水分を吸収させる成分として，小麦やコーンスターチも使われています。グルテンフリーのベーキングパウダーを購入する際は，原材料表示をしっかり確認しましょう。

オート麦製品を加工する工場では，小麦の加工も行われていることが多々あり，グルテンが混入している可能性があります。グルテンフリーと明記されているオート麦製品を選ぶようにしましょう。

オーブントレイを2枚使ってクッキーを焼くときは，オーブンラックの下段と上段を使い，中段はあけておきます。焼き時間の半分でトレイを一度取り出し，上段と下段を入れ替え，さらに前後も替えてオーブンに戻し，残り時間を焼きます。

- オーブンを190℃に予熱
- オーブンシートを敷いた大きめのオーブントレイ，2セット
- スタンドミキサーまたはハンドミキサー

生フラックスシード（粉，次ページのポイント参照）	大さじ2
ぬるま湯	90ml
ココナッツシュガー（オーガニック）	1と1/2カップ（375ml）
植物性無塩バター　冷やす	180ml
バニラエクストラクト	小さじ1
グルテンフリー中力粉（269ページ参照）	430ml
キサンタンガム	小さじ2
ベーキングパウダー（グルテンフリー，ポイント参照）	小さじ1
シナモン（粉）	小さじ1
重曹	小さじ1/4
海塩	小さじ1/4
クイックロールドオーツ（グルテンフリー，ポイント参照）	2カップ（500ml）
レーズン	1カップ（250ml）

1. 小さいボウルに生フラックスシードとぬるま湯を入れて，よく混ぜます。ラップをかけて10分ほど置き，水分を吸収させます。

2. ミキサーにココナッツシュガー，バター，バニラエクストラクトを入れ，高速で攪拌します。空気を含んでふんわりしてきたら，**1** のフラックスシードを加えて混ぜ合わせます。

3. ボウルにグルテンフリー中力粉，キサンタンガム，ベーキングパウダー，シナモン，重曹，塩を入れて，泡立て器で混ぜます。**2** のミキサーに **3** を少しずつ加えます。全体がよく混ざるまで，低速で攪拌します。クイックロールドオーツを加えてよく混ぜ，最後にレーズンを加え，ざっくりと切るように混ぜ込みます。

4. **3** の生地を，大さじ2ずつすくい，オーブントレイに5cm間隔に落とします。

5. オーブンに入れ（ポイント参照），10～12分，クッキーの周りがこんがりするまで焼きます。オーブンから取り出したらそのまま10～15分ほど置いて粗熱をとり，ケーキクーラーに移して完全に冷まします。すぐに食べない場合は，密閉容器に移します。常温で約1週間保存できます。

粉不使用のカシューバタークッキー

ちょっとぜいたくなおやつとしておすすめの，リッチな味わいのクッキーです。冷やしたカシューミルク（276ページ参照），いちごや桃などのフルーツと一緒に楽しんでください。

12個分

ポイント

生フラックスシードは粉末状のものも販売されていますが，自分で簡単に挽くことができます。ミキサーまたはスパイスミルに60mlを入れ，高速で回し，細かい粉状にします。挽いたものは密閉容器に入れ，冷蔵庫へ。1カ月以内に使い切りましょう。

カシューバターはカシューナッツを挽いたもので，大型スーパーや自然食品店などで入手できます。

- オーブンを160℃に予熱
- オーブンシートを敷いたオーブントレイ

生フラックスシード（粉，ポイント参照）	大さじ1
ぬるま湯	大さじ3
ココナッツシュガー（オーガニック）	180ml
カシューバター（ポイント参照）	1カップ（250ml）

1. ボウルに生フラックスシードとぬるま湯を入れて，よく混ぜます。ラップをかけて10分ほど置き，水分を吸収させます。
2. 1のボウルにココナッツシュガー，カシューバターを加え，木べらでよく混ぜ合わせます。
3. 生地を大さじ2ずつすくい，オーブントレイに5cm間隔で落とします。フォークの背で押して平らにします。
4. オーブンに入れ，22〜25分，クッキーのふちがきつね色になるまで焼きます。
5. オーブンから取り出し，そのまま10〜15分ほど置いて粗熱をとり，ケーキクーラーに移して完全に冷まします。すぐに食べない場合は，密閉容器に移します。常温で約5日間保存できます。

チョコチップクッキー

外側はカリッ，中はしっとり，チョコがとろ～り。「パーフェクト！」と言っても過言ではありません。

36個分

ポイント

ココナッツオイルがかたまっているときはフライパンに入れ，弱火にかけて溶かします。

このレシピには，脂肪分の多いアーモンドミルク，カシューミルク（ともに276ページ参照），ヘンプ＆チアミルク（278ページ参照）が適しています。

メープルシロップと植物性ミルクは使用前に常温にしておきます。冷たいまま使うと，ココナッツオイルをかためてしまい，うまく混ざらなくなります。

オーブントレイを2枚使ってクッキーを焼くときは，オーブンラックの下段と上段を使い，中段はあけておきます。焼き時間の半分でトレイを一度取り出し，上段と下段を入れ替え，さらに前後も替えてオーブンに戻し，残り時間を焼きます。

- オーブンを190℃に予熱
- スタンドミキサーまたはハンドミキサー
- オーブンシートを敷いたオーブントレイ

グルテンフリー中力粉（269ページ参照）	680ml
ベーキングパウダー（グルテンフリー）	小さじ1
重曹	小さじ1/2
海塩	小さじ1/2
液状ココナッツオイル（ポイント参照）	1/2カップ（125ml）
ココナッツシュガー（オーガニック）	300ml
植物性ミルク（ポイント参照）	60ml
純粋メープルシロップ（ポイント参照）	大さじ2
バニラエクストラクト	小さじ2
チョコレートチップ（乳製品不使用，セミスイート）	300ml

1. ボウルにグルテンフリー中力粉，ベーキングパウダー，重曹，塩を入れて，泡立て器で混ぜます。
2. ミキサーにココナッツオイル，ココナッツシュガーを入れ，高速で攪拌してクリーム状にします。次に植物性ミルク，メープルシロップ，バニラエクストラクトを加え，高速で攪拌します。
3. ミキサーを低速で攪拌し，1の粉をゆっくり加え，粉っぽさがなくなるまでしっかり混ぜ合わせます。チョコレートチップを加えて，ざっくり混ぜます。
4. 3の生地を大さじ2ずつ，オーブントレイに5cm間隔で落とします（ポイント参照）。
5. オーブンで10分，黄金色になるまで焼きます（焼き立てはやわらかいですが，冷えるとかたくなります）。
6. オーブンから取り出し，そのまま5分ほど置いて粗熱をとり，ケーキクーラーに移して完全に冷まします。すぐに食べない場合は，密閉容器に移します。常温で約3日間保存できます。

バリエーション

ピーナッツバターチョコチップクッキー：つくり方2で，植物性ミルクを加えるタイミングで，ピーナッツバター（粒なし）1/2カップ（125ml）を加えます。

ピーナッツバタークッキー

ピーナッツの甘さとしっとり感がたまりません。満足感があるうえ，食べ応えもあるので，小腹がすいたときの強い味方です。お気に入りのお茶を入れて，ティータイムを楽しんでみてはいかがですか。

36個分

ポイント

アーモンドミルクの代わりに，ココナッツミルク（277ページ参照）やカシューミルク（276ページ参照）も使えます。

つくり方3で，粉類を加えて混ぜると，生地がまとまります。ぽろぽろとくずれるようなら，アーモンドミルク大さじ1～2を加えて混ぜます。様子を見ながら，少しずつ足してください。

- オーブンを180℃に予熱
- スタンドミキサーまたはハンドミキサー
- オーブンシートを敷いたオーブントレイ

グルテンフリー中力粉（269ページ参照）1と1/2カップ（375ml）	
重曹	小さじ1
海塩	小さじ1/4
ココナッツシュガー（オーガニック）	180ml
ピーナッツバター（粒なし）	1/2カップ（125ml）
グレープシードオイル	60ml
アーモンドミルク（276ページとポイント参照）	大さじ2～4

1. 大きめのボウルにグルテンフリー中力粉，重曹，塩を入れて，泡立て器で混ぜます。
2. ミキサーにココナッツシュガー，ピーナッツバター，グレープシードオイルを入れ，空気を含んでふんわりするまで高速で攪拌します。
3. 2に，1の粉類を少しずつ混ぜていきます。低速で2～3分ほど攪拌し，アーモンドミルク大さじ2を加え，さらに混ぜ合わせます。
4. 生地を大さじ3ずつすくい，オーブントレイに5cm間隔で落とします。生地をフォークの背で押して，チェック状に模様をつけながら平らにします。
5. オーブンに入れ，黄金色になるまで10分ほど焼きます。
6. オーブンから取り出し，そのまま完全に冷まします。すぐに食べない場合は，密閉容器に移します。常温で約1週間保存できます。

バリエーション

ダブルチョコレートピーナッツバタークッキー：つくり方1で，カカオパウダー大さじ3も加えます。つくり方3で，生地がまとまったら，チョコレートチップ1/2カップ（乳製品不使用）（125ml）を加え，切るようにざっくり混ぜ合わせます。

チョコレートココナッツ・ショートブレッド

さくっとした軽やかな食感で，やみつきになること間違いなしの，万人に愛されるショートブレッドです。

24個分

ポイント

このレシピでは室温でややかたまっている状態のココナッツオイルを使いますが，そのままでは正しく計量できないので，湯煎などで温めて液状にしてから計量します。必要な分のオイルは冷蔵庫で少し冷やすか，しばらく室温に置いてから使います。

ココナッツシュガーを挽く：清潔なコーヒーミルかスパイスミル，またはミキサーできめ細かい粉末になるまで回します。

生地をのばす：台にオーブンシートを敷いて生地を置きます。軽く押して平らにならし，その上にもう1枚のオーブンシートをのせ，生地をのばします。

オーブントレイを2枚使ってクッキーを焼くときは，オーブンラックの下段と上段を使い，中段はあけておきます。焼き時間の半分で一度取り出し，上下を入れ替え，さらに前後も替えてオーブンに入れ，後半を焼きます。

- • オーブンを180℃に予熱
- • 直径5cmの丸い抜き型
- • オーブンシートを敷いたオーブントレイ，2セット

ココナッツオイル（ポイント参照）	1カップと大さじ2（280ml）
バニラエクストラクト	小さじ1
グルテンフリー中力粉（269ページ参照）	3と1/2カップ（875ml）
ココナッツシュガー（オーガニック，ポイント参照）	180ml
海塩	小さじ3/4
チョコレートチップ（乳製品不使用，セミスイート）	250g

1. ボウルにココナッツオイルとバニラエクストラクトを入れて，泡立て器で混ぜます。
2. 大きめのボウルにグルテンフリー中力粉，ココナッツシュガー，塩を入れて，泡立て器で混ぜます。中央にくぼみをつくり，1を加えてなめらかになるまで混ぜ合わせ，生地にまとめます。生地を4等分にします。
3. 生地を厚さ0.5cmにのばし（ポイント参照），抜き型で6個抜いてオーブントレイに2～3cm間隔で並べます。残りの生地も同様にします。
4. オーブンで10分ほど焼きます。触ってみて，かたければOK。焦がさないように注意してください。
5. オーブンから取り出し，そのまま5分ほど置いて粗熱をとったら，ケーキクーラーに移して完全に冷まします。
6. 鍋に湯を沸かし（分量外），その上にボウルをセットします。このとき，ボウルの底が湯につかないようにしましょう。ボウルにチョコレートチップ（乳製品不使用）を入れ，混ぜて溶かします。
7. 5のショートブレッドを6にひたして全体をコーティングし，オーブンシートに並べます。冷蔵庫で冷やしかためて完成です。すぐに食べない場合は，密閉容器に移します。冷暗所で約5日間保存できます。

レモンバニラビスコッティ

二度焼きで香ばしくしあがったビスコッティは，朝のコーヒーと相性抜群。午後のティータイムや，夕食後のコーヒーに添えてもいいですね。クリスマスのちょっとしたギフトとしても喜ばれます。

14個分

ポイント

皮なしアーモンドパウダーは，製菓食材の専門店や自然食品店などで入手できます。

オーガニックのバニラパウダーは，バニラビーンズを乾燥させて挽いたもので，芳醇な香りが特徴です。製菓食材の専門店や自然食品店などで入手できます。見つからない場合は，バニラエクストラクト（オーガニック，アルコールフリー）小さじ2と1/2を代用し，つくり方2でアガベシロップと一緒に加えてください。

アーモンドをローストする：乾いたフライパンを中火にかけ，アーモンドを加えて3〜5分，から煎りします。こんがり焼けていい香りがしてきたら，皿に移して冷まします。

ビスコッティはオーブンから取り出したばかりのときはやわらかいですが，冷めるとかたくなります。

- オーブンを180℃に予熱（1回目），150℃に予熱（2回目）
- フードプロセッサー
- オーブンシートを敷いたオーブントレイ

アーモンドパウダー（皮なし，ポイント参照）	300ml
葛粉	大さじ1
レモンの皮のすりおろし	大さじ1
バニラパウダー（ポイント参照）	小さじ1と1/8
海塩	小さじ1/4
重曹	小さじ1/4
アガベシロップ	60ml
アーモンド　ローストして粗くきざむ（ポイント参照）	60ml

1. フードプロセッサーにアーモンドパウダー，葛粉，レモンの皮，バニラパウダー，塩，重曹を入れ，よく混ざるまで回します。

2. モーターを回したまま，アガベシロップをゆっくりと一定のスピードで注入口から流し入れます。2〜3分回し，生地がまとまってきたらアーモンドを加えます。2，3回細切れに回して，ざっと混ぜ合わせます。

3. 生地を2等分し，厚さ2.5cm，横10cm，縦4cmの長方形に手で成形します。オーブントレイに8cmほど離して両方の生地を置き，1回目は180℃に予熱したオーブンの中段に入れて20分焼きます。だいたいかたまった頃合いで一度取り出し，そのまま1時間置きます。

4. 包丁で，2つの生地それぞれを縦に7等分に切り，トレイに並べます。次に150℃に予熱したオーブンで20〜25分，しっかり乾燥して濃い黄金色になるまで焼きます。

5. オーブンから取り出し，そのまま5分置いて粗熱をとります。ケーキクーラーに移して完全に冷まします。すぐに食べない場合は，密閉容器に移します。常温で約5日間保存できます。

チョコレートアーモンドビスコッティ

さくさくした生地とカカオニブの歯応えがたまらないビスコッティ。ホットチョコレート（上巻参照）と一緒にどうぞ。

14個分

ポイント

皮なしアーモンドパウダーは，製菓食材の専門店や自然食品店などで入手できます。

カカオパウダーは，生のカカオを粉末にしたものです。ココアパウダーと似ていますが，カカオパウダーのほうが味も風味も格段に深く，濃厚です。カカオパウダーは大型スーパーや自然食品店などで販売しています。見つからない場合は，同量の高品質のココアパウダーで代用できます。

アガベシロップは，低温処理（ロー）のものを選びましょう。遺伝子組み換えでない100％天然の甘味料で，自然にできた果糖（フルクトース）を含み，GI値が低いのが特徴です。ゆっくりとグルコースに分解されるため，エネルギーが持続します。

ビスコッティはオーブンから取り出したばかりのときはやわらかいですが，冷めるとかたくなります。

- オーブンを180℃に予熱（1回目），150℃に予熱（2回目）
- フードプロセッサー
- オーブンシートを敷いたオーブントレイ

アーモンドパウダー（皮なし，ポイント参照）	300ml
葛粉	大さじ1
カカオパウダー（ポイント参照）	大さじ3
バニラエクストラクト	小さじ1
海塩	小さじ1/4
重曹	小さじ1/4
アガベシロップ（ポイント参照）	80ml
カカオニブ	大さじ2

1. フードプロセッサーにアーモンドパウダー，葛粉，カカオパウダー，バニラエクストラクト，塩，重曹を入れ，よく混ざるまで回します。
2. モーターを回したまま，アガベシロップをゆっくりと一定のスピードで注入口から流し入れます。2〜3分回し，生地がまとまってきたらカカオニブを加え，2，3回細切れに回して，ざっと混ぜ合わせます。
3. 生地を2等分し，高さ5cm，横10cm，縦4cmの長方形に手で成形します。オーブントレイに8cmほど離して両方の生地を置き，1回目は180℃に予熱したオーブンの中段に入れて20分焼きます。生地が乾燥して黄金色になったら一度取り出し，そのまま1時間置きます。
4. 包丁で2つの生地それぞれを7等分に切り，トレイに戻して並べます。次に150℃に予熱したオーブンで20〜25分，しっかり乾燥してカリッとするまで焼きます。
5. オーブンから取り出し，そのまま5分置いて粗熱をとります。ケーキクーラーに移して完全に冷まします。すぐに食べない場合は，密閉容器に移します。常温で約5日間保存できます。

チャイスパイスのマフィン

うっとりするような芳しいスパイスの香りがするマフィンは，きっとお気に入りのレシピリストに追加されることになるでしょう。仕事の合間のリフレッシュタイムにも，ゆったりとした午後のティータイムにもぴったりです。

8個分

ポイント

フラックスシードを挽く：生フラックスシード60mlを，ミキサーまたはスパイスミルに入れて粉末になるまで回します。密閉容器に移して冷蔵庫で保存し，1カ月以内に使い切りましょう。

皮なしアーモンドパウダーは，製菓食材の専門店や自然食品店などで入手できます。

- オーブンを180℃に予熱
- フードプロセッサー
- 標準12個取りマフィン型　8個に油（分量外）を塗るかシリコンまたはグラシンカップを入れる

ぬるま湯	90ml
生フラックスシード（粉，ポイント参照）	大さじ2と1/2
バナナ（完熟）	中2本
純粋メープルシロップ	大さじ3
アーモンドミルク（276ページ参照）	60ml
アーモンドパウダー（皮なし，ポイント参照）　1カップ（250ml）	
グルテンフリー中力粉（269ページ参照）　1/2カップ（125ml）	
ベーキングパウダー（グルテンフリー）	小さじ1
シナモン（粉）	小さじ3/4
カルダモン（粉）	小さじ1/2
ジンジャーパウダー	小さじ1/2
クローブ（粉）	小さじ1/2

1. 小さいボウルにぬるま湯と生フラックスシードを入れて，よく混ぜ合わせます。ふたをして10分ほど置き，フラックスシードに水分を吸収させます。

2. フードプロセッサーにバナナ，メープルシロップ，アーモンドミルクを入れ，なめらかになるまで回します。1のフラックスシードを加え，しっかり混ぜ合わせます。

3. 大きめのボウルにアーモンドパウダー，グルテンフリー中力粉，ベーキングパウダー，シナモン，カルダモン，ジンジャーパウダー，クローブを入れて，泡立て器で混ぜ合わせます。2のフードプロセッサーに加え，細切れに回しながら全体を混ぜ合わせます。回しすぎないように注意しましょう。

4. 8個のマフィン型に均等に分け入れ，オーブンで30〜35分焼きます。表面がふっくらし，軽く触って弾力があれば焼き上がりです。

5. オーブンから取り出し，型に入れたままケーキクーラーに移して，10分ほど冷まします。すぐに食べない場合は，完全に冷ましてから密閉容器に移します。常温で約2日間，冷蔵庫で約5日間保存できます。

レモンとポピーシードのマフィン

さわやかなレモンの香りが楽しめるご褒美マフィン。朝食としてもおやつとしても，またお呼ばれのおもたせとしても，マルチに活躍できる人気の焼き菓子です。

12個分

ポイント

このレシピには，明るい色のゴールデンフラックスシードを使います。ブラウンフラックスシードを代用しても味や質は変わりませんが，できあがりの色が暗くなります。

このレシピには脂肪分の多いアーモンドミルク，カシューミルク（ともに276ページ参照）や，ヘンプ＆チアミルク（278ページ参照）が適しています。

アガベシロップは，低温処理（ロー）のものを選びましょう。遺伝子組み換えでない100％天然の甘味料で，自然にできた果糖（フルクトース）を含み，GI値が低いのが特徴です。ゆっくりとグルコースに分解されるため，エネルギーが持続します。

ココナッツオイルがかたまっているときはフライパンに入れ，弱火にかけて溶かします。

ベーキングパウダーは，アルカリ性の重曹と弱酸性のクリームオブタータが，水分を加えることで反応して炭酸ガスを発生させ，生地をふくらませます。また，水分を吸収させる成分とし

- オーブンを190℃に予熱
- 標準12個取りマフィン型，油（分量外）を塗るかシリコンまたはグラシンカップを入れる

ぬるま湯	90ml
生フラックスシード（粉，ポイント参照）	大さじ2
アップルソース（無糖）	180ml
レモンの皮のすりおろし	大さじ1
レモン果汁	80ml
ココナッツシュガー（オーガニック）	80ml
植物性ミルク（ポイント参照）	60ml
アガベシロップ（ポイント参照）	60ml
液状ココナッツオイル（ポイント参照）	60ml
重曹	大さじ1と1/2
海塩	小さじ1/4
グルテンフリー中力粉（269ページ参照）	580ml
ベーキングパウダー（グルテンフリー，ポイント参照）	大さじ1
キサンタンガム	小さじ1
ポピーシード	大さじ1

1. 小さいボウルにぬるま湯と生フラックスシードを入れて，よく混ぜ合わせます。ふたをして10分ほど置き，フラックスシードに水分を吸収させます。
2. 別のボウルにアップルソース，レモンの皮と果汁，ココナッツシュガー，植物性ミルク，アガベシロップ，ココナッツオイル，重曹，塩を入れて，よく混ぜ合わせます（重曹の働きで，泡が立ちます）。
3. 大きめのボウルにグルテンフリー中力粉，ベーキングパウダー，キサンタンガムを入れて，泡立て器で混ぜ合わせます。2を加え，全体がざっと混ざればOKです。このとき混ぜすぎないように注意してください。生地がスプーンですくえないほどかたい場合は，植物性ミルクを大さじ1〜2（分量外）ずつ加えて様子を見ます。最後にポピーシードを加えて，ざっと混ぜます。
4. 生地をマフィン型の3/4程度まで均等に分け入れ，オーブンで17〜22分焼きます。表面がふっくらし，軽く触って弾力があれば焼き上がりです。

て，小麦やコーンスターチも使われています。グルテンフリーのベーキングパウダーを購入する際は，原材料表示をしっかり確認しましょう。

5. オーブンから取り出し，型に入れたままケーキクーラーに移して10分ほど冷まします。すぐに食べない場合は，完全に冷ましてから密閉容器に移します。常温で約5日間保存できます。

バリエーション

レモンとポピーシードのパウンドケーキ：生地をマフィン型ではなく，パウンドケーキ型に入れて焼きます。23cm×12.5cmのケーキ型に油（分量外）を塗り，生地を流し入れます。オーブンで50分焼きます。竹串を刺して抜いたとき，生地がついてこなければ焼き上がりです。30分ほど冷ましてから型から取り出し，スライスします。すぐに食べない場合は，密閉容器に移します。常温で約2日間保存できます。

モーニングマフィン

1日の始まりにふさわしい栄養たっぷりの朝食用マフィンです。つくり置きしておけば，何かと忙しい朝でもあっという間に立派な朝食が完成。にんじんとりんごがつくり出す，しっとりとした食感もおいしさの秘密です。

12個分

ポイント

ココナッツオイルがかたまっているときはフライパンに入れ，弱火にかけて溶かします。

ベーキングパウダーは，アルカリ性の重曹と弱酸性のクリームオブタータが反応して炭酸ガスを発生させ，生地をふくらませます。また，水分を吸収させる成分として，小麦やコーンスターチも使われています。グルテンフリーのベーキングパウダーを購入する際は，原材料表示をしっかり確認しましょう。

りんごはふじや紅玉，ジョナゴールドなどがおすすめです。かための果肉が，焼き菓子に向いています。

- オーブンを180℃に予熱
- 標準12個取りマフィン型，油（分量外）を塗るかシリコンまたはグラシンカップを入れる

液状ココナッツオイル（ポイント参照）	1カップ（250ml）
ぬるま湯	135ml
生フラックスシード（粉）	大さじ3
バニラエクストラクト	小さじ1と1/2
グルテンフリー中力粉（269ページ参照）	560ml
ココナッツシュガー（オーガニック）	1/2カップ（125ml）
シナモン（粉）	大さじ1
重曹	小さじ2
キサンタンガム	小さじ1
ベーキングパウダー（グルテンフリー，ポイント参照）	小さじ1
海塩	小さじ1/2
にんじん　千切り	2カップ（500ml）
りんご　千切り（ポイント参照）	1カップ（250ml）
パイナップル　粗みじん切り	1カップ（250ml）
レーズン	180ml
ココナッツシュレッド（無糖）	1/2カップ（125ml）
生くるみ　粗くきざむ	1/2カップ（125ml）

1. ボウルにココナッツオイル，ぬるま湯，生フラックスシード，バニラエクストラクトを入れて，泡立て器でよく混ぜます。ふたをして10分ほど置き，フラックスシードに水分を吸収させます。
2. 大きめのボウルにグルテンフリー中力粉，ココナッツシュガー，シナモン，重曹，キサンタンガム，ベーキングパウダー，塩を入れて，泡立て器で混ぜ合わせます。
3. 別のボウルににんじん，りんご，パイナップル，レーズン，ココナッツシュレッド，生くるみを入れて，混ぜ合わせます。2の粉類のボウルに加えて混ぜ，1も加えてよく混ぜ合わせます。
4. マフィン型に均等に分け入れ，オーブンで25〜30分焼きます。表面がふっくらし，軽く触って弾力があれば焼き上がりです。

5. オーブンから取り出し，型に入れたままケーキクーラーに移して10分ほど冷まします。すぐに食べない場合は，完全に冷ましてから密閉容器に移します。常温で約3日間保存できます。

バリエーション

とっておきのスイーツ用には，チョコレートチップを加えます。つくり方**3**の最後に，チョコレートチップ（乳製品不使用，セミスイート）1/2カップ（125ml）を加えて，さっくり混ぜます。それ以降は同様につくります。

チョコレートブラウニー

チョコレートをぜいたくに感じられるしっとりとしたブラウニーです。ヴィーガンバニラアイスクリーム（223ページ参照）を添えてア・ラ・モードにし、ゴージャスな自分だけのおやつタイムを演出してみましょう。

12個分

ポイント

カカオパウダーは、生のカカオを粉末にしたものです。ココアパウダーと似ていますが、カカオパウダーのほうが味も風味も格段に深く、濃厚です。カカオパウダーは大型スーパーや自然食品店などで入手できます。

ココナッツシュガーを挽く：清潔なコーヒーミルかスパイスミル、またはミキサーで細かい粉状になるまで回します。

ココナッツオイルがかたまっているときはフライパンに入れ、弱火にかけて溶かします。

ベーキングパウダーは、アルカリ性の重曹と弱酸性のクリームオブタータが、水分を加えることで反応して炭酸ガスを発生させ、生地をふくらませます。また、水分を吸収させる成分として、小麦やコーンスターチも使われています。グルテンフリーのベーキングパウダーを購入する際は、原材料表示をしっかり確認しましょう。

- オーブンを180℃に予熱
- フードプロセッサー
- 20cm角の金属製ケーキ型、油（分量外）を塗る

ぬるま湯	90ml
生フラックスシード（粉）	大さじ2と1/2
ブラックビーン水煮　水気を切る	430ml
カカオパウダー（ポイント参照）	180ml
ココナッツシュガー（オーガニック、ポイント参照）	1/2カップ（125ml）
液状ココナッツオイル（ポイント参照）	大さじ3
ベーキングパウダー（グルテンフリー、ポイント参照）	小さじ1と1/2
バニラエクストラクト	小さじ1
海塩	小さじ1/4

1. 小さいボウルにぬるま湯と生フラックスシードを入れて、よく混ぜ合わせます。ラップをして10分ほど置き、フラックスシードに水分を吸収させます。
2. フードプロセッサーにブラックビーン水煮、カカオパウダー、ココナッツシュガー、ココナッツオイル、ベーキングパウダー、バニラエクストラクト、塩、1のフラックスシードを入れ、なめらかになるまで回します。ときどき止めて、容器の内側をこそげて混ぜ込みながら全体をなめらかにします。
3. ケーキ型に2を流し入れ、表面を平らにならします。オーブンで20〜25分焼きます。ひとまわり小さく縮まり、型から離れていれば焼き上がりです。
4. オーブンから取り出し、型に入れたままケーキクーラーに移して30分ほど冷まします。12個に切り分け提供します。すぐに食べない場合は、密閉容器に移します。常温で約3日間保存できます。

バリエーション

くるみ入りブラウニー：つくり方2の最後に、粗くきざんだ生くるみ1カップ（250ml）を加えて混ぜ、同様に焼きます。

バナナブレッド

しっとりおいしいバナナブレッドは，焼きたてにヴィーガンバターをたっぷり塗るのがベストな食べ方です。ヘルシーな朝食として，アサイー・スーパーフードボウル（上巻参照）に合わせるのもナイスな組合せです。

（上巻参照）

**23cm×12.5cmの
パウンド型1本分
（12〜16枚分）**

ポイント

アガベシロップは，低温処理（ロー）のものを選びましょう。遺伝子組み換えでない100％天然の甘味料で，自然にできた果糖（フルクトース）を含み，GI値が低いのが特徴です。ゆっくりとグルコースに分解されるため，エネルギーが持続します。

このレシピに向いている植物性ミルクは，アーモンドミルク，カシューミルク（ともに276ページ参照），ココナッツミルク（277ページ参照），ヘンプ＆チアミルク（278ページ参照）です。

ココナッツオイルがかたまっているときはフライパンに入れ，弱火にかけて溶かします。

- **オーブンを180℃に予熱**
- **23cm×12.5cmのパウンドケーキ型，油（分量外）を塗る**

グルテンフリー中力粉（269ページ参照）	2と1/2カップ（625ml）
キサンタンガム	小さじ1
シナモン（粉）	小さじ1
重曹	小さじ1
ベーキングパウダー（グルテンフリー）	分けて使用
	小さじ1と1/2
海塩	小さじ1/2
アップルソース（無糖）	1/2カップ（125ml）
アガベシロップ（ポイント参照）	1/2カップ（125ml）
植物性ミルク（無糖，ポイント参照）	1/2カップ（125ml）
液状ココナッツオイル（ポイント参照）	60ml
バニラエクストラクト	小さじ1
バナナ　つぶす	4本

1. ボウルにグルテンフリー中力粉，キサンタンガム，シナモン，重曹，ベーキングパウダー小さじ1，塩を入れて，泡立て器で混ぜ合わせます。

2. 別のボウルにアップルソース，ベーキングパウダー小さじ1/2，アガベシロップ，植物性ミルク，ココナッツオイル，バニラエクストラクト，バナナを入れてよく混ぜます。1の粉類を加え，全体を混ぜ合わせます。

3. パウンドケーキ型に入れ，オーブンの中段で55〜60分焼きます。中央に竹串を刺して抜いたとき，生地がついてこなければ焼き上がりです。

4. オーブンから取り出し，30分ほど型のまま冷ましてから取り出し，12〜16枚に切り分けます。すぐに食べない場合は密閉容器に移します。翌日中に食べ切りましょう。

バリエーション

チョコとくるみのバナナブレッド：つくり方2の最後に，チョコレートチップ（乳製品不使用）1/2カップ（125ml）と，きざんだ生くるみ60mlを加えてざっくり混ぜます。同様に焼きます。

ズッキーニブレッド

ズッキーニを多めに使い，ヘルシーにしあげました。野菜の栄養と食物繊維たっぷりのおやつです。

**23cm×12.5cmの
パウンド型1本分
（12〜16枚分）**

ポイント

ベーキングパウダーは，アルカリ性の重曹と弱酸性のクリームオブタータが，水分を加えることで反応して炭酸ガスを発生させ，生地をふくらませます。また，水分を吸収させる成分として，小麦やコーンスターチも使われています。グルテンフリーのベーキングパウダーを購入する際は，原材料表示をしっかり確認しましょう。

ココナッツオイルがかたまっているときはフライパンに入れ，弱火にかけて溶かします。

ズッキーニは，千切りした後，手で絞って水気を切ります。キッチンペーパーにしばらく置いてから計量します。

ズッキーニマフィンのつくり方：12個取りのマフィン型に油（分量外）を塗るか，シリコンまたはグラシンカップを入れます。生地ができたら12個に均等に分け入れ，190℃に予熱したオーブンで25分焼きます。表面がふっくらし，軽く触って弾力があれば，焼き上がりです。

- オーブンを180℃に予熱
- 23cm×12.5cmのパウンドケーキ型，油（分量外）を塗る

グルテンフリー中力粉（269ページ参照）	1と1/2カップ（375ml）
ぬるま湯	90ml
生フラックスシード（粉）	大さじ2
ベーキングパウダー（グルテンフリー，ポイント参照）	小さじ2
シナモン（粉）	小さじ2
キサンタンガム	小さじ3/4
重曹	小さじ1/2
海塩	小さじ1/2
ココナッツシュガー（オーガニック）	1カップ（250ml）
液状ココナッツオイル（ポイント参照）	80ml
ココナッツミルク（277ページ参照）	60ml
バニラエクストラクト	大さじ1
レモン果汁	小さじ1
ズッキーニ　千切りして水気を切る（ポイント参照）	1カップ（250ml）

1. 小さいボウルにぬるま湯と生フラックスシードを入れて，よく混ぜ合わせます。ふたをして10分ほど置き，フラックスシードに水分を吸収させます。
2. 大きめのボウルにグルテンフリー中力粉，ベーキングパウダー，シナモン，キサンタンガム，重曹，塩を入れて，泡立て器で混ぜます。
3. 別の大きめのボウルにココナッツシュガー，ココナッツオイル，ココナッツミルク，バニラエクストラクト，レモン果汁を入れて，泡立て器で混ぜ合わせます。**1**のフラックスシードを加え，ダマが残らないようにしっかり混ぜます。**2**の粉類を加えて，よく混ぜ合わせます。最後にズッキーニを加えて，切るようにざっくり混ぜます。
4. パウンドケーキ型に生地を流し入れ，オーブンの中段で55〜60分焼きます。中央に竹串を刺して抜いたとき，生地がついてこなければ焼き上がりです。
5. オーブンから取り出し，5分ほどそのまま置いて粗熱をとります。型を逆さにして型から抜き，ケーキクーラーに移して完全に冷まします。すぐに食べない場合は，密閉容器に移します。常温で約1週間保存できます。

ブルーベリースクエアケーキ

ブルーベリーが旬の季節を迎えたら，ぜひつくりたいデザートです。夏のディナーの後の一皿として，よく冷えた白ワインと合わせてみてはいかがでしょうか。

24個分

ポイント

生のブルーベリーの代わりに冷凍ブルーベリーも使えます。冷凍を使う場合は，焼き時間を5分延長します。

ココナッツオイルがかたまっているときはフライパンに入れ，弱火にかけて溶かします。

ベーキングパウダーは，アルカリ性の重曹と弱酸性のクリームオブタータが，水分を加えることで反応して炭酸ガスを発生させ，生地をふくらませます。また，水分を吸収させる成分として，小麦やコーンスターチも使われています。グルテンフリーのベーキングパウダーを購入する際は，原材料表示をしっかり確認しましょう。

- オーブンを180℃に予熱
- 33cm×23cm角のケーキ型，油（分量外）を塗る

生ブルーベリー（ポイント参照）	1と1/2カップ（375ml）
グルテンフリー中力粉（269ページ参照）　分けて使用	
	3と1/2カップ（875ml）
アーモンドミルク（276ページ参照）	1と1/2カップ（375ml）
レモン果汁	大さじ3
レモンの皮のすりおろし	小さじ2
ココナッツシュガー（オーガニック）	1と1/2カップ（375ml）
アップルソース（無糖）	1/2カップ（125ml）
液状ココナッツオイル（ポイント参照）	80ml
バニラエクストラクト	小さじ1と1/2
レモンオイルまたはエクストラクト	小さじ1と1/2
ベーキングパウダー（グルテンフリー，ポイント参照）	小さじ2
重曹	小さじ1
海塩	小さじ1/2

1. ボウルにブルーベリーとグルテンフリー中力粉大さじ1を入れて混ぜ，ブルーベリーに粉をからめます。
2. 別のボウルにアーモンドミルクとレモン果汁を入れて，よく混ぜます。5分置いてミルクを少し凝固させます。レモンの皮，ココナッツシュガー，アップルソース，ココナッツオイル，バニラエクストラクト，レモンオイルまたはエクストラクトを加え，泡立て器でしっかり混ぜ合わせます。
3. 大きめのボウルに残りのグルテンフリー中力粉，ベーキングパウダー，重曹，塩を入れて，泡立て器で混ぜます。2をそそぎ入れ，混ぜ合わせます。1のブルーベリーを加えて，ざっと混ぜます。
4. ケーキ型に移し，表面をならします。オーブンの中段に入れ，約30分焼きます。中央に竹串を刺して抜いたとき，生地がついてこなければ焼き上がりです。
5. オーブンから取り出し，型のままケーキクーラーに10分置いて粗熱をとります。型を逆さにして型から抜き，ケーキクーラーに移して完全に冷まします。24個の正方形に切り分ければできあがりです。すぐに食べない場合は，密閉容器に移します。常温で約2日間保存できます。

アップルシュトゥルーデル風パウンドケーキ

オーストリアやドイツの伝統的なりんごのお菓子，アップルシュトゥルーデル。このレシピでは，パウンド型を使って手軽につくれるケーキにアレンジしました。ディナーパーティーのデザートや，自宅でのんびりくつろぎたいときのお茶のお供として楽しめます

1個（12〜16 スライス）分	

ポイント

ベーキングパウダーは，アルカリ性の重曹と弱酸性のクリームオブタータが，水分を加えることで反応して炭酸ガスを発生させ,生地をふくらませます。また,水分を吸収させる成分として,小麦やコーンスターチも使われています。グルテンフリーのベーキングパウダーを購入する際は,原材料表示をしっかり確認しましょう。

このレシピには脂肪分の多いアーモンドミルク，カシューミルク（ともに276ページ参照）や，ヘンプ＆チアミルク（278ページ参照）が適しています。

ココナッツオイルがかたまっているときはフライパンに入れ,弱火にかけて溶かします。

りんごは粗めに千切りし，手で絞って水分を切ります。

- オーブンを180℃に予熱
- 23cm×12.5cmのパウンドケーキ型，油（分量外）を塗る

パウンドケーキ

グルテンフリー中力粉（269ページ参照）	2と1/2カップ（625ml）
ベーキングパウダー（グルテンフリー，ポイント参照）	小さじ1
シナモン（粉）	小さじ1
キサンタンガム	小さじ1/2
重曹	小さじ1/2
海塩	小さじ1/2
カルダモン（粉）	小さじ1/4
ジンジャーパウダー	小さじ1/4
クローブ（粉）	小さじ1/4
植物性ミルク（ポイント参照）	1カップ（250ml）
レモン果汁	大さじ1
生フラックスシード（粉）	大さじ2
湯	90ml
ココナッツシュガー（オーガニック）	1カップ（250ml）
液状ココナッツオイル（ポイント参照）	80ml
バニラエクストラクト	小さじ1と1/2
りんご　皮をむいて粗めに千切り（ポイント参照）	1個

トッピング

玄米粉	60ml
ココナッツシュガー（オーガニック）	60ml
液状ココナッツオイル	大さじ3
タピオカ粉	大さじ2と1/2
シナモン（粉）	小さじ1
カルダモン（粉）	小さじ1/8
ジンジャーパウダー	小さじ1/8
クローブ（粉）	小さじ1/8
海塩	少々

トッピングは冷たい状態で使うと，しあがりがよくなります。時間があれば，前もってトッピングをつくり，冷蔵庫で3時間以上または一晩冷やしてから使うとよいでしょう。

1. **パウンドケーキ**：大きめのボウルにグルテンフリー中力粉，ベーキングパウダー，シナモン，キサンタンガム，重曹，塩，カルダモン，ジンジャーパウダー，クローブを入れて，泡立て器で混ぜます。

2. 別のボウルに植物性ミルクとレモン果汁を入れて，よく混ぜて5分置き，ミルクを凝固させます。

3. 小さいボウルに生フラックスシードと湯を入れてよく混ぜ，10分ほど置きます。フラックスシードに水分を吸収させます。

4. 2のボウルに3のフラックスシード，ココナッツシュガー，ココナッツオイル，バニラエクストラクトを加え，よく混ぜ合わせます。**1**の粉類のボウルに入れて，スパチュラを使って，さっくり切るように混ぜ合わせます。りんごを加え，切るように混ぜ合わせたら，パウンドケーキ型に入れて表面をならします。

5. **トッピング**：ボウルにトッピングの材料をすべて入れて，しっかり混ぜ合わせます。4の生地の表面に均等にふりかけます（ポイント参照）。

6. オーブンの中段に入れ，65分間焼きます。中央に竹串を刺して抜いたとき，生地がついてこなければ焼き上がりです。オーブンから取り出し，型に入れたままケーキクーラーに30分置いて粗熱をとります。型を逆さにして型から抜き，ケーキクーラーに移して完全に冷ましてからスライスします。すぐに食べない場合は，密閉容器に移します。常温で約2日間保存できます。

バリエーション

アップルシュトゥルーデル風マフィン：12個取りのマフィン型に油（分量外）を塗るか，シリコンまたはグラシンカップを入れます。生地を12個に均等に分け入れ，トッピングも同様に12個に均等にふりかけます。オーブンの温度は同じで，焼き時間は25〜30分。表面がふっくらし，軽く触って弾力があれば，焼き上がりです。

桃のクランブル

みずみずしい旬の桃を使った，夏にぴったりのデザートです。塩キャラメルアイスクリーム（230ページ参照）をたっぷり添えて，至福のひとときを堪能しましょう。

4人分

ポイント

ココナッツオイルがかたまっているときはフライパンに入れ，弱火にかけて溶かします。

桃の皮のむき方：氷水を入れたボウルを用意します。鍋に2L程度の湯を沸騰させます。桃の皮に小さく十字に切れ目を入れ，沸騰した湯に30秒つけます。すぐに氷水のボウルに移して冷やします。桃が冷えたら手で簡単に皮がむけます。

桃を熟させたいときは，キッチンの日当たりのよい場所に置いておきます。熟したあとは冷蔵庫へ入れれば日もちします。

ココットを使って焼くこともできます。直径7.5〜10cmのココット4つに分けて焼く場合は，焼き時間は約15分となります。また，直径20cmのスフレ型でもレシピ通りに焼くことができます。

- オーブンを180℃に予熱
- 1.5Lのグラタン皿，油（分量外）を塗る（ポイント参照）

クランブル

アーモンドパウダー	1と1/2カップ（375ml）
液状ココナッツオイル（ポイント参照）	大さじ1
ココナッツシュガー（オーガニック）	小さじ1
海塩	小さじ1/4

フィリング

桃　皮をむく（ポイント参照）	4個
ココナッツシュガー（オーガニック）	60ml
液状ココナッツオイル（ポイント参照）	大さじ3
バニラエクストラクト	小さじ1
シナモン（粉）	小さじ1/2
カルダモン（粉）	小さじ1/4
海塩	小さじ1/8

1. **クランブル**：ボウルにクランブルの材料を全部入れて，泡立て器で混ぜ合わせます。2等分します。
2. 半分をグラタン皿の底に入れ，しっかり押しつけます。クランブルをオーブンで7分間焼き，オーブンから取り出して冷ましておきます。
3. **フィリング**：桃を半分に切り，種を取り除きます。半分をそれぞれ4〜5個のくし切りにし，冷めた**2**の生地の上に均等に並べます。
4. ボウルにココナッツシュガー，ココナッツオイル，バニラエクストラクト，シナモン，カルダモン，塩を入れて，よく混ぜ合わせます。混ざった生地をスプーンで，桃の上にかけます。**1**の残りのクランブルを上からふりかけます。
5. オーブンで25分焼きます。クランブルに焼き色がついていれば焼き上がりです。オーブンから取り出し，10分ほど置いて粗熱をとります。すぐに食べない場合は，完全に冷ましてからラップをかけて冷蔵庫へ。約3日間保存できます。

いちごとルバーブのクランブル

オーガニックのいちごが旬になる春に，ぜひ試してほしい一品です。

6人分

ポイント

ココットに入れて焼くときは，オーブンシートを敷いたオーブントレイにのせます。こうしておけば，焼いている間に果汁がふきこぼれても，庫内を汚さずにすみます。

いちごの代わりに同量のブルーベリー，ブラックベリー，ラズベリーでもつくれます。

いちごとルバーブをもっとやわらかくとろとろにしあげたい場合は，焼き時間を35分にしてください。

このレシピでは，ココナッツオイルはかたい状態で使用します。まずは液状かクリーム状にして計量し，使用前に1時間ほど冷蔵庫に入れてかためます。

- オーブンを180℃に予熱
- 175ml容量のココット，油（分量外）を塗る，6個
- オーブンシートを敷いたオーブントレイ（ポイント参照）

いちご　ヘタを取ってざく切り（ポイント参照）	2カップ（500ml）
ルバーブ　粗くきざむ	1カップ（250ml）
ココナッツシュガー（オーガニック）	小さじ1
キヌアフレーク	1/2カップ（125ml）
キビ粉	1/2カップ（125ml）
生ピーカンナッツ　きざむ	1/2カップ（125ml）
ナチュラルブラウンシュガー（粉黒糖で代用可）	1/2カップ（125ml，詰めて計量）
シナモン（粉）	小さじ1/2
海塩	小さじ1/4
ココナッツオイル（ポイント参照）	60ml
ココナッツバター	大さじ1

1. ボウルにいちご，ルバーブ，ココナッツシュガーを入れて混ぜ，ココット6個に均等に分け入れます。

2. 別のボウルにキヌアフレーク，キビ粉，生ピーカンナッツ，ナチュラルブラウンシュガー，シナモン，塩を入れて混ぜます。

3. 小さめのボウルにココナッツオイルとココナッツバターを入れて，混ぜ合わせます。混ざったら2のボウルに加え，手ですりつぶすように混ぜ，ポロポロの生地にします。ココットのいちごとルバーブの上に均等にふりかけます。

4. オーブントレイにココットを並べて置き，オーブンで25分ほど焼きます（ポイント参照）。表面に焼き色がついていれば焼き上がりです。熱いうちにいただきます。すぐに食べない場合は，完全に冷ましてからラップをかけて冷蔵庫へ。約3日間保存できます。

バリエーション

洋梨とルバーブ，ジンジャー風味のクランブル：つくり方1で，いちごの代わりに一口大に切った洋梨3カップ（750ml），生姜のみじん切り大さじ1も加えます。それ以降は同様につくります。

アップルクリスプ

家族みんなで焼き立てをシェアしたい，心も身体もほっこり温まるおやつです。カリカリに焼いたオーツにシナモンが効いて，ほんのり甘酸っぱいやわらかなりんごにアクセントをもたらしています。

6〜8人分

ポイント

焼いても歯応えの残る紅玉，むつ，ジョナゴールドなどのりんごが適しています。

遺伝子組み換え作物を避けるためにも，オーガニックのコーンスターチを選びましょう。

オート麦製品を加工する工場では，小麦の加工も行われていることがあり，グルテンが混入している可能性があります。グルテンフリーと明記されているオート麦製品を選ぶようにしましょう。

アーモンドパウダーを挽く：このレシピのアーモンドパウダーは自分で挽くこともできます。大さじ5の生アーモンドをフードプロセッサーに入れ，粉状になるまで回します。回しすぎるとペーストになってしまうので注意してください。市販のものも同様に使えます。

ココナッツオイルがかたまっているときはフライパンに入れ，弱火にかけて溶かします。

- オーブンを180℃に予熱
- 28cm×18cm角の耐熱ガラス製ケーキ型，油（分量外）を塗る

りんご　皮をむいて薄切り（ポイント参照）	8カップ（2L）
ココナッツシュガー（オーガニック）	大さじ6
コーンスターチ（オーガニック）	大さじ1
シナモン（粉）	小さじ1
レモン果汁	小さじ1
バニラエクストラクト	小さじ1/2
海塩	少々

トッピング	
ココナッツシュガー（オーガニック）	150ml
クイックロールドオーツ（グルテンフリー，ポイント参照）	150ml
グルテンフリー中力粉（269ページ参照）	80ml
アーモンドパウダー（ポイント参照）	80ml
シナモン（粉）	小さじ1/2
生フラックスシード（粉）	大さじ1
海塩	少々
液状ココナッツオイル（ポイント参照）	大さじ6

1. ボウルにりんご，ココナッツシュガー，コーンスターチ，シナモン，レモン果汁，バニラエクストラクト，塩を入れて，よく混ぜてからケーキ型に移します。

2. トッピング：大きめのボウルにココナッツシュガー，クイックロールドオーツ，グルテンフリー中力粉，アーモンドパウダー，シナモン，生フラックスシード，塩を入れて，よく混ぜ合わせます。ココナッツオイルを加えて混ぜます。粉っぽさが残り，生地がまとまらない場合は，ココナッツオイルを大さじ1〜2（分量外）ほど足して様子を見ます。手で押したときに，生地がまとまればOKです。

3. 1のりんごの上に均等に広げ，オーブンで40〜45分ほど焼きます。表面に焼き色がついていれば焼き上がりです。すぐに食べない場合は，完全に冷ましてからラップをかけて冷蔵庫へ。約3日間保存できます。

パイナップル・アップサイドダウンケーキ

豪華に見えて，実はとても簡単な定番ケーキです。みずみずしいパイナップルを，バニラの香りとココナッツシュガーの甘さで包みました。ちょっとぜいたくに味わいたいならヴィーガンバニラアイスクリーム（223ページ参照）を添えてみてはいかがでしょうか。

**直径20cmのケーキ型
1個分**

ポイント

缶詰のパイナップルも使えます。その場合は，無糖のものを選び，汁気を切って使用してください。

さらに甘くしたい場合は，水の代わりに同量のパイナップルジュースを使います。

- **オーブンを180℃に予熱**
- **直径20cm丸型スプリングフォーム（ラッチつき）ケーキ型，油（分量外）を塗る**

パイナップル　芯を取って厚さ1cmほどに輪切り（ポイント参照）	6枚
ココナッツシュガー（オーガニック）　分けて使用	300ml
グルテンフリー中力粉（269ページ参照）1と1/2カップ（375ml）	
重曹	小さじ1
海塩	小さじ1/2
水（ポイント参照）	1カップ（250ml）
グレープシードオイル	80ml
りんご酢	大さじ1
バニラエクストラクト	小さじ1

1. ケーキ型の底にパイナップルを重ならないように敷き詰めます（型にぴったりはまるように必要に応じてカットします）。ココナッツシュガー60mlをまんべんなくふりかけます。
2. 大きめのボウルにグルテンフリー中力粉，残りのココナッツシュガー，重曹，塩を入れて，泡立て器で混ぜ合わせます。
3. 別のボウルに水，グレープシードオイル，りんご酢，バニラエクストラクトを入れてよく混ぜ，2のボウルに加えて，ダマがなくなるまでしっかり混ぜ合わせます。
4. 1のケーキ型に流し入れ，平らにならします。オーブンで30〜35分焼きます。中央に竹串を刺して抜いたとき，生地がついてこなければ焼き上がりです。オーブンから取り出し，そのまま1時間ほど置いて冷まします。
5. ケーキ型の枠に沿ってナイフを入れ，一周させます。ラッチを外して枠をゆるめます。皿を型にかぶせ，左右の端をしっかりと持ってひっくり返し（アップサイドダウン），静かにケーキ型を外してできあがりです。すぐに食べない場合は，ラップをかけて冷蔵庫へ。約3日間保存できます。

アップルパイ

アップルパイはいつの時代も変わらない，万国共通の万人に愛される定番スイーツです。たまには自分へのご褒美として，ヴィーガンバニラアイスクリーム（223ページ参照）を添え，メープルシロップをたっぷりかけたアップルパイ・ア・ラ・モードにして存分に堪能してみてはいかがですか。

**直径25cmのパイ皿
1個分（8切れ相当）**

ポイント

りんごはふじや紅玉，ジョナゴールドなどがおすすめです。かための果肉が焼き菓子に向いています。

りんごはスライスすると，だいたい12カップ（3L）になります。

打ち粉には玄米粉かソルガム粉を使いましょう。

パイ生地は冷たすぎるとのびません。常温にしばらく置いてから，のばすようにしましょう。

パイは，オーブンシートを敷いたオーブントレイにのせて焼きます。フィリングがたっぷりあるため，焼いている間にあふれる可能性がありますが，こうしておけばオーブンを汚さずにすみます。

- オーブンを200℃に予熱
- 直径25cmの深めのパイ皿，油（分量外）を塗る
- スライサー
- オーブンシートを敷いたオーブントレイ

パイ生地

グルテンフリー中力粉（269ページ参照）	1と1/2カップ（375ml）
ココナッツシュガー（オーガニック）	大さじ2
キサンタンガム	小さじ1/2
海塩	小さじ1/2
ナツメグ（粉）	小さじ1/4
植物性無塩バターまたはマーガリン　冷やして1cm角に切る	
	1/2カップ（125ml）
アップルソース（無糖）	大さじ2
バニラエクストラクト	小さじ1/2
冷水	60〜90ml

フィリング

りんご（ポイント参照）	小さめ8〜9個
ココナッツシュガー（オーガニック）	1/2カップ（125ml）
シナモン（粉）	大さじ1
玄米粉	大さじ2
オールスパイス（粉）	小さじ1/2
植物性無塩バターまたはマーガリン　冷やして小さく切る	60ml
レモン果汁	大さじ2
バニラエクストラクト	小さじ1/2

トッピング

ココナッツシュガー（オーガニック）	60ml
シナモン（粉）	小さじ1
植物性ミルク　つや出し用	適量

1. **パイ生地**：大きめのボウルにグルテンフリー中力粉，ココナッツシュガー，キサンタンガム，塩，ナツメグを入れて，泡立て器で混ぜ合わせます。バターまたはマーガリン，アップルソース，バニラエクストラクトを加えます。粉類とバターまたはマーガリンを，ナイフ2本かペストリーカッターで切るように，または指でこするようにして混ぜ，バターまたはマーガリンが米粒程度になるまで小さくします。冷水60mlを加え，こねて生地をまとめます。粉っぽさが残る場合は，様子を見ながら冷水を足してください。

2. 生地を2等分し，それぞれをラップで包んで冷蔵庫で1時間以上または一晩寝かせます。

3. **フィリング**：りんごは皮をむいて芯を取り除きます。スライサーで3mmほどの厚さにスライスし，大きめのボウルに入れます。ココナッツシュガー，シナモン，玄米粉，オールスパイスを加えて混ぜます。バター，レモン果汁，バニラエクストラクトを加え，全体にからむように混ぜます。

4. **トッピング**：小さいボウルにココナッツシュガーとシナモンを入れてよく混ぜます。

5. オーブンを200℃に予熱します。

6. 打ち粉（分量外，ポイント参照）をした台に，パイ生地の1枚を置き（ポイント参照），厚さ3mm，直径30cmほどの円形にのばします。生地をめん棒にゆるく巻きつけて持ち上げ，パイ皿の上で広げます。生地をパイ皿の底から押して密着させ，枠のほうへと押していき，最後にふちを押しつけ，余った生地を切り落とします。

7. 3のフィリングを入れます。りんごから出た水分も一緒に入れます。多く見えるかもしれませんが，焼いているうちにかさが減ります。

8. もう1枚のパイ生地を，つくり方6と同様にのばします。めん棒に巻きつけて持ち上げ，6のパイの上に広げ，完全に覆います。フォークの先でふちを押しつけて密着させ，余分な生地を切り落とします。包丁で表面に2，3カ所，蒸気を逃すための切り込みを入れます。

9. 表面に植物性ミルクをハケで塗り，4のトッピングをふりかけます。

10. パイ皿をオーブントレイにのせて（ポイント参照），オーブンで15分焼きます。温度を180℃に下げ，さらに40〜50分焼きます。オーブンから取り出し，表面が黄金色になり，切り込みから蒸気が出ていれば焼き上がりです。完全に冷ましてから切り分けます。すぐに食べない場合は，密閉容器に移します。常温で約2日間保存できます。

ピーカンパイ

ピーカンパイは，アメリカとカナダの感謝祭やクリスマスに欠かせない伝統料理の一つです。こっくりと濃厚な甘さのフィリングには，軽やかなココナッツホイップクリーム（273ページ参照）がよく合います。

直径23cmのパイ皿 1個分（8切れ相当）

ポイント

玄米粉の代わりに同量のそば粉，ソルガム粉，オート麦粉が使えます。

アガベシロップは，低温処理（ロー）のものを選びましょう。遺伝子組み換えでない100％天然の甘味料で，自然にできた果糖（フルクトース）を含み，GI値が低いのが特徴です。ゆっくりとグルコースに分解されるため，エネルギーが持続します。

ココナッツオイルがかたまっているときはフライパンに入れ，弱火にかけて溶かします。

カシューバターは大型スーパーや自然食品店などで入手できます。

- オーブンを180℃に予熱
- フードプロセッサー
- 直径23cmのパイ皿，油（分量外）を塗る
- オーブンシートを敷いたオーブントレイ

パイ生地

生アーモンド	1カップ（250ml）
玄米粉（ポイント参照）	1カップ（250ml）
アガベシロップ（ポイント参照）	60ml
液状ココナッツオイル（ポイント参照）	60ml
シナモン（粉）	小さじ2
マジョールデーツ　種を取る	6個

フィリング

生ピーカンナッツ	1カップ（250ml）
カシューバター（ポイント参照）	150ml
純粋メープルシロップ	60ml
マジョールデーツ　種を取る	12個
水	60ml

トッピング

生ピーカンナッツ　粗くきざむ	1カップ（250ml）
純粋メープルシロップ	大さじ2
シナモン（粉）	小さじ1
海塩	小さじ1/4

1. **パイ生地**：フードプロセッサーに生アーモンドを入れて，粉末になるまで回します。玄米粉，アガベシロップ，ココナッツオイル，シナモン，マジョールデーツを加え，全体がまとまるまで回します。

2. 手かスパチュラを使って1の生地をパイ皿の全面に押しつけていきます。オーブンで15分ほど焼き，生地がきつね色になりかたくまとまったら取り出し，完全に冷まします。

3. **フィリング**：フードプロセッサーに生ピーカンナッツを入れ，ざらっとした粗いペースト状になるまで回します。カシューバターを加え，しっかり混ざるまで回します。メープルシロップとマジョールデーツを加え，なめらかになるまで回します。モーターを回したまま，注入口からゆっくりと一定のスピードで水を流し入れます。

4. 完全に冷めたパイ生地にフィリングをあけ，平らにならします。

5. **トッピング**：ボウルに生ピーカンナッツ，メープルシロップ，シナモン，塩を入れて，ざっと混ぜ合わせます。オーブントレイに均等に広げ，180℃に予熱したオーブンで5分間，軽く焼き色がつくまで焼きます。

6. 5をパイのフィリングの上にまんべんなくふりかけます。パイを冷蔵庫で1時間以上冷やします。フィリングがややかたまれば完成です。すぐに食べない場合は，ラップをかけるか密閉容器に移します。冷蔵庫で約3日間保存できます。

ブルーベリーチーズケーキ

味にはちょっとうるさい人でもきっと満足する，軽い口あたりのクリーミーなチーズケーキです。
ヴィーガンとは思えないおいしさで，パーティーで人気を独り占めしてしまいそうな一品です。

直径20cmケーキ型 1個分（12切れ相当）

ポイント

トリプルジンジャークッキーを砕くにはフードプロセッサーが便利です。フードプロセッサーにクッキー2〜3枚を割り入れ，細かく砕きます。さっくりした食感を残すために，砕きすぎないように注意しましょう。

ココナッツオイルがかたまっているときはフライパンに入れ，弱火にかけて溶かします。

カシューナッツを水にひたす：カシューナッツ1カップ（250ml）と水4カップ（1L）をボウルに入れます。ラップをかけ，30分または冷蔵庫で一晩置いたのち，水気を切ります。

蒸し焼きの際に水がケーキ型に入らないように，アルミホイルを1枚大きめに切り，丸型の外側をぴったりと覆います。

- オーブンを160℃に予熱
- フードプロセッサー
- 直径20cmのスプリングフォーム（ラッチ）つきケーキ型（丸型），油（分量外）を塗る（ポイント参照）
- 33cm×23cmの金属製ケーキ型（角型）

ボトム生地

トリプルジンジャークッキー　砕く（140ページとポイント参照）	180ml
液状ココナッツオイル（ポイント参照）	60ml
ココナッツシュガー（オーガニック）	大さじ2

フィリング

アーモンドミルク（276ページ参照）　分けて使用	310ml
ココナッツシュガー（オーガニック）	180ml
葛粉	大さじ3
バニラエクストラクト	小さじ1
生カシューナッツ（ポイント参照）	1カップ（250ml）
白いんげん豆水煮　水気を切る	1カップ（250ml）
ブルーベリー	1/2カップ（125ml）
液状ココナッツオイル	大さじ2
りんご酢	大さじ1
寒天パウダー	小さじ1
海塩	小さじ1/4

1. **ボトム生地**：フードプロセッサーにトリプルジンジャークッキー，ココナッツオイル，ココナッツシュガーを入れて，ざっと混ぜます（ボウルに入れ，木べらで混ぜてもOKです）。丸型に入れ，生地を強く押して底と横をしっかりかためます。フードプロセッサーはまた使うので，容器を洗っておきます。

2. **フィリング**：ボウルにアーモンドミルク60ml，ココナッツシュガー，葛粉，バニラエクストラクトを入れて，よく混ぜます。

3. フードプロセッサーにアーモンドミルク1カップ（250ml），生カシューナッツ，白いんげん豆，ブルーベリー，ココナッツオイル，りんご酢，寒天パウダー，塩を入れ，なめらかになるまで回します。ときどき止めて，容器の内側をこそげて混ぜ込みながら回します。

2のアーモンドミルクも加え，全体を混ぜ合わせ，**1**のボトム生地の上にあけ，均等に広げます。

4. 丸型をオーブンの中段に置き，その中に**3**のチーズケーキが入った丸型を入れます。湯およそ2カップ（500ml，分量外）を丸型の中にそそぎ入れます。こぼれないように量を調節してください。丸型の高さの半分が湯につかっている湯煎の状態になります（ポイント参照）。

5. オーブンで55〜60分焼きます。動かしたときに，周辺はかたまっていて動かず，中央は多少ゆるい状態になっていたら焼き上がりです。

6. オーブンから取り出し，ケーキクーラーに移して1時間以上置いて冷まします。

7. 丸型の枠に沿ってナイフを1周させ，枠のラッチを外し，枠を持ち上げて取り外します。ケーキを冷蔵庫に入れ，1時間冷やせば完成です。すぐに食べない場合は，ラップをかけるか密閉容器に移します。冷蔵庫で約4日間保存できます。

キャロットケーキ

キャロットケーキは，アメリカの定番ケーキの一つです。このレシピでは，スパイスがふんわり香るしっとりしたケーキを，キャラメルクリームでフロスティングしました。

**直径23cmのケーキ型
1個（10〜12切れ
相当）分**

ポイント

ベーキングパウダーは，アルカリ性の重曹と弱酸性のクリームオブタータが，水分を加えることで反応して炭酸ガスを発生させ，生地をふくらませます。また，水分を吸収させる成分として，小麦やコーンスターチも使われています。グルテンフリーのベーキングパウダーを購入する際は，原材料表示をしっかり確認しましょう。

にんじんはスライサーの千切り用アタッチメントを使って，少し粗めの千切りにします。

ココナッツオイルがかたまっているときはフライパンに入れ，弱火にかけて溶かします。

ココナッツシュガーを挽く：清潔なコーヒーミルかスパイスミル，またはミキサーで細かい粉状になるまで回します。フロスティングには4カップ（1L）使用します。

- • オーブンを180℃に予熱
- • フードプロセッサー
- • 直径23cmケーキ型　2個

ケーキ
ぬるま湯	180ml
生フラックスシード（粉）	60ml
グルテンフリー中力粉（269ページ参照）1と3/4カップ（438ml）	
シナモン（粉）	大さじ1
ベーキングパウダー（グルテンフリー，ポイント参照）	
	小さじ1と1/4
重曹	小さじ1と1/4
海塩	小さじ1
ナツメグ（粉）	小さじ1/2
クローブ（粉）	少々
ジンジャーパウダー	少々
にんじん　粗めの千切り（ポイント参照）	4カップ（1L）
ココナッツシュガー（オーガニック）	300ml
液状ココナッツオイル（ポイント参照）	180ml

フロスティング
ココナッツシュガー（オーガニック，ポイント参照）	4カップ（1L）
コーンスターチ（オーガニック）	60ml
植物性無塩バターまたはマーガリン　冷やす	180ml
アーモンドミルク（276ページ参照）	大さじ2
りんご酢	小さじ2
バニラエクストラクト	小さじ1
レモン果汁	小さじ1
海塩	少々

1. **ケーキ台**：小さいボウルにぬるま湯と生フラックスシードを入れて，よく混ぜ合わせます。ふたをして10分ほど置き，フラックスシードに水分を吸収させます。

2. 大きめのボウルにグルテンフリー中力粉，シナモン，ベーキングパウダー，重曹，塩，ナツメグ，クローブ，ジンジャーパウダーを入れて，泡立て器で混ぜ合わせます。にんじんを加えてよく混ぜ合わ

ケーキのデコレーションのコ
ツ:クリームの場合,まずはケー
キの上から始めて下のほうへご
く薄くのばしていき,全体を
コーティングします。これは
ケーキの生地がポロポロとくず
れるのを防ぐためで,クラム
コートといいます。その後,ク
リームを厚く塗り,なめらかに
整えていきます。

ココナッツシュガーのフロス
ティングは,キャラメルのよう
な風味になります。本書のレシ
ピでは,できるだけ精製糖の使
用は控えています。白いフロス
ティングにしたい場合は,通常
の製菓用の粉砂糖を同量で使用
し,コーンスターチを割愛し
ます。

せます。

3. フードプロセッサーに1とココナッツシュガーを入れて回し,混ぜ
合わせます。モーターを回したまま,ココナッツオイルを注入口か
らゆっくり,一定のスピードで流し入れます。全体が混ざったら2
に加え,スパチュラでざっくり混ぜ合わせます。

4. 2つのケーキ型に生地を均等に分けて入れ,オーブンで25 ～ 30分
焼きます。中央に竹串を刺して抜いたとき,生地がついてこなけれ
ば焼き上がりです。オーブンから取り出し,ケーキクーラーに移し
て1時間ほど冷まします。冷めたら,ケーキ型の枠に沿ってナイフ
を入れて一周させ,ケーキクーラーの上で逆さにして型からケーキ
を取り出します。

5. フロスティング:フードプロセッサーにココナッツシュガーとコー
ンスターチを入れ,細切れに回して混ぜ合わせます。バターまたは
マーガリン,アーモンドミルク,りんご酢,バニラエクストラクト,
レモン果汁,塩を加え,なめらかなクリーム状になるまで回します。
密閉容器に移し,冷蔵庫で30分ほど冷やします。

6. デコレーション:ケーキ1枚を皿に置き,フロスティングの1/3を
のせます。小さめのパレットナイフまたはバターナイフでクリーム
を広げます。

7. もう1枚のケーキを重ねます(クリームが多少はみだします)。残
りのフロスティングでケーキ全体をコーティングし,全体のバラン
スを見ながらきれいに整えます(ポイント参照)。

8. 冷蔵庫に30分ほど入れて冷やし,全体がなじんだら完成です。す
ぐに食べない場合は,ラップをかけるか密閉容器に移します。冷蔵
庫で約3日間保存できます。

基本のスコーン

さくさく，ホロホロのスコーンを週末のブランチにいかがでしょうか。ピーナッツバターをたっぷりつければおやつになり，ココナッツホイップクリーム（273ページ参照）と新鮮ないちごを添えればおしゃれなデザートに早変わりします。

16個分

ポイント

粉の計量では，特にグルテンフリーの粉を計量する前は，必ず一度ボウルにあけて，泡立て器で軽く空気を通してください。より正確に計量できます。計量カップは耐熱ガラス製のビーカー型のものではなく，定量の粉をすり切りで測れる製菓用のものを使いましょう。

ベーキングパウダーは，アルカリ性の重曹と弱酸性のクリームオブタータが，水分を加えることで反応して炭酸ガスを発生させ，生地をふくらませます。また，水分を吸収させる成分として，小麦やコーンスターチも使われています。グルテンフリーのベーキングパウダーを購入する際は，原材料表示をしっかり確認しましょう。

このレシピには脂肪分の多いアーモンドミルク，カシューミルク（ともに276ページ参照）や，ヘンプ＆チアミルク（278ページ参照）が適しています。

- • オーブンを200℃に予熱
- • オーブンシートを敷いた大きめのオーブントレイ

グルテンフリー中力粉（269ページとポイント参照）	3カップ（750ml）
ココナッツシュガー（オーガニック）　分けて使用	大さじ4
ベーキングパウダー（グルテンフリー，ポイント参照）	小さじ2
海塩	小さじ1/2
植物性無塩バターまたはマーガリン　冷やす	1カップ（250ml）
植物性ミルク（ポイント参照）	300ml程度
玄米粉　打ち粉用	適量
植物性ミルク　つや出し用	適量

1. ボウルにグルテンフリー中力粉，ココナッツシュガー大さじ3，ベーキングパウダー，塩を入れて，泡立て器で混ぜます。バターまたはマーガリンを加え，ナイフ2本またはペストリーカッターでバターを切るように，あるいは手でこするように混ぜ，バターが米粒程度の大きさになるまで混ぜます。

2. 1のボウルの中央にくぼみをつくり，植物性ミルクをそそぎ入れ，混ぜ合わせます。この時点で，生地はややべたついています。

3. 清潔な台に玄米粉で軽く打ち粉をし，2の生地をまとめます。10回ほどこねると生地がまとまってきます。それでもべたつく場合は，玄米粉を少量足します（ポイント参照）。多少粉っぽくても大丈夫なので，こねすぎないようにしましょう。

4. 生地を2等分し，それぞれを15cm×5cmの長方形に成形します。長方形を半分に切り，その半分を斜めに半分に切ります。その三角形をさらに半分に切り，8個の三角形をつくります。もう半分の生地も同様に切ります。

5. スコーンをオーブントレイに並べ，表面に植物性ミルクをハケで塗ります。残りのココナッツシュガー大さじ1を全体にふりかけます。

6. オーブンで25分ほど焼き，表面が黄金色になったら完成です。熱いうちに提供します。残ったスコーンは，完全に冷ましてから密閉容器に移します。常温で約3日間保存できます。

グルテンフリーの粉はメーカーによって大きく違います。すべてのレシピに言えることですが，正確な水の分量を断言することはほぼ不可能です。つくり方3で，生地がべたつくときは，玄米粉を少しずつ足してください。

バリエーション

ドライトマトとオリーブのスコーン：つくり方1でココナッツシュガーの量を大さじ2に減らします。つくり方2で生地を混ぜてから，ドライトマト（水で戻してきざむ）80ml，ブラックオリーブ（種を取ってきざむ）60ml，ローズマリーの葉のみじん切り大さじ1，挽きたての黒こしょう小さじ1/2を加えてつくります。オーブンで焼く前のココナッツシュガーは省きます。

ダークチョコレートとベリーのスコーン：つくり方2で生地を混ぜてから，ラズベリー，ブルーベリー，いちご，ブラックベリーなど1カップ（250ml）と，チョコレートチップ（乳製品不使用，ダーク）1/2カップ（125ml）を加えてつくります。

バターミルクビスケット

ふわっと口あたりの軽いビスケットはどんな料理にも合います。特にアメリカの南部料理には欠かせません。感謝祭のグレービーソース（266ページ参照）をたっぷり添えて，南部の味をお試しあれ。

8個分

ポイント

粉の計量では，特にグルテンフリーの粉を計量する前は，必ず一度ボウルにあけて，泡立て器で軽く空気を通してください。より正確に計量できます。計量カップは耐熱ガラス製のビーカー型のものではなく，定量の粉をすり切りで測れる製菓用のものを使いましょう。

ベーキングパウダーは，アルカリ性の重曹と弱酸性のクリームオブタータが反応して炭酸ガスを発生させ，生地をふくらませます。また，水分を吸収させる成分として，小麦やコーンスターチも使われています。グルテンフリーのベーキングパウダーを購入する際は，原材料表示をしっかり確認しましょう。

ビスケットの型抜きをするときは，型をひねらず，まっすぐ垂直に下ろします。

- • オーブンを230℃に予熱
- • 直径7〜10cmのビスケットカッターまたは円形の抜き型
- • オーブンシートを敷いたオーブントレイ

アーモンドミルク（276ページとポイント参照）	1と1/2カップ（375ml）
レモン果汁	大さじ1
グルテンフリー中力粉（269ページとポイント参照）	2と1/2カップ（625ml）
ベーキングパウダー（グルテンフリー，ポイント参照）	大さじ1
キサンタンガム	小さじ1
海塩	小さじ3/4
重曹	小さじ1/2
植物性無塩バターまたはマーガリン　冷やす	60ml
玄米粉　打ち粉用	適量
植物性無塩バター　つや出し用	適量

1. ボウルにアーモンドミルクとレモン果汁を入れて混ぜ，10分ほど置いて凝固させます。
2. 大きめのボウルにグルテンフリー中力粉，ベーキンパウダー，キサンタンガム，塩，重曹を入れて，泡立て器で混ぜ合わせます。
3. バターまたはマーガリンを加え，ナイフ2本またはペストリーカッターでバターを切るように，あるいは手でこするように混ぜ，バターが米粒程度の大きさになるまで混ぜます。中央にくぼみをつくり，1のアーモンドミルクをゆっくりそそぎます。木べらで混ぜながら，一定のスピードでゆっくり加えてください。生地がざっとまとまるまで混ぜます。この時点で，生地はややべたついています。
4. 清潔な台にたっぷりの玄米粉で打ち粉をし，3の生地を置きます。生地に触るのは最小限にするよう心がけて，生地をやさしく折ってのばす作業を5〜6回繰り返し，厚さ2.5cmにのばします。この時点でも生地がべたつくようなら，玄米粉を少し足してこねます。玄米粉が多いとビスケットのしあがりが重くなるので，注意してください。
5. 生地に抜き型を垂直に下ろして型を抜きます（ポイント参照）。抜いた残りを丸めてのばし，生地を使い切ります。オーブントレイにビスケット同士が触れるように，2列に並べます。こうすることで，

焼き上がりの高さが均等になります。

6. バターを溶かし，それぞれの表面にハケで塗ります。ビスケットの中央を2本指でやさしく押して，少しへこませます（中央だけがふくれるのを防ぐため）。

7. オーブンで15分ほど焼きます。黄金色に焼き色がついて，生地がふっくらのび上がれば完成です。熱いうちに提供します。すぐに食べない場合は，完全に冷ましてから密閉容器に移します。常温で約3日間保存できます。

チェダー＆チャイブビスケット

サクサクのビスケットには，たっぷりの植物性バターを塗ってぜいたくに楽しみましょう。ランチ
ディップ（上巻参照）もよく合います。

6個分

ポイント

粉の計量では，特にグルテンフリーの粉を計量する前は，必ず一度ボウルにあけて，泡立て器で軽く空気を通してください。より正確に計量できます。計量カップは耐熱ガラス製のビーカー型のものではなく，定量の粉をすり切りで測れる製菓用のものを使いましょう。

ベーキングパウダーは，アルカリ性の重曹と弱酸性のクリームオブターターが反応して炭酸ガスを発生させ，生地をふくらませます。また，水分を吸収させる成分として，小麦やコーンスターチも使われています。グルテンフリーのベーキングパウダーを購入する際は，原材料表示をしっかり確認しましょう。

ココナッツオイルは計量してから冷蔵庫で15分ほど冷やしておきます。

生のチャイブがない場合は，乾燥チャイブ60mlで代用できます。

市販のカシューチェダーチーズも同様に使えます。

- • オーブンを240℃に予熱
- • 直径7〜10cmのビスケットカッターまたは円形の抜き型
- • オーブンシートを敷いたオーブントレイ

アーモンドミルク（276ページ参照）	150ml
りんご酢	小さじ1
グルテンフリー中力粉（269ページとポイント参照）	
	1カップ（250ml）
ベーキングパウダー（グルテンフリー，ポイント参照）	大さじ1
海塩	小さじ1
キサンタンガム	小さじ1/2
植物性無塩バターまたはマーガリン　冷やす	大さじ2
ココナッツオイル　冷やす（ポイント参照）	大さじ2
玄米粉　打ち粉用	適量
チャイブ（ポイント参照）　小口切り	1/2カップ（125ml）
カシューチェダーチーズ（245ページとポイント参照）きざむ	
	1カップ（250ml）
植物性無塩バター　つや出し用	適量

1. ボウルにアーモンドミルクとりんご酢を入れて混ぜ，10分ほど置いて凝固させます。

2. 大きめのボウルにグルテンフリー中力粉，ベーキンパウダー，塩，キサンタンガムを入れて，泡立て器で混ぜ合わせます。バターまたはマーガリンとココナッツオイルを加え，ナイフ2本またはペストリーカッターでバターを切るように，あるいは手でこするように混ぜ，バターが米粒程度の大きさになるまで混ぜます。中央にくぼみをつくり，1のアーモンドミルクをゆっくりそそぎます。木べらで混ぜながら，一定のスピードでゆっくり加えてください。生地がざっとまとまるまで木べらで混ぜます。この時点で，生地はややべたついています。

3. 清潔な台に玄米粉で軽く打ち粉をし，2の生地を置きます。チャイブとカシューチェダーチーズを混ぜ込みながらこねます。生地がまとまったらボウルに戻し，ラップか濡れ布巾をかぶせ，冷蔵庫で30分寝かせます。

ビスケットの型抜きをするとき
は，型をひねらず，まっすぐ垂
直に下ろします。

4. 清潔な台に玄米粉で軽く打ち粉をし，生地を置きます。生地に触る
のは最小限にするよう心がけて，生地をやさしく折ってはのばすの
作業を5〜6回繰り返し，厚さ1cmにのばします。この時点でも
生地がべたつくようなら，玄米粉を少し足してこねます。玄米粉が
多いとビスケットのしあがりが重くなるので，注意してください。

5. 生地に抜き型を垂直に下ろして型を抜きます（ポイント参照）。抜
いた残りの生地を丸めてのばし，生地を使い切ります。オーブント
レイにビスケット同士が触れるように，2列に並べます。こうする
ことで，焼きあがりの高さが均等になります。

6. バターを溶かし，それぞれの表面にハケで塗ります。ビスケットの
中央を2本指でやさしく押して，少しへこませます（中央だけがふ
くれるのを防ぐためです）。

7. オーブンで15分ほど焼きます。黄金色より濃いめに焼き色がつい
て，ふっくらのび上がれば完成です。熱いうちに提供します。すぐ
に食べない場合は，完全に冷ましてから密閉容器に移します。常温
で約3日間保存できます。温め直しをする場合は，180℃に予熱し
たオーブンで8分ほど加熱します。

バリエーション

オリーブ＆ハーブビスケット：チャイブとカシューチェダーチーズ
は使用しません。きざんだローズマリー大さじ2，きざんだタイム
大さじ1，きざんだカラマタオリーブ1カップ（250ml）を加えます。

ピザロール

パーティーなどの集まりやおもてなしにぴったりのレシピです。ヴィーガンモッツァレラをたっぷり使って，ちょっとぜいたくなイタリア風おつまみにどうぞ。

8個分

ポイント

イタリアンシーズニングは，以下のドライハーブの組み合わせでも代用できます。
・オレガノ　小さじ1/2
・バジル　小さじ1/4
・パセリ　小さじ1/4

クラシック・ガーリックトマトソースがない場合は，市販のトマトソースかピザソースで代用できます。

ヴィーガンモッツァレラがない場合は，市販のヴィーガンモッツァレラチーズ（シュレッド）で代用できます。

- ドゥフックを装着したスタンドミキサー
- オーブンを200℃に予熱
- オーブンシートを敷いたオーブントレイ

グルテンフリー中力粉（269ページ参照）	800ml
きび砂糖（オーガニック）	大さじ1と1/2
キサンタンガム	小さじ2と1/2
インスタントドライイースト	小さじ2と1/4
海塩	小さじ1
イタリアンシーズニング（ポイント参照）	小さじ1
ガーリックパウダー	小さじ1/4
生フラックスシード（粉）	大さじ2
ぬるま湯	90ml
水	1カップ（250ml）
エクストラバージンオリーブオイル	60ml
りんご酢	小さじ1
玄米粉　打ち粉用	適量
クラシック・ガーリックトマトソース（279ページとポイント参照）	
	1と1/2カップ（375ml）
ヴィーガンモッツァレラ（247ページとポイント参照）	
	1と1/2カップ（375ml）

1. スタンドミキサーのボウルにグルテンフリー中力粉，きび砂糖，キサンタンガム，インスタントドライイースト，塩，イタリアンシーズニング，ガーリックパウダーを入れます。スタンドミキサーにドゥフックを装着して，中速で攪拌し混ぜ合わせます。

2. 小さいボウルに生フラックスシードとぬるま湯を入れてよく混ぜ，8〜10分ほど置きます。フラックスシードに水分を吸収させます。

3. 大きめのボウルに水1カップ（250ml），オリーブオイル，りんご酢，2のフラックスシードを入れて，混ぜ合わせます。

4. ミキサーを中速で攪拌しながら，1の粉類に3を加えます。そのまま5分ほどこね，生地がボウルから離れてまとまってきたら，ラップか濡れ布巾をかぶせ，20分寝かせます。

5. 清潔な台にオーブンシートまたはクッキングシートを広げます。玄米粉で打ち粉をし，4の生地を置きます。生地の上にも玄米粉をふり，もう1枚のシートをのせます。シートの上からめん棒で生地を

のばしていきます。30cm×25cmほどの長方形で、厚さ0.5cm
になるようにのばし、上のシートを取り外します。

6. 生地の上に、周囲2〜3cmほど残して、クラシック・ガーリック
トマトソースをまんべんなく塗ります。その上からヴィーガンモッ
ツァレラをふりかけます。

7. 長方形の長い辺を横にして置き、手前から生地を巻いていきます。
下のシートを持ち上げながら、しっかりきつめに巻き、巻き終わり
の生地を押して閉じます。ロールを2.5cm幅に切ります。

8. オーブントレイにロールを横にして2〜3cm間隔に並べます。清
潔な布巾をかぶせ、暖かい場所に30分ほど置いて発酵させます。

9. オーブンを200℃に予熱します。

10. 布巾を外して、オーブンで15〜20分ほど焼きます。こんがりと
焼き色がついて、軽く触って弾力があれば焼き上がりです。温かい
うちに提供します。すぐに食べない場合は、冷ましてから密閉容器
に移します。常温で約3日間保存できます。

あめ色玉ねぎとオリーブのフラットブレッド

ランチディップやチアシードとパプリカのディップ，くるみとブラックオリーブのバター（いずれもレシピは上巻参照）などのソースがよく合う，サクサクした食感がおいしいフラットブレッドです。

1枚（16切れ）分

ポイント

粉の計量では，特にグルテンフリーの粉を計量する前は，必ず一度ボウルにあけて，泡立て器で軽く空気を通してください。より正確に計量できます。計量カップは耐熱ガラス製のビーカー型のものではなく，定量の粉をすり切りで測れる製菓用のものを使いましょう。

カラマタオリーブとありますが，どの種類のものでも同量で代用できます。

- オーブンを220℃に予熱
- オーブンシートを敷いたオーブントレイ

生フラックスシード（粉）　分けて使用	大さじ4
ぬるま湯　分けて使用	1と1/2カップ（375ml）
アクティブドライイースト	大さじ1
ココナッツシュガー（オーガニック）	大さじ1
エクストラバージンオリーブオイル	大さじ3
グルテンフリー中力粉（269ページとポイント参照）	800ml
ローズマリー　きざむ	小さじ2
海塩	小さじ1
玄米粉　打ち粉用	適量
グレープシードオイル	大さじ1
玉ねぎ　薄切り	2カップ（500ml）
カラマタオリーブ（ポイント参照）　種を取って薄切り	1/2カップ（125ml）

1. 小さいボウルに生フラックスシード大さじ2とぬるま湯1/2カップ（125ml）を入れて，よく混ぜます。ふたをして10分ほど置き，水分を吸収させます。

2. 別のボウルにぬるま湯1カップ（250ml）とアクティブドライイースト，ココナッツシュガーを入れて混ぜます。5分ほど置き，イーストを活性化させます（気泡が出てきます）。

3. 1のフラックスシードを2のボウルに加えます。オリーブオイルも加えて，泡立て器でよく混ぜます。

4. 大きめのボウルにグルテンフリー中力粉，ローズマリー，塩小さじ1，フラックスシード大さじ2を入れて，泡立て器で混ぜ合わせます。中央にくぼみをつくり，3をそそいでよくかき混ぜます。

5. 清潔な台に玄米粉で軽く打ち粉をし，生地を置き，手でしっかりこねます。生地を丸くまとめ，ボウルに移して濡れ布巾をかぶせて冷蔵庫で30分寝かせます。

6. その間，玉ねぎを炒めます。フライパンでグレープシードオイルを中火で熱します。玉ねぎと塩少々（分量外）を入れて，5分ほど炒めます。焼き色がつき始めたら弱火にし，ときどき混ぜ返して25分ほど炒めます。玉ねぎがとろりとしてあめ色になったら火を止め

て，冷ましておきます。

7. オーブンを220℃に予熱します。

8. 生地を数回叩いて空気を抜き，オーブントレイに出します。

9. 手で生地をのばして広げます。3mm程度の厚さになるよう，オーブントレイに全体的に広げます。生地全体にフォークを刺して小さな穴をあけます。

10. オーブンで25分ほど焼きます。角を持ち上げてみて，底がきつね色になっていたら一度オーブンから取り出します。ここでオーブンの温度を220℃から180℃に下げます。

11. 6の玉ねぎとカラマタオリーブを生地にまんべんなくすみずみまで散らします。生地をオーブンに戻して10分ほど焼きます。底がこんがり黄金色に焼けていれば，できあがりです。オーブンから取り出し，3〜4分休ませてから切り分け，熱いうちに提供します。すぐに食べない場合は，密閉容器に移します。冷蔵庫で約3日間保存できます。

アイリッシュソーダブレッド

重曹（ベーキングソーダ）を使ってふくらませるので，ソーダブレッドと呼ばれます。スープやシチューの最後の一口までしっかりと汁を吸ってくれるので，お気に入りのスープやシチューのお供にどうぞ。

1個
（10 〜 12枚切り）分

ポイント

粉の計量では，特にグルテンフリーの粉を計量する前は，必ず一度ボウルにあけて，泡立て器で軽く空気を通してください。より正確に計量できます。計量カップは耐熱ガラス製のビーカー型のものではなく，定量の粉をすり切りで測れる製菓用のものを使いましょう。

カラント（乾燥）がない場合は同量のレーズンで代用できます。

- オーブンを180℃に予熱
- オーブンシートを敷いたオーブントレイ

グルテンフリー中力粉（269ページとポイント参照）	550ml
生フラックスシード（粉）	60ml
重曹	小さじ2
海塩	小さじ1/2
カラント（乾燥，ポイント参照）	1/2カップ（125ml）
キャラウェイシード	大さじ1
植物性ミルク	1カップ（250ml）
エクストラバージンオリーブオイル	大さじ2
純粋メープルシロップ	小さじ2
レモン果汁	小さじ2
玄米粉　打ち粉用	適量

1. 大きめのボウルにグルテンフリー中力粉，生フラックスシード，重曹，塩，カラント，キャラウェイシードを入れて，泡立て器でよく混ぜます。
2. 大きめの計量カップ（2カップ程度）に，植物性ミルク，オリーブオイル，メープルシロップ，レモン果汁を入れて，よく混ぜます。1の粉類の中央にくぼみをつくり，ミルクをそそぎ入れます。なめらかになるまでよく混ぜ合わせて，生地にまとめます。ボウルから簡単にはがれるような状態の生地になります。まとまったら，5分ほど置いて休ませます。
3. 清潔な台に玄米粉で打ち粉をし，生地を置きます。方向を替えながら数回やさしくこね，直径15cm程度の丸型に成形します。オーブントレイにのせ，包丁で表面に浅く十字に切り込みを入れます。
4. オーブンで35分ほど焼きます。表面が茶色く焼き色がつき，押してかたくなっていればできあがりです。オーブンから取り出し，完全に冷ましてからスライスします。すぐに食べない場合は，密閉容器に移します。常温で約3日間保存できます。

バリエーション

にんにくとチャイブ入りソーダブレッド：カラントとキャラウェイシードの代わりに，チャイブ（乾燥）60mlとにんにくのみじん切り大さじ1を，つくり方1でボウルに加えます。それ以降は同様につくります。

きのことアスパラガスのパンプディング

メインディッシュにもなる，甘くないパンプディングです。感謝祭のグレービーソース（266ページ参照）をたっぷりかけ，クリーミーマッシュポテト（上巻参照）を添えて召しあがれ。

**33cm × 22cm角の
ケーキ型1個（12切れ）分**

ポイント

切ったリークに泥が残っている場合は，水を入れたボウルに入れ，しばらく置きます。泥が下に沈むので，静かにリークを取り上げます。

ホワイトマッシュルーム以外にも，ポータベロ，しいたけ，アンズ茸，ブラウンマッシュルームなどでもおいしくつくれます。

- オーブンを180℃に予熱
- 33cm × 23cm角の金属製ケーキ型，油（分量外）を塗る

生フラックスシード（粉）	60ml
ぬるま湯	180ml
グレープシードオイル	大さじ2
リーク（白い部分）　きざむ（ポイント参照）	1カップ（250ml）
海塩	小さじ1
にんにく　みじん切り	3〜4かけ
ホワイトマッシュルーム　薄切り（ポイント参照）	
	2カップ（500ml）
アスパラガス　粗みじん切り	4カップ（1L）
タイムの葉　きざむ	大さじ1
グルテンフリークルトン（261ページ参照）	16カップ（4L）
アーモンドミルク（276ページ参照）	4カップ（1L）
バジルの葉　千切り	大さじ2
ディジョンマスタード	小さじ2

1. 小さいボウルに生フラックスシードとぬるま湯を入れて，よく混ぜます。ふたをして10分ほど置き，水分を吸収させます。

2. 大きめのフライパンでグレープシードオイルを中火で熱します。リークと塩を入れて，8分ほど炒めます。リークが透き通ったらにんにくを加え，香りが立つまで2分ほど炒めます。マッシュルームとアスパラガスを加え，野菜から出た水分がほとんどなくなるまで10分ほど炒めます。

3. 2の野菜を大きめのボウルに移します。タイム，グルテンフリークルトン，アーモンドミルク，バジル，ディジョンマスタード，1のフラックスシードを加えてよく混ぜ合わせます。

4. ケーキ型に入れて表面をならし，オーブンで30分ほど焼きます。ふちが多少焦げていれば焼き上がりです。オーブンから取り出して型から抜き，熱いうちに提供します。すぐに食べない場合は，密閉容器に移します。冷蔵庫で約1週間保存できます。

グルテンフリーピタパン

やわらかくて軽い食感のピタパンは，基本のひよこ豆フムス，ヘンプ＆チアシードのガーリックバターと最高の相性です。チーズ＆ベビースピナッチのグリッツに添えて，朝食としてもどうぞ（いずれも上巻のレシピを参照）。

8枚分

ポイント

オーブントレイに塗る油は，高温に強いグレープシードオイルなどを使いましょう。

フラックスシードを挽く：ミキサーまたはスパイスミルに60mlを入れ，高速で回し，細かい粉状にします。挽いたパウダーは密閉容器に入れ，冷蔵庫へ。1カ月以内に使い切りましょう。

粉の計量では，特にグルテンフリーの粉を計量する前は，必ず一度ボウルにあけて，泡立て器で軽く空気を通してください。より正確に計量できます。

- スタンドミキサー
- オーブンを260℃に予熱
- オーブントレイ　油（分量外，ポイント参照）を塗る（ノンスティックの場合は油不要）

生フラックスシード（粉，ポイント参照）	大さじ1
湯	大さじ3
インスタントドライイースト	7g
ぬるま湯	1/2カップ（125ml）
きび砂糖（オーガニック）	小さじ1
玄米粉	1カップ（250ml）
ソルガム粉	1カップ（250ml）
米粉	1/2カップ（125ml）
タピオカ粉	1/2カップ（125ml）
キサンタンガム	小さじ2
海塩	小さじ1
水	1カップ（250ml）
玄米粉　打ち粉用	適量

1. 小さいボウルに生フラックスシードと湯を入れて，よく混ぜます。ふたをして10分ほど置き，水分を吸収させます。
2. 別のボウルにイーストとぬるま湯，きび砂糖をを入れてよく混ぜます。10分ほど置き，気泡が出てくるまでイーストを活性化させます。
3. スタンドミキサー用のボウルに玄米粉，ソルガム粉，米粉，タピオカ粉（ポイント参照），キサンタンガム，塩を入れます。
4. スタンドミキサーにフラットビーターを装着し，3のボウルを固定します。ボウルに1のフラックスシード，2のイーストを加え，中速で攪拌します。攪拌しながら水をそそぎ入れ，2〜3分回し，生地をまとめます（生地はややべたつきますが，ボウルから取り出せる状態であればOKです）。
5. 油（分量外）を塗ったボウルに生地を入れて，生地全体に油をコーティングします。布巾をかぶせて暖かい場所に2時間ほど置き，発酵させます。
6. オーブントレイをオーブンの下段に置きます。

7. 清潔な台に玄米粉で打ち粉をします。生地を置いて8等分します。手で丸め，必要に応じて打ち粉を足しながら，直径15〜20cm，厚さ0.5cmの円形にのばします。

8. オーブンからトレイを取り出し（熱いので注意してください），4枚の生地を2〜3cm間隔で並べ，再びオーブンの下段に入れ，6分間焼きます。取り出して裏返し，さらに4分間焼きます。気泡のふくらみができ，ふちがこんがりと焼け，ところどころに軽く焦げ色がつけばできあがりです。

9. オーブンから取り出し，大きすぎるふくらみにはナイフで穴をあけ，空気を逃します。ケーキクーラーに移して冷まします。残りの4枚も同様に焼きます。すぐに食べない場合は，冷ましてから密閉容器に移します。常温で約5日間保存できます。

バリエーション

チーズ風味グルテンフリーピタパン：つくり方3で，生地がまとまったら，ニュートリショナルイースト1/2カップ（125ml）とヴィーガンモッツァレラ60mlを加えて混ぜ，それ以降は同様につくります。ヴィーガンモッツァレラは247ページにつくり方をのせていますが，市販品でもかまいません。

グルテンフリーチャパティ

チャパティは，インドの伝統的なパンです。スープやシチューにディップしたり，好みのスプレッドをつけてラップサンドやサンドイッチにしたり，さまざまな使い方ができます。特によく合うのは，豆腐とレモングラスのココナッツ野菜カレー（24 ～ 25 ページ参照），オクラとバターナッツかぼちゃのガンボ（57 ページ参照）などです。また，テンペとローストパプリカのスロッピージョー（64 ページ参照）で，ピタパンの代わりに使えます。

6枚分

ポイント

チャパティをラップサンド用に使う場合は，温めてから巻きましょう。グルテンフリーのパンは冷めるとかたくなるので，巻くと破れることがあります。

● 大きめのノンスティックフライパン

ひよこ豆粉	1と1/2カップ（375ml）
水	1カップ（250ml）
エクストラバージンオリーブオイル	大さじ2
海塩	小さじ1/2

1. 大きめのボウルに全材料を入れて，なめらかになるまで混ぜます。
2. フライパンを中～強火にかけます。
3. 1/2カップ（125ml）程度の生地をすくい，フライパンに流し入れます。フライパンを傾けて均一になるように広げます。2 ～ 3分焼いて，表面に気泡が上がってきたら裏返し，さらに1 ～ 2分焼きます。
4. 温かいうちに提供します（ポイント参照）。すぐに食べない場合は，冷ましてから密閉容器に移します。常温で約3日間保存できます。

バリエーション

クミン風味のチャパティ：つくり方**1**で，クミンシード（ホール）小さじ1を加えます。

デザート

アイスクリーム，シャーベット

すいかのデコレーションケーキ

すいかをケーキのように，フロスティングでデコレーションしました。切った断面を見た瞬間にだれもが驚くこと間違いなしの，サプライズ感満点の夏らしいデザートです。

1 ホール分

ポイント

すいかをカットして四角いケーキ台に仕立てます。カットして余ったすいかはおやつにどうぞ。

ココナッツクリームは，ココナッツミルクよりも水分が少なく脂肪分が多いものです。大型スーパーや自然食品店で入手できますが，見つからない場合は，全脂肪のココナッツミルク3缶を冷凍してクリームを取ります。冷凍したココナッツミルクの缶を上下逆さにして開け，スプーンでクリームのみをすくい取ります（上澄みのココナッツウォーターは保存してほかの用途に使ってください）。これでおよそ400mlのココナッツクリームが取れます。

アーモンドを乾煎りする：フライパンを中火にかけます。アーモンドを3分ほど乾煎りしながら軽く火を通し，香りが立ってきたら皿に移して冷まします。

アーモンドスライスの代わりに同量のココナッツシュレッドも使えます（アーモンドと同様に乾煎りします）。

- スタンドミキサーに泡立て器アタッチメントをつける，ミキサー用のボウルを冷凍庫で冷やす

すいか
種なしすいか	1個

フロスティング
ココナッツクリーム（273ページとポイント参照）　冷やす	
	1缶（400ml）
純粋メープルシロップ	大さじ3
バニラエクストラクト	小さじ1/2

トッピング
アーモンドスライス　乾煎りする（皮なし，ポイント参照）	
	1カップ（250ml）
ラズベリー	1/2カップ（125ml）
いちご　ヘタを取って切る	1/2カップ（125ml）

1. **すいか**：まな板の上で安定するように，すいかの上下を大きめに切り落とします。ケーキ台に見立てるので，底は安定するように，表面はトッピングがのるように水平に切ります。すいかの周囲の皮と白い部分を垂直に切り落とし，四角いケーキ台をつくります（ポイント参照）。

2. **フロスティング**：冷やしたミキサー用のボウルにココナッツクリームを入れ，高速で4〜5分攪拌します。軽く角が立つくらいになったらメープルシロップとバニラエクストラクトを加え，さらに4〜5分，しっかりとした角が立つまで攪拌します。

3. すいかを皿にのせ，キッチンペーパーで水分を拭き取ります。スパチュラでフロスティングを全面にコーティングします。サイドにはアーモンドスライスをまんべんなくまぶしつけ，上面をラズベリーといちごで飾れば完成です。

バリエーション

カカオクランチ＆チェリー：小さいボウルに冷たいココナッツクリーム60mlとカカオパウダー大さじ2を入れて，ダマがなくなるまでしっかり混ぜます。つくり方**2**のボウルに加え，同様にホイップしてフロスティングをつくります。すいかケーキの全面をコーティン

グし，サイドにはカカオニブ1カップ（250ml）を，上面には種を取ったアメリカンチェリー1カップ（250ml）をデコレーションします。

スーパーフード＆シナモン：つくり方2のボウルにシナモン小さじ1と塩小さじ1/4を加え，フロスティングをつくります。すいかケーキの全面をコーティングし，サイドには生チアシード60mlと生ヘンプシード（皮なし）60mlを，上面にはクコの実とマルベリーそれぞれ1/2カップ（125ml）をデコレーションします。

アーモンド＆バナナ：つくり方2のボウルにアーモンドエクストラクト小さじ1を加えフロスティングをつくります。すいかケーキの全面をコーティングし，バナナの薄切り2カップ（500ml）でデコレーションします。乾煎りしたアーモンドスライス1/2カップ（125ml）をふりかけます。

チョコミント：小さいボウルに冷たいココナッツクリーム60mlとカカオパウダー大さじ2を入れて，ダマがなくなるまでしっかり混ぜます。つくり方2のボウルに加え，ペパーミントエクストラクト小さじ1/2も加え，同様にホイップしてフロスティングをつくります。すいかケーキの全面をコーティングし，ラズベリー2カップ（500ml）と新鮮なミントの葉で飾りつけます。

パンナコッタ

とろ〜り濃厚でシルクのようになめらかな口あたりのイタリア発祥の人気デザートです。そのままでも十分おいしいですが，今回のレシピではメープルシロップをかけてみました。

4人分

ポイント

アガーは海藻由来のゲル化剤で，寒天よりも弾力のあるしあがりになります。大型スーパーや自然食品店などで入手できます。溶かすときは90℃以上の熱湯を使い，ダマにならないように少量ずつ加えて溶かします。

• **125ml容量のココットまたはプリン・ゼリー型　4個**

アガー（ポイント参照）	小さじ2
熱湯	大さじ2
ココナッツミルク（全脂肪）	1缶（400ml）
純粋メープルシロップ	80ml
バニラエクストラクト	小さじ1/2

1. 小さいボウルにアガーを入れて，熱湯を少しずつ入れてダマにならないようによく混ぜ合わせます。

2. 小さめの鍋にココナッツミルクとメープルシロップ，バニラエクストラクトを入れて，弱火でゆっくり混ぜながら温めます。5〜6分温めたら1を加え，完全に溶かします。

3. 型に均等に分け入れて，冷蔵庫で3時間ほど冷やしかためます。型の底を1分ほど湯につけて型から外し，皿に出して盛りつけます。すぐに食べない場合は，型に入れたままラップをかけます。冷蔵庫で約5日間保存できます。

クリームキャラメルプリン

子どもから大人までだれもが大好きなプリンのヴィーガンバージョンです。ココナッツミルクとバニラをふんだんに使った風味抜群のプリンに，ココナッツシュガーを使ったやさしい甘さのカラメルがたまりません。

6人分

ポイント

ココナッツシュガーはGI値の低い天然の甘味料で，大型スーパーや自然食品店で販売しています。ブラウンシュガーに似た甘さがあります。

アガーは海藻由来のゲル化剤で，寒天よりも弾力のあるしあがりになります。大型スーパーや自然食品店などで入手できます。溶かすときは90℃以上の熱湯を使い，ダマにならないように少量ずつ加えて溶かします。

- ミキサー
- 175ml容量のプリン型またはココット

ココナッツシュガー（オーガニック，ポイント参照）	1/2カップ（125ml）
アガー（ポイント参照）	小さじ2
熱湯	大さじ2
ココナッツミルク（277ページ参照）	2カップ（500ml）
純粋メープルシロップ	大さじ2
絹ごし豆腐　水切りする	375g
バニラエクストラクト	小さじ1
海塩	少々

1. フライパンを中火にかけ，ココナッツシュガーを入れて温めます。常に混ぜながら溶かし，6～8分ほどかけてこんがりとしたカラメルにします。型に均等に分け入れ，30分ほど置いてかためます。
2. 小さいボウルにアガーを入れて，熱湯を少しずつ加え，ダマにならないようによく混ぜ合わせます。
3. 鍋に2のアガー，ココナッツミルク，メープルシロップを入れて，弱火にかけて温めます。常に混ぜながら，煮立たせないように5～6分温め，アガーを完全に溶かします。ミキサーに移し，絹ごし豆腐，バニラエクストラクト，塩も加え，なめらかなクリーム状になるまで攪拌します。
4. 1の型に均等に分け入れて，冷蔵庫で3時間ほど冷やしかためます。
5. 型の底を1分ほど湯につけて型から抜き，器に出して盛りつけます。すぐに食べない場合は，型に入れたままラップをかけます。冷蔵庫で約5日間保存できます。

フレッシュベリー＆サバイヨンソース

いちごやラズベリーなど,ベリーの収穫期におすすめのデザートです。甘酸っぱいフレッシュなベリーに濃厚なクリームソースをかけてゴージャスなティータイムはいかがでしょうか。

6人分

ポイント

アガベシロップは,低温処理（ロー）のものを選びましょう。遺伝子組み換えでない100％天然の甘味料で,自然にできた果糖（フルクトース）を含み,GI値が低いのが特徴です。ゆっくりとグルコースに分解されるため,エネルギーが持続します。

アガベシロップの代わりに同量のメープルシロップでも構いません。

• ミキサー

ラズベリー	1カップ（250ml）
いちご　ヘタを取ってざく切り	1カップ（250ml）
ブルーベリー	1/2カップ（125ml）
絹ごし豆腐　水切りする	375g
レモンの皮のすりおろし	小さじ1
レモン果汁	1/2カップ（125ml）
アガベシロップ（ポイント参照）	大さじ6
白ワイン　辛口	大さじ1
海塩	少々
グレープシードオイル	1カップ（250ml）

1. ボウルにラズベリー,いちご,ブルーベリーを入れて,混ぜ合わせます。
2. ミキサーに絹ごし豆腐,レモンの皮と果汁,アガベシロップ,ワイン,塩を入れ,なめらかになるまで高速で攪拌します。
3. ミキサーを回したまま,注入口からグレープシードオイルを流し入れ,なめらかなクリーム状になるまで回します。
4. 1のベリーミックスを人数分の深めの器に均等に分けます。上から3のソースをかけて提供します。

バリエーション

チョコバニラサバイヨンソース：つくり方2で,レモンの皮とワインは使用せず,代わりに生カカオパウダー大さじ3とバニラエクストラクト小さじ1を加えて,同様につくります。

ココナッツクリームパイナップル

パイナップルを低温でじっくり調理して，素材本来の甘さを最大限に引き出し，ココナッツクリームを合わせて濃厚でクリーミーなデザートにしあげました。食後のティータイムでクッキーに添えたり，スプレッドとして食卓に並べたり，アイデア次第でさまざまに楽しめます。

4～6人分

ポイント

スロークッカーで調理中は途中でふたを開けないようにします。一度開けると温度が下がり，調理時間を20～30分延長しなければならなくなります。

パイナップルのむき方：よく切れる包丁を使って，底と上部を切り落とします。まな板にパイナップルを立てて置き，上から下に向かって，皮を切り落としていきます。全体の皮を切り落としたら，残っているかたい部分を削り落とします。パイナップルを縦に半分に切り，その半分をまた縦に半分に切ります。1/4になったパイナップルを寝かせて置き，芯の部分を切り落とします。

- スロークッカー（容量3.8L，ポイント参照）

パイナップル　2.5cmのさいの目切り（ポイント参照）	2個
水	2カップ（500ml）
ココナッツシュガー（オーガニック，190ページのポイント参照）	1/2カップ（125ml）
海塩	小さじ1/4
シナモン（7.5cmのスティック）	1本
ココナッツクリーム（273ページと188ページのポイント参照）	1缶（400ml）

1. スロークッカーの内鍋に，パイナップル，水，ココナッツシュガー，塩，シナモンを入れて，ふたをして低温で6時間または高温で3時間，加熱調理します。
2. パイナップルがやわらかくくずれるくらいになったらココナッツクリームを加えて混ぜ，さらに30分延長して加熱調理し，濃厚なクリーム状にします。シナモンを取り除いて盛りつけます。

桃のコンポート

桃が旬を迎えるときにおすすめの，ピンク色がかわいらしい華やかなデザートです。芳醇なバニラの香りとオレンジのシロップが，みずみずしい桃を彩ります。

4〜6人分

ポイント

バニラビーンズがない場合は，バニラエクストラクト小さじ1で代用できます。

桃が完熟でやわらかい場合は，煮る時間を3〜4分に短縮します。桃がまだかたい場合は10〜12分に増やします。

大人向けには，桃の煮汁に白ワインかブランデー，またはコニャック1/2カップ（125ml）を加えると，風味がいっそうよくなります。

• **20cm角の耐熱ガラス製ケーキ型**

水	3カップ（750ml）
オレンジの皮	5cm程度3枚
オレンジ果汁	1カップ（250ml）
ココナッツシュガー（オーガニック，190ページのポイント参照）	
	1カップ（250ml）
レモン果汁	大さじ2
バニラビーンズ（ポイント参照）	1本
桃（ポイント参照）	中〜大サイズ4〜6個

1. 大きめの鍋に水，オレンジの皮と果汁，ココナッツシュガー，レモン果汁を入れます。バニラビーンズのサヤを縦半分に切り，中の粒を出して鍋に入れます。サヤも加え，強火にかけてひと煮立ちさせます。ひと煮立ちしたら火を弱め，6〜8分ほど煮てココナッツシュガーを完全に溶かします。

2. 桃を皮のまま入れて，8〜10分煮ます（ポイント参照）。やわらかくなったら穴あきおたまですくって取り出し，人数分の器に分けておきます。バニラビーンズのサヤもすくい取り，別途使用にとっておきます。

3. 火を強め，桃の煮汁を10〜12分ほど煮詰めます（スプーンを入れて出したとき，煮汁がスプーンにまとわりつく程度）。

4. 目の細かいざるまたはこし器で濾してボウルにあけ（残りかすは使いません），完全に冷まします。冷めたら桃を半分に切り，煮汁をかけて盛りつけます。すぐに食べない場合は，ラップをかけて冷蔵庫へ。約3日間保存できます。

チョコレートガナッシュ詰め洋梨のコンポート

やわらかく香りのよい洋梨に，チョコレートガナッシュを詰めたぜいたくなデザートです。仲間と集うディナーやパーティーで提供すれば，宴の最後を華やかに締めくくってくれます。パーティーの前日につくって冷蔵庫で冷やしておけば，おもてなしも完璧です。

4人分

ポイント

洋梨の果肉をピンク色にしたい場合は，水の量を4カップ（1L）とし，ビーツジュース4カップ（1L）を加えて煮ます。

洋梨をくり抜くには，グレープフルーツ用スプーンかアップルコアラーを使うと簡単です。

白ワインの代わりに白ワインビネガーも使えます。

ココナッツオイルがかたまっているときはフライパンに入れ，弱火にかけて溶かします。

洋梨を煮るときは煮汁に全体がつかるようにします。水面から出てしまうと変色してしまうので注意しましょう。

● ミキサー

洋梨	4個
水（ポイント参照）	8カップ（2L）
ココナッツシュガー（オーガニック，190ページのポイント参照）	
	1カップ（250ml）
白ワイン（ポイント参照）	1/2カップ（125ml）
レモン果汁	大さじ3
オレンジの皮のすりおろし	大さじ1
バニラビーンズ　半分に裂く	1本
液状ココナッツオイル（ポイント参照）	1/2カップ（125ml）
生カカオパウダー	1/2カップ（125ml）
アガベシロップ（191ページのポイント参照）	1/2カップ（125ml）
冷水	大さじ2
バニラエクストラクト	小さじ1/4

1. 洋梨は皮をむき，底を少し切って平らにします。スプーンで身をくり抜きます（ポイント参照）。洋梨をくり抜くとき，形をくずさないように注意しましょう。
2. 鍋に水，ココナッツシュガー，ワイン，レモン果汁，オレンジの皮，バニラビーンズを入れて，煮立たせます。火を弱め，5分ほど煮て，ココナッツシュガーを完全に溶かします。洋梨を入れて10～12分煮ます（ポイント参照）。
3. 洋梨を穴あきおたまですくって取り出し，皿に並べて冷まします。煮汁は後から使うので，鍋に入れたままにしておきます。
4. ミキサーにココナッツオイル，生カカオパウダー，アガベシロップ，冷水，バニラエクストラクトを入れ，なめらかになるまで高速で撹拌します。
5. 冷めた洋梨に，4のクリームを大さじ2～3ずつ詰めます。ラップをかけて冷蔵庫で20分ほど冷やし，クリームをかためます。
6. 3の煮汁を中～強火にかけます。煮立ったら火を弱め，5～6分煮詰めてシロップにします。
7. 洋梨をデザート皿に置いて，上からシロップをかけて盛りつけます。すぐに食べない場合は，密閉容器に移します。冷蔵庫で約3日間保存できます。

パパイヤボート

ココナッツシュガーがパリッとキャラメリゼされたパパイヤボートは，いろいろな楽しみ方ができる無限メニューです。ヴィーガンバニラアイスクリーム（223ページ参照）のスクープをのせ，ココナッツキャラメルソース（216ページ参照）をかければたちまち豪華なデザートに。またフレッシュなフルーツとココナッツホイップクリーム（273ページ参照）との組み合わせもおすすめです。

2個分

ポイント

遺伝子組み換え作物（GMO）を避けるためにも，オーガニックのパパイヤを選ぶようにしましょう。

パパイヤが熟している場合は，焼くときにアルミホイルをかぶせずに20〜25分焼きます。

- オーブンを200℃に予熱
- 20cm角の耐熱ガラス製ケーキ型
- アルミホイル

パパイヤ（未熟でオーガニックのもの，ポイント参照）	1個
ココナッツシュガー（オーガニック，190ページのポイント参照）	1/2カップ（125ml）
ヴィーガンホイップバター（262ページ参照）	60ml
水	1カップ（250ml）

1. パパイヤを縦半分に切り，スプーンで種を取り除いてケーキ型に並べます。

2. 小さいボウルにココナッツシュガーとヴィーガンホイップバターを入れて，よく混ぜ合わせます。混ぜ合わさったら，パパイヤの表面に均等に塗ります。

3. ケーキ型の底に水を入れ，アルミホイルで型をぴったり包みます（ポイント参照）。オーブンに入れて25〜30分加熱します。オーブンから途中で一度パパイヤを取り出して，やわらかくなっていれば，パパイヤからアルミホイルを外し，さらに10〜15分焼きます。パパイヤに焼き色がつき，表面の糖分がカラメル色に焦げていればできあがり。そのまま熱いうちに盛りつけます。すぐに食べない場合は，冷ましてから密閉容器に移します。冷蔵庫で約5日間保存できます。食べるときは，常温に戻してから提供します。

いちじくとベリーのバルサミコロースト

旬のいちじくのおいしさがギュッと凝縮された味わい深いデザートです。温かいままヴィーガンバニラアイスクリーム（223ページ参照）にトッピングしていただけばクセになること間違いなしです。

4人分

ポイント

生のいちじくはあまり日もちしません。購入日から1週間以内に使い切るようにしましょう。

アガベシロップの代わりにメープルシロップを代用する場合，分量は大さじ2となります。

桃1カップ（250ml）を加えると，さらに豪華なデザートになります。

- オーブンを260℃に予熱
- オーブンシートを敷いたオーブントレイ

生いちじく　縦に4つに切る（ポイント参照）	2カップ（500ml，小さめ約15個）
いちご　ヘタを取って薄切り	1/2カップ（125ml）
ラズベリー	1/2カップ（125ml）
アガベシロップ（ポイント参照）	大さじ3
バルサミコ酢	大さじ2
ココナッツシュガー（オーガニック，190ページのポイント参照）	大さじ1
バニラエクストラクト	小さじ1/2
海塩	少々

1. 大きめのボウルに全材料を入れて，ざっくり混ぜます。
2. オーブントレイに移し，オーブンで5〜6分焼きます。いちじくに焼き色がつき，糖分がかたまってきたらオーブンから取り出します。
3. 2〜3分冷まし，温かいうちに提供します。すぐに食べない場合は冷ましてから密閉容器に移します。冷蔵庫で約3日間保存できます。

ラズベリーのチョコレートソテー

温かくて濃厚なダークチョコレートソースとラズベリーはスイーツ界最強の相性といっても過言ではありません。ココナッツホイップクリーム（273ページ参照）をたっぷりつけて至福のデザートタイムをご堪能あれ。

4人分

ポイント

ラズベリーの代わりにブラックベリーでもつくれます。

アーモンドミルクの代わりに，同量のカシューミルク（276ページ参照）またはココナッツミルク（277ページ参照）も使えます。

グレープシードオイル	大さじ1
ラズベリー（ポイント参照）	3カップ（750ml）
チョコレートチップ（乳製品不使用）	1/2カップ（125ml）
アーモンドミルク（276ページとポイント参照）	大さじ3〜4
ヴィーガンホイップバター（262ページ参照）	大さじ2

1. 大きめのフライパンでグレープシードオイルを強火で熱します。ラズベリーを入れて2〜3分炒めます。ラズベリーがくずれ，果汁が出てきたら火を止めて，チョコレートチップとアーモンドミルクを加えて混ぜます。チョコレートチップが溶けたらヴィーガンホイップバターを加えて溶かし，温かいうちにいただきます。

ホットファッジサンデー

熱々のとろ〜りとろけるホットチョコレートソースと冷たいアイスクリームが織りなす人気のサンデーは，チョコ好きにはたまらない一品です。チョコチップクッキー（144ページ参照）を添えて召し上がれ。

4人分

ポイント

このホットファッジソースは，通常は混ざりにくい性質の2つの材料（ここではココナッツオイルとカカオパウダー）をミキサーで撹拌し乳化させています。もし，温めているときに油分が分離した場合は，ミキサーに戻して，冷水大さじ2〜3を加え，なめらかになるまで回してから鍋でゆっくり温めてください。

- ミキサー
- アイスクリームサンデー用の深めの器，4個

ホットファッジソース

液状ココナッツオイル（194ページのポイント参照）	1/2カップ（125ml）
アガベシロップ（前ページのポイント参照）	1/2カップ（125ml）
カカオパウダー（201ページのポイント参照）	1/2カップ（125ml）
バニラエクストラクト	小さじ1/4
ヴィーガンバニラアイスクリーム（223ページ参照）	4カップ（1L）

1. **ホットファッジソース：**ミキサーにヴィーガンバニラアイスクリーム以外の材料を全部入れ，なめらかなクリーム状になるまで高速で撹拌します。鍋に移し，とろ火にかけてゆっくりと温めます（ポイント参照）。

2. ヴィーガンバニラアイスクリームをサンデー用の器に分けて盛りつけ，ホットファッジソースをかけて提供します。

バナナチョコレートパフェ

ほのかなココナッツの香りが漂うバナナのクリームとたっぷりのチョコレートソース，そして甘酸っぱいいちごの組み合わせがたまらないデザートです。一口食べた瞬間，私が子どもの頃に両親におねだりしてパフェを食べた懐かしい思い出が脳裏をよぎります。

2人分

ポイント

簡単チョコレートソースは，溶かしたチョコレートチップでも代用できます。フライパンにチョコレートチップ1カップ（250ml）を入れ，弱火にかけ，焦がさないようにかき混ぜながら溶かします。チョコレートがほぼ溶けたら，火を止めて，そのままかき混ぜて溶かしきります。

- ミキサー
- パフェグラス　2個

バナナ　ざく切り	2カップ（500ml）
液状ココナッツオイル（194ページのポイント参照）	
	1/2カップ（125ml）
アガベシロップ（196ページのポイント参照）	小さじ1
バニラエクストラクト	小さじ1/2
簡単チョコレートソース（下段参照）	1カップ（250ml）
いちご　ヘタを取ってざく切り	1カップ（250ml）
バナナ　飾り用に切る	1カップ（250ml）

1. ミキサーに，バナナ2カップ（500ml），ココナッツオイル，アガベシロップ，バニラエクストラクトを入れ，なめらかなクリーム状になるまで攪拌します。
2. パフェグラスの底に1を60mlずつ，その上に簡単チョコレートソース60mlを入れて，いちごを重ねます。同様に繰り返し，最後にバナナ1/2カップ（125ml）を飾ります。ラップをして冷蔵庫で4時間ほど冷やしてから提供するのがおすすめです。

簡単チョコレートソース

フルーツやアイスクリーム，クッキーなどにかけたり，さまざまなデザートのトッピングとして楽しめる簡単で便利なチョコレートソースです。

375ml分

ポイント

ココナッツオイルがかたまっているときはフライパンに入れ，弱火にかけて溶かします。

- ミキサー

アガベシロップ（196ページのポイント参照）	1/2カップ（125ml）
カカオパウダー（201ページのポイント参照）	1/2カップ（125ml）
液状ココナッツオイル（ポイント参照）	1/2カップ（125ml）
冷水	大さじ3
バニラエクストラクト	小さじ1/2

1. ミキサーに全材料を入れ，なめらかになるまで高速で回します。すぐに使わない場合は，密閉容器に移せば常温で約5日間保存できます。

バナナの天ぷら

バナナの天ぷらをさっくりと揚げるコツは，すべて下準備が肝です。「衣は冷たく，揚げ油は熱く」，衣を手早くつけられるように整えておけば，さっくり衣に包まれた，とろけるようなおいしさのバナナの天ぷらがだれにでも簡単にできちゃいます。

4〜8人分

ポイント

スパイダーストレーナーは，熱い鍋から食べ物を取り出したり，灰汁を取ったりするための道具で，金属メッシュの浅いざるに長い柄がついています。たいていのキッチン用品の売り場にあります。

グレープシードオイルなど発煙点の高い油は，揚げものなどに向いています。

揚げ油の温度の目安：油の中に衣を小さじ1程度落としたとき，衣が底まで沈まず，すぐに浮いてくれば適温です。

- 揚げもの用温度計
- スパイダーストレーナー（ポイント参照）

グレープシードオイル（ポイント参照）	8カップ（2L）
玄米粉	1カップ（250ml）
シナモン（粉）	小さじ1/4
海塩	少々
冷水	180ml
氷　砕く	60ml
バナナ（完熟）	4本
ココナッツシュガー（オーガニック）　しあげ用	適量

1. 揚げもの用の鍋にグレープシードオイルを入れて中〜強火にかけ，190℃になるまで温度を上げます（ポイント参照）。
2. ボウルに玄米粉，シナモン，塩を入れて泡立て器で混ぜ合わせます。冷水と氷を加え，ダマがなくなるまで混ぜます。
3. バナナを縦半分に切り，2の衣をまんべんなくつけます。揚げ油が適温になったら，バナナを静かに入れて，全体が黄金色になるまで揚げます（1分もかかりません）。
4. スパイダーストレーナーですくって，油切りバットまたはキッチンペーパーを敷いた皿に移し，余分な油を切り，ココナッツシュガーをまぶします。残りのバナナも同様に揚げます。一度にたくさんのバナナを入れると，油の温度が下がってしまうので注意しましょう。熱々のうちにいただくのがおすすめです。

シナモンシュガーチュロス

ホットチョコレートソースをチュロスにディップして，至福のブレイクタイムをどうぞ。さらにぜいたくに味わいたいときは，ココナッツキャラメルソース（216ページ参照）をディップして召し上がれ。

16 〜 18個分

ポイント

揚げ油が適温になるまでに15分程度かかります。生地を少量入れたとき，すぐに浮いている状態が適温の目安です。

絞り袋がない場合は，ジッパー付き保存袋で代用できます。袋の下の角を0.5cmほど切り落として使います。

- 揚げもの用温度計
- 絞り袋，星形絞り口金

玄米粉	200ml
タピオカ粉	大さじ2
水	1カップ（250ml）
液状ココナッツオイル（194ページのポイント参照）	大さじ3
バニラエクストラクト	2〜3滴
グレープシードオイル	2カップ（500ml）
ココナッツシュガー（オーガニック，190ページのポイント参照）	1/2カップ（125ml）
シナモン（粉）	小さじ2
海塩	少々

1. ボウルに玄米粉とタピオカ粉を入れて，泡立て器で混ぜます。
2. 鍋に水とココナッツオイルを入れて，強火でひと煮立ちさせます。ひと煮立ちしたら弱火にし，バニラエクストラクトを加えて混ぜます。1の粉類を加え，生地がまとまるまで1〜2分混ぜます。大きめのボウルに移し，そのまま完全に冷まします。
3. 揚げもの用の鍋にグレープシードオイルを入れて中火にかけ，190℃になるまで温度を上げます（ポイント参照）。
4. 大きめのボウルにココナッツシュガー，シナモン，塩を入れて混ぜておきます。
5. 絞り袋（ポイント参照）に2の生地を入れます。揚げ油が適温になったら，揚げ鍋の上で5〜7.5cm程度を絞り出します。一度に揚げるのは2〜3個までにし，6〜7分ほど，こんがり色づくまで揚げます。
6. 5のチュロスを取り出し，4のボウルに入れてシナモンシュガーをまぶしつければ完成です。残りの生地でも同様につくります。

バリエーション

チョコレートチュロス：つくり方1で，カカオパウダー大さじ2を粉類に加えます。それ以降は同様につくります。

デザートパンケーキ

ココナッツホイップクリーム（273ページ参照）を添えたり，ココナッツキャラメルソース（216ペー
ジ参照）をかけたりして楽しめる甘いパンケーキです。午後のブレイクタイムに自分へのご褒美とし
て楽しみたい一品です。甘いものの誘惑にはだれも勝てませんね。

8 〜 10枚分

ポイント

カカオパウダーは，生のカカオ
を粉末にしたものです。ココア
パウダーと似ていますが，カカ
オパウダーのほうが味も風味も
格段に深く，濃厚です。カカオ
パウダーは大型スーパーや自然
食品店などで販売しています。
見つからない場合は，同量の高
品質のココアパウダーで代用で
きます。

チョコレートチップの代わり
に，くるみ，ピーカンナッツ，
ドライフルーツ，クコの実，ブ
ルーベリー，ラズベリーなどを
使ってもおいしくつくれます。

• ミキサー

そば粉	1カップ（250ml）
米粉	1/2カップ（125ml）
葛粉	大さじ2
ココナッツ粉	大さじ2
カカオパウダー（ポイント参照）	大さじ2
重曹	小さじ1/2
海塩	小さじ1/8
シナモン（粉）	小さじ1/8
水	1と1/2カップ（375ml）
アガベシロップ（205ページのポイント参照）	大さじ2
バナナ（完熟） ざく切り	大1本
バニラエクストラクト	小さじ1/2
チョコレートチップ（乳製品不使用，ポイント参照）	60ml
グレープシードオイル	大さじ1

1. 大きめのボウルにそば粉，米粉，葛粉，ココナッツ粉，カカオパウ
ダー，重曹，塩，シナモンを入れて，泡立て器でよく混ぜます。

2. ミキサーに水，アガベシロップ，バナナ，バニラエクストラクトを
入れ，なめらかになるまで攪拌します。1のボウルに加え，ダマが
なくなるまでよく混ぜ合わせます。チョコレートチップを加えて
ざっくり混ぜます。

3. フライパンにグレープシードオイルを薄くのばし，中火にかけます。
フライパンが十分熱くなったら，生地を60ml入れて焼きます。4
〜5分して表面に気泡が上がってきたら裏返し，色づくまで，1分
ほど焼き，皿に移します。残りの生地も同様につくります。温かい
うちにいただくのがおすすめです。

スパイスデーツのスクエア

軽く煮てやわらかくしたデーツをオーツでサンドして焼いたカナダの伝統菓子です。このレシピでは
エキゾチックなスパイスをプラスしました。オーツの代わりにクリスピーなくるみのクランブルを
使った新しい食感が楽しい一品です。

16個分

ポイント

デーツにはさまざまな種類があ
りますが，おすすめはマジョー
ルです。価格がやや高いですが，
実が大きくてふっくらしてお
り，風味も抜群です。

オーガニックのスパイス類は，
できればホールで買って，使う
直前にスパイスミルで挽くと，
香りもフレッシュで料理のしあ
がりに差が出ます。

- フードプロセッサー
- 20cm角のガラス製ケーキ型，オーブンシートを敷く

マジョールデーツ　種を取ってきざむ	
分けて使用（ポイント参照）	4カップ（1L）
オレンジ果汁	1/2カップ（125ml）
純粋メープルシロップ	60ml
液状ココナッツオイル（205ページのポイント参照）	60ml
生姜　みじん切り	小さじ1/2
カルダモン（粉）	小さじ1/4
コリアンダー（粉）	小さじ1/8
生くるみ	2カップ（500ml）
シナモン（粉）	小さじ1/4
海塩	少々
アガベシロップ（205ページのポイント参照）	大さじ2

1. フードプロセッサーに，マジョールデーツ3と3/4カップ
   （925ml），オレンジ果汁，メープルシロップ，ココナッツオイル，
   生姜，カルダモン，コリアンダーを入れ（ポイント参照），なめら
   かになるまで回します。ときどき止めて，容器の内側をこそげて混
   ぜ込みます。ケーキ型に移し，表面をならします。

2. フードプロセッサーの容器を洗って乾かし，生くるみ，シナモン，
   塩を入れてくるみが細かくなるまで回します（回しすぎてペースト
   状にしないように注意）。残りのマジョールデーツも加え，8〜10
   回細切れに回してデーツも細かくきざみ，全体を混ぜ合わせます。
   モーターを回したまま，注入口からアガベシロップをそそぎ入れま
   す。指でつまんで押したとき，具材がくっついてまとまればOKです。

3. 1のケーキ皿に重ねてあけ，表面をならします。ラップをかけて冷
   蔵庫で3時間ほど冷やしかためます。

4. オーブンシートを持って中身を引き上げて取り出し，16個の正方
   形に切り分けて完成です。すぐに食べない場合は，密閉容器に移し
   ます。冷蔵庫で約1週間保存できます。

チョコレートとチェリーのドリームバー

たっぷりのココナッツホイップクリーム（273ページ参照）を添えて，とろけるような濃厚なスイーツを召し上がれ。

ポイント

玄米パフは大型スーパーや自然食品店などで入手できます。見つからない場合は，同量の雑穀パフかキヌアパフで代用できます。

カシューナッツを水にひたす：カシューナッツ1カップ（250ml）と水2カップ（500ml）をボウルに入れます。ラップをかけ，1時間または冷蔵庫で一晩置き，水を切ります。

チェリーの種を取る：チェリーをまな板に置き，包丁の腹でやさしく叩きます。実が割れて種が出るので，手で取りやすくなります。

- **20cm角のガラス製ケーキ型，オーブンシートを敷く**
- **ミキサー**

ボトム

玄米パフ（ポイント参照）	2カップ（500ml）
カカオパウダー（201ページのポイント参照）	60ml
アガベシロップ（205ページのポイント参照）	大さじ3
液状ココナッツオイル（205ページのポイント参照）	大さじ3
バニラエクストラクト	2～3滴
海塩	少々

フィリング

生カシューナッツ　水にひたす（ポイント参照）	1カップ（250ml）
カシューバター	1カップ（250ml）
アガベシロップ	180ml
液状ココナッツオイル	60ml
バニラエクストラクト	小さじ1/2
アメリカンチェリー　種を取って切る 分けて使用（ポイント参照）	1カップ（250ml）

1. **ボトム**：大きめのボウルに玄米パフ，カカオパウダー，アガベシロップ，ココナッツオイル，バニラエクストラクト，塩を入れてよく混ぜ，ケーキ型に移します。均等にならしてラップをかけ，冷凍庫で1時間ほど冷やしかためます。

2. **フィリング**：ミキサーに生カシューナッツ，カシューバター，アガベシロップ，ココナッツオイル，バニラエクストラクトを入れ，なめらかになるまで撹拌します。アメリカンチェリーの半分を加え，なめらかになるまで撹拌します。ボウルに移し，残りのアメリカンチェリーも加えてよく混ぜます。

3. 1のボトムの上にあけ，均等にならします。ラップをかけて冷凍庫で3時間または冷蔵庫で一晩置いて冷やしかためます。

4. オーブンシートを持って中身を引き上げて取り出し，しばらく置いて室温に戻します。16個の正方形に切り分けて完成です。すぐに食べない場合は，密閉容器に移します。冷蔵庫で約5日間保存できます。

アプリコット&アーモンドスクエア

デザートにもおやつにもぴったりの，簡単につくれるおいしいスナックです。

16個分

ポイント

ドライアプリコットは，保存・漂白剤として亜硫酸塩が使われているものが多いので，表示をよく確認して選びましょう。亜硫酸塩が使われていないものは，通常のものより色が濃いので，色を目安に選んでもよいですが，気になる場合は店や業者に問い合わせたほうが安心です。

ドライアプリコットを水にひたす：ドライアプリコットと熱湯4カップ（1L）を器に入れ，ふたをして30分ほど置きます。ざるに上げて湯を切ります。

ココナッツバターは，ココナッツオイルとココナッツの果肉のブレンドで，自然食品店などでココナッツオイルと並んで販売されています。

アーモンドエクストラクトは大型スーパーや自然食品店などで入手できます。できるだけ添加物のない，オーガニックのものを選びましょう。

- フードプロセッサー
- **20cm角のガラス製ケーキ型，オーブンシートを敷く**

ドライアプリコット　水にひたす（ポイント参照）	1カップ（250ml）
アガベシロップ（次ページのポイント参照）	1/2カップ（125ml）
液状ココナッツオイル（次ページのポイント参照）	1/2カップ（125ml）
ココナッツバター（ポイント参照）	60ml
アーモンドエクストラクト（ポイント参照）	小さじ1/4
バニラエクストラクト	小さじ1/2
アーモンドバター（室温に戻す）	2カップ（500ml）

1. フードプロセッサーにアプリコット，アガベシロップ，ココナッツオイル，ココナッツバター，アーモンドエクストラクト，バニラエクストラクトを入れ，なめらかになるまで回します。ときどき止めて，容器の内側をこそげて混ぜ込みます。

2. 大きめのボウルに1をあけ，アーモンドバターを加えてよく混ぜます。ケーキ型に移し，表面を均等にならします。冷凍庫で3時間ほど冷やしかためます。

3. 冷凍庫から取り出し，室温に45分ほど置きます。オーブンシートを持って引き上げて取り出し，16個の正方形に切り分けて完成です。すぐに食べない場合は，密閉容器に移します。冷蔵庫で約5日間保存できます。

ピーナッツバターファッジ・スクエア

リッチでクリーミーなピーナッツバターとチョコがたまらない，濃厚な味わいのデザートです。コーヒーとの相性も抜群な，クセになりそうなスナックバーです。

16個分

ポイント

アガベシロップは，低温処理（ロー）のものを選びましょう。遺伝子組み換えでない100％天然の甘味料で，自然にできた果糖（フルクトース）を含み，GI値が低いのが特徴です。ゆっくりとグルコースに分解されるため，エネルギーが持続します。

ココナッツオイルがかたまっているときはフライパンに入れ，弱火にかけて溶かします。

• **20cm角のガラス製ケーキ型，オーブンシートを敷く**

アガベシロップ（ポイント参照）　分けて使用	1カップ（250ml）
液状ココナッツオイル（ポイント参照）　分けて使用	1カップ（250ml）
カカオパウダー（201ページのポイント参照）	1/2カップ（125ml）
バニラエクストラクト	小さじ1
ピーナッツバター（粒あり）	4カップ（1L）

1. 小さめのボウルにアガベシロップ60ml，ココナッツオイル60ml，カカオパウダー，バニラエクストラクトを入れて，泡立て器で混ぜ合わせます。
2. 大きめのボウルにピーナツバターと残りのアガベシロップ，液状ココナッツオイルを入れて，よく混ぜ合わせます。1を加えて混ぜます。
3. ケーキ型に移し，表面をならします。冷凍庫で3時間または冷蔵庫で一晩置いて冷やしかためます。
4. 冷凍庫（冷蔵庫）から取り出し，室温に45分ほど置きます。オーブンシートを持って引き上げて取り出し，16個の正方形に切り分けて完成です。すぐに食べない場合は，密閉容器に移します。冷蔵庫で約2カ月間保存できます。

バリエーション

つくり方2で，玄米パフ1カップ（250ml），またはそばの実（生）1/2カップ（125ml）を加えると，歯応えのよいクランチスクエアになります。

ファッジバイツ

一口サイズのぜいたくを堪能するならこのスイーツ！　口溶けのよいなめらかなダークチョコレートに，ココナッツとカシューナッツの風味がアクセントになっています。

18 〜 20個分

ポイント

ココナッツバターは，ココナッツオイルとココナッツの果肉を混ぜ合わせたもので，自然食品店などでココナッツオイルと並んで販売されています。

ココナッツシュレッドは，無添加のミディアムサイズを選びましょう。栄養価が高いだけでなく，一口サイズのファッジをまとめるのにも効果的です。

- ミキサー
- フードプロセッサー
- オーブンシートを敷いたオーブントレイ

液状ココナッツオイル（前ページのポイント参照）	
	1/2カップ（125ml）
カカオパウダー（201ページのポイント参照）	1カップ（250ml）
アガベシロップ（前ページのポイント参照）	1/2カップ（125ml）
ココナッツバター（ポイント参照）	60ml
バニラエクストラクト	小さじ1/2
生カシューナッツ	2カップ（500ml）
ココナッツシュレッド（無添加，ミディアム，ポイント参照）	
	1カップ（250ml）

1. ミキサーにココナッツオイル，カカオパウダー，アガベシロップ，ココナッツバター，バニラエクストラクトを入れ，なめらかになるまで高速で攪拌します。
2. フードプロセッサーに，生カシューナッツを入れ，粉状になるまで回します。ココナッツシュレッドを加え，ざっと回して混ぜます。1を加えてしっかり混ざるまで回し，ボウルに移します。
3. オーブントレイに生地を大さじ1ずつすくって落とします。冷凍庫で2時間ほど冷やし，かたまれば完成です。すぐに食べない場合は，密閉容器に移します。冷蔵庫で約1週間保存できます。

さつまいもとキビの焼かないブラウニー

ヘルシーな食材を使った濃厚な味わいのブラウニーです。たっぷりのココナッツホイップクリーム
（273ページ参照）と新鮮なフルーツを添えて召し上がれ。

16個分

ポイント

カカオパウダーがない場合は，ココアパウダー300mlで代用できます。

つくり方3の最後に，くるみ1カップ（250ml）を加えてもおいしくしあがります。

- フードプロセッサー
- 20cm角のガラス製ケーキ型，オーブンシートを敷く

水　分けて使用	7カップ（1.75L）
キビ　洗ってざるに上げる	1カップ（250ml）
さつまいも　皮をむいてさいの目切り	2カップ（500ml）
カカオパウダー（ポイント参照）	1カップ（250ml）
アガベシロップ（205ページのポイント参照）	180ml
液状ココナッツオイル（205ページのポイント参照）	1/2カップ（125ml）
アーモンドミルク（276ページ参照）	60ml
純粋メープルシロップ	60ml
バニラエクストラクト	小さじ1
海塩	少々

1. 大きめの鍋に水3カップ（750ml）とキビを入れて，強火にかけます。煮立ったら火を弱め，常に鍋を見ながらよくかき混ぜて，25分ほど煮ます。キビが水分を吸収してやわらかくなったら火を止めて，ふたをしておきます。

2. 別の鍋にさつまいもと水4カップ（1L）を入れて，強火にかけます。煮立ったら火を弱め，15分ほどゆでます。ざるに上げて湯を切ります。

3. フードプロセッサーに1のキビ，2のさつまいも，カカオパウダー，アガベシロップ，ココナッツオイル，アーモンドミルク，メープルシロップ，バニラエクストラクト，塩を入れ，なめらかになるまで回します。ときどき止めて，容器の内側をこそげて混ぜ込みます。

4. ケーキ型に移し，表面をならします。冷蔵庫で3時間ほど冷やしかためます。

5. オーブンシートを持って引き上げて取り出し，16個に切り分けて完成です。すぐに食べない場合は，密閉容器に移します。冷蔵庫で約3日間保存できます。

ラズベリークリームチーズの焼かないブラウニー

なめらかなカシューナッツのペーストと甘酸っぱいラズベリーのフロスティングはまるでクリームチーズのよう。くるみとカカオの風味いっぱいのブラウニーを鮮やかに彩ります。コーヒーやお茶と一緒に，ぜいたくな午後のひとときをどうぞ。

16個分

ポイント

ラズベリーの代わりに同量のいちごやブラックベリーでも同様につくれます。

ココナッツシュガーはGI値の低い天然の甘味料で，大型スーパーや自然食品店で販売しています。ブラウンシュガーに似た甘さがあります。

カカオパウダーは，生のカカオを粉末にしたものです。ココアパウダーと似ていますが，カカオパウダーのほうが味も風味も格段に深く，濃厚です。カカオパウダーは大型スーパーや自然食品店などで入手できます。見つからない場合は，同量の高品質のココアパウダーで代用できます。

- ミキサー
- フードプロセッサー
- 20cm角のガラス製ケーキ型　オーブンシートを敷く

フロスティング

ラズベリー（ポイント参照）	1カップ（250ml）
ココナッツシュガー（オーガニック，ポイント参照）	
	1/2カップ（125ml）
生カシューナッツ	2カップ（500ml）
レモン果汁	大さじ3
海塩	小さじ1/4
バニラエクストラクト	小さじ1/2
水	1/2カップ（125ml）

ブラウニー

生くるみ	2カップ（500ml）
カカオパウダー（ポイント参照）	1/2カップ（125ml）
マジョールデーツ　種を取ってざく切り	1カップ（250ml）
バニラエクストラクト	小さじ1/2
アガベシロップ（205ページのポイント参照）	60ml

1. **フロスティング：**フライパンを中～強火にかけ，ラズベリーとココナッツシュガーを入れて混ぜながら加熱します。ラズベリーがくずれて果汁が出てくるまで，10分ほど煮詰めます。火を止めて，冷ましておきます。

2. 鍋にカシューナッツとかぶるくらいの水（分量外）を入れて，強火にかけます。ひと煮立ちしたら火を止めて，ざるに上げて湯を切ります。

3. ミキサーに2のカシューナッツ，レモン果汁，塩，バニラエクストラクト，水を入れ，なめらかになるまで攪拌します。ときどき止めて，容器の内側をこそげて混ぜ込みます。

4. ボウルに移し1のラズベリーを加えてざっと混ぜます（完全に混ぜ合わせなくてOK）。

5. **ブラウニー：**フードプロセッサーに，生くるみ，カカオパウダーを入れ，くるみが細かくなるまで回します（回しすぎてペースト状に

しないように注意）。マジョールデーツとバニラエクストラクトを加え，生地がまとまるまで回します。モーターを回したまま，注入口からアガベシロップをそそぎ入れ，全体が混ざるまで回します。

6. ケーキ型に移し，表面をならします。フロスティングを重ねて広げ，表面をならします。冷蔵庫で3時間または一晩置いて冷やしかためます。

7. オーブンシートを持って引き上げて取り出し，16個の正方形に切り分けて完成です。すぐに食べない場合は，密閉容器に移します。冷蔵庫で約5日間保存できます。

パンプキントフィー・レアチーズケーキ

おろしたてのナツメグの独特な甘い香りが食欲をそそるパンプキンケーキです。切り分けたらココ
ナッツホイップクリーム（273ページ参照）をトッピングして召し上がれ。

**23cmのケーキ型1個
（16切れ）分**

ポイント

カシューナッツを水にひたす：
カシューナッツと水8カップ
（2L）をボウルに入れます。
ラップをかけ，1時間または冷
蔵庫で一晩置き，水を切ります。

パンプキンピューレの缶詰が見
つからない場合は，かぼちゃ2
カップ（500ml）をゆでてつぶ
したもので代用できます。

- フードプロセッサー
- 直径23cmスプリングフォーム（ラッチつき）のケーキ型
  油（分量外）を塗る

ボトム生地

生くるみ	2カップ（500ml）
生アーモンド	1カップ（250ml）
マジョールデーツ　種を取ってざく切り	1カップ（250ml）
バニラエクストラクト	小さじ1/2
シナモン（粉）	小さじ1/4
ナツメグ（ホール，すりおろす）	小さじ1/8
海塩	少々
アガベシロップ（205ページのポイント参照）	大さじ3

フィリング

生カシューナッツ（ポイント参照）	4カップ（1L）
水	1カップ（250ml）
アガベシロップ	1カップ（250ml）
パンプキンピューレの缶詰（オーガニック，ポイント参照）	
	1缶（400g）
シナモン（粉）	小さじ1
バニラエクストラクト	小さじ2
ナツメグ（ホール，すりおろす）	小さじ1/4
液状ココナッツオイル（205ページのポイント参照）	
	1カップ（250ml）

1. **ボトム生地：**フードプロセッサーに生くるみ，生アーモンド，マ
   ジョールデーツ，バニラエクストラクト，シナモン，ナツメグ，塩
   を入れ，ナッツ類が細かくなるまで回します。

2. モーターを回したまま，注入口からアガベシロップをそそぎ入れ，
   全体を混ぜ合わせます。指で生地をつまんでまとまればOKです。
   ケーキ型に移し，底に強く押してかためます。フードプロセッサー
   の容器を洗って乾かします。

3. **フィリング：** フードプロセッサーに生カシューナッツ，水，アガベシロップ，パンプキンピューレ，シナモン，バニラエクストラクト，ナツメグを入れ，なめらかになるまで回します。ときどき止めて，容器の内側をこそげて混ぜ込みます。注入口からココナッツオイルをそそぎ入れ，全体がなめらかになるまで回します。

4. 3をケーキ型のボトム生地の上にあけ，スパチュラで均等にならします。冷蔵庫で8時間または一晩置いて冷やしかためます。

5. ナイフを枠に沿わせて一周させてからラッチを外して型をゆるめ，型枠を取り外します。切り分けて提供します。すぐに食べない場合は，ラップをかけて冷蔵庫へ。約5日間保存できます。

ブルーベリーといちごのレアチーズケーキ

ナッツとデーツが香ばしいボトム生地と，甘酸っぱいベリーのクリーミーなフィリングが絶妙なハーモニーを奏でます。特別な日のデザートにどうぞ。

25cmのケーキ型1個（16切れ）分

ポイント

ボトム生地の材料をフードプロセッサーで砕くときは，ナッツの大きな粒が残ると生地がまとまりにくくなるので注意しましょう。指で生地をつまんだとき，くっついてまとまればOKです。

カシューナッツを水にひたす：カシューナッツと水8カップ（2L）をボウルに入れます。ラップをかけ，1時間または冷蔵庫で一晩置き，水を切ります。

ブルーベリーといちごは，合わせて1カップ（250ml）であれば，きっちり半分ずつでなくても大丈夫です。好みでベリーの種類を変えたり（ラズベリーなど），1種類だけでつくったりしてもいいでしょう。

ココナッツオイルがかたまっているときは，フライパンに入れ弱火にかけて温めて溶かします。

- フードプロセッサー
- 直径25cmスプリングフォーム（ラッチつき）のケーキ型 油（分量外）を塗る

ボトム生地

生くるみ	2カップ（500ml）
生アーモンド	1カップ（250ml）
マジョールデーツ　種を取ってざく切り	1カップ（250ml）
バニラエクストラクト	小さじ1/2
海塩	少々
アガベシロップ（205ページのポイント参照）	大さじ3

フィリング

生カシューナッツ（ポイント参照）	4カップ（1L）
水	1カップ（250ml）
アガベシロップ	1カップ（250ml）
ブルーベリー（ポイント参照）	1/2カップ（125ml）
いちご　ヘタを取ってざく切り	1/2カップ（125ml）
レモン果汁	大さじ3
バニラエクストラクト	小さじ2
液状ココナッツオイル（ポイント参照）	1カップ（250ml）

1. **ボトム生地：**フードプロセッサーに生くるみ，生アーモンド，マジョールデーツ，バニラエクストラクト，塩を入れ，大きなナッツの粒がなくなるまで回します（ポイント参照）。モーターを回したまま，アガベシロップを注入口からそそぎ入れます。
2. ケーキ型に移し，底に押し広げてかためます。フードプロセッサーの容器を洗って乾かします。
3. **フィリング：**フードプロセッサーに生カシューナッツ，水，アガベシロップ，ブルーベリー，いちご，レモン果汁，バニラエクストラクトを入れ，なめらかになるまで回します。ココナッツオイルも加え，なめらかになるまで回します。
4. 2のボトム生地の上にあけ，スパチュラで表面をならします。冷蔵庫で8時間または一晩置いて冷やしかためます。
5. ナイフを枠に沿わせて一周させてからラッチを外して型をゆるめ，型枠を取り外します。切り分けて完成です。

チョコレートバナナケーキ

なめらかな口あたりで，チョコレートとバナナが織りなす豊かな味わいのケーキです。ココナッツホイップクリーム（273ページ参照）を添えて召し上がれ。

25cmのケーキ型1個（16切れ）分

ポイント

カシューナッツを水にひたす：カシューナッツと水4カップ（1L）をボウルに入れます。ラップをかけ，1時間または冷蔵庫で一晩置き，水を切ります。

ココナッツオイルがかたまっているときは，フライパンに入れ弱火にかけて温めて溶かします。

- フードプロセッサー
- 直径25cmスプリングフォーム（ラッチつき）のケーキ型油（分量外）を塗る

ボトム生地

生くるみ	2カップ（500ml）
生アーモンド	1カップ（250ml）
マジョールデーツ　種を取ってざく切り	1カップ（250ml）
バニラエクストラクト	小さじ1/2
海塩	少々
アガベシロップ（205ページのポイント参照）	大さじ3

フィリング　2回に分けて使用

生カシューナッツ（ポイント参照）	2カップ（500ml）
バナナ　ざく切り	8カップ（2L）
カカオパウダー（208ページのポイント参照）	1カップ（250ml）
アガベシロップ	1カップ（250ml）
液状ココナッツオイル（ポイント参照）	1カップ（250ml）
バニラエクストラクト	小さじ1/2

1. **ボトム生地**：フードプロセッサーに生くるみ，生アーモンド，マジョールデーツ，バニラエクストラクト，塩を入れ，大きなナッツの粒がなくなるまで回します。モーターを回したまま，アガベシロップを注入口からそそぎ入れます。

2. ケーキ型に移し，底に押し広げてかためます。フードプロセッサーの容器を洗って乾かします。

3. **フィリング**：フードプロセッサーに生カシューナッツ1カップ（250ml），バナナ4カップ（1L），カカオパウダー1/2カップ（125ml），アガベシロップ1/2カップ（125ml），液状ココナッツオイル1/2カップ（125ml），バニラエクストラクト小さじ1/4を入れ，なめらかになるまで回します。ケーキ型のボトム生地の上にあけます。残りの材料も同様に作業し，ケーキ型に移します。

4. スパチュラでケーキの表面をならします。冷蔵庫で8時間または一晩置いて冷やしかためます。

5. ナイフを枠に沿わせて一周させてからラッチを外して型をゆるめ，型枠を取り外します。切り分けて完成です。

チョコレートミントパイ

カカオたっぷりのボトム生地に，見た目にも鮮やかなフィリングにはアボカドとバナナ，そしてヘルシーなスピルリナがイン。パーティーや持ち寄りランチなどで注目されそうな，ミントの香りがさわやかなパイです。

25cmのケーキ型1個（16切れ）分

ポイント

ボトム生地の材料をフードプロセッサーで砕くときは，ナッツの大きな粒が残ると生地がまとまりにくくなるので注意しましょう。指で生地をつまんだとき，くっついてまとまればOKです。

熟したバナナが余った場合は，皮をむいて冷凍保存しましょう。スムージーをつくるときに便利です。

- フードプロセッサー
- 直径25cmスプリングフォーム（ラッチつき）のケーキ型　油（分量外）を塗る

ボトム生地

生くるみ	2カップ（500ml）
生アーモンド	1カップ（250ml）
カカオパウダー（次ページのポイント参照）	大さじ2
バニラエクストラクト	小さじ1/2
海塩	少々
マジョールデーツ　種を取って切る	1カップ（250ml）
アガベシロップ（次ページのポイント参照）	大さじ3

フィリング

バナナ（完熟）　ざく切り（ポイント参照）	4カップ（1L，大3本程度）
アボカド（完熟）　ざく切り	2個
アガベシロップ	1カップ（250ml）
液状ココナッツオイル（前ページのポイント参照）	180ml
ペパーミントエクストラクト（オーガニック）	小さじ2
スピルリナパウダー	小さじ1
バニラエクストラクト	小さじ1/2

1. **ボトム生地：**フードプロセッサーに生くるみ，生アーモンド，カカオパウダー，バニラエクストラクト，塩を入れ，粉状になるまで回します（ポイント参照）。マジョールデーツを加え，全体がまとまるまで回し，モーターを回したまま，アガベシロップを注入口からそそぎ入れ，全体が混ざるまで回します。ケーキ型に移し，底に押し広げてかためます。フードプロセッサーの容器を洗って乾かします。

2. **フィリング：**フードプロセッサーにフィリングの材料全部を入れ，なめらかになるまで回します。ときどき止めて，容器の内側をこそげて混ぜ込みます。

3. 1のボトム生地の上にあけ，スパチュラで表面をならします。冷蔵庫で8時間以上または一晩置いて冷やしかためます。かたまったらナイフを枠に沿わせて一周させてからラッチを外して型をゆるめ，型枠を取り外します。切り分けて完成です。すぐに食べない場合は，ラップをかけます。冷蔵庫で約5日間保存できます。

シルキーチョコレートムース

材料はたった4つだけなのに，この上ないぜいたくなスイーツのできあがり！ シンプルだけど濃厚な口あたりで口溶けも抜群。リピート間違いなしのレシピです。

4人分

ポイント

カカオパウダーは，生のカカオを粉末にしたものです。ココアパウダーと似ていますが，カカオパウダーのほうが味も風味も格段に深く，濃厚です。カカオパウダーは大型スーパーや自然食品店などで販売しています。見つからない場合は，同量の高品質のココアパウダーで代用できます。

アガベシロップは，低温処理（ロー）のものを選びましょう。遺伝子組み換えでない100％天然の甘味料で，自然にできた果糖（フルクトース）を含み，GI値が低いのが特徴です。ゆっくりとグルコースに分解されるため，エネルギーが持続します。

• **フードプロセッサー**

絹ごし豆腐　水切りする	375g
カカオパウダー（ポイント参照）	1カップ（250ml）
アガベシロップ（ポイント参照）	180ml
バニラエクストラクト	小さじ1/2

1. フードプロセッサーに全材料を入れ，なめらかになるまで回します。ときどき止めて，容器の内側をこそげて混ぜ込みます。
2. 人数分の深めの器に均等に分け，冷たいうちにいただきます。

バリエーション

チョコレートとアボカドのムース：絹ごし豆腐の代わりに，熟したアボカド2個を使用し，同様につくります。

ココナッツキャラメルソース

ヴィーガンバニラアイスクリーム（223ページ参照）や，マカクランチアイスクリーム（233ページ参照），塩キャラメルアイスクリーム（230ページ参照）にたっぷりかけて楽しみましょう。

300ml分

ポイント

ココナッツシュガーはGI値の低い天然の甘味料で，大型スーパーや自然食品店で販売しています。ブラウンシュガーに似た甘さがあります。

ココナッツミルク（全脂肪）	1缶（400ml）
ココナッツシュガー（オーガニック，ポイント参照）	1/2カップ（125ml）
バニラエクストラクト	小さじ1

1. 鍋を中火にかけ，ココナッツミルクとココナッツシュガーを入れます。煮立たせないように注意して，キャラメル色になるまで8〜10分煮詰めます。火を止めて，バニラエクストラクトを加えて混ぜます。

2. 温かいままでも冷ましてからでも使えます。すぐに使わない場合は，密閉容器に移します。冷蔵庫で約1週間保存できます。

バリエーション

塩キャラメルソース：最初に海塩小さじ1を鍋に加えます。それ以降は同様につくります。

クッキードゥプディング

そのまま食べてもおいしいクリームプディングですが，簡単チョコレートソース（198ページ参照）と一緒にほかのデザートに合わせたり，メロンやりんご，いちごなどの新鮮なフルーツのディップとしても楽しむことができます。

ポイント

ココナッツバターは，ココナッツオイルとココナッツの果肉を混ぜ合わせたもので，自然食品店などでココナツオイルと並んで販売されています。

カカオニブは低温でローストしたカカオ豆を砕いたものです。カリッとした食感と，ダークチョコレートの風味があります。

• フードプロセッサー

生アーモンド	60ml
ココナッツバター（ポイント参照）	1カップ（250ml）
純粋メープルシロップ	1カップ（250ml）
カカオニブ（ポイント参照）	60ml
バニラエクストラクト	小さじ1

1. フードプロセッサーに生アーモンドを入れ，粉状になるまで回します（ペースト状にならないように，回しすぎに注意）。
2. ココナッツバター，メープルシロップ，カカオニブ，バニラエクストラクトを加え，なめらかなクリーム状になるまで回します。器に盛って完成です。すぐに食べない場合は，密閉容器に移します。冷蔵庫で約1週間保存できます。

基本のパンプディング

グルテンフリーのパンでつくるトラディショナルなパンプディングです。スロークッカーから漂うシナモンの香りが食欲をそそります。ココナッツキャラメルソース（216ページ参照）をかけてもおいしいです。

6人分

ポイント

シナモンは質の高いオーガニックのものを選びましょう。シナモンスティックをおろして使うとフレッシュな香りが楽しめます。

グルテンフリーのパンはどの種類のものでもかまいません。使用前にパッケージから出して1時間ほど常温に置くと少し乾燥し，調理中によりいっそう水分を吸収しておいしくしあがります。

このパンプディングは冷蔵庫で約5日間もつので，つくりおきが可能です。温め直すには，オーブンシートを敷いたオーブントレイにのせ，150℃のオーブンで20分ほど加熱します。

- スロークッカー（容量3.8L） 内鍋に油（分量外）を塗る

フラックスシード（粉）	大さじ3
熱湯	135ml
アーモンドミルク（276ページ参照）	1と1/2カップ（375ml）
液状ココナッツオイル（213ページのポイント参照）	1/2カップ（125ml）
ココナッツシュガー（オーガニック，216ページのポイント参照）	1/2カップ（125ml）
シナモン（粉，ポイント参照）	小さじ1
バニラエクストラクト	小さじ1
玄米パン（ポイント参照） 2〜3cmのさいの目切り	500g

1. ボウルにフラックスシードと熱湯を入れてよく混ぜ，ふたをして10分ほど置き，水分を吸収させます。
2. 大きめのボウルにアーモンドミルク，ココナッツオイル，ココナッツシュガー，シナモン，バニラエクストラクト，1のフラックスシードを入れて，よく混ぜます。玄米パンを加え，全体にからめます。次にスロークッカーの内鍋に移します。
3. ふたをして低温で6時間または高温で3時間，加熱調理します。できあがったら温かいうちにいただきます（ポイント参照）。

ミントとグレープフルーツのグラニータ

人気の高いイタリアの冷たいデザートです。グラニータは,フレッシュな口あたりで,おやつにもデザートにもぴったり。新鮮なグレープフルーツの苦味と酸味に,すっきり爽快なミントを合わせました。

4カップ（1L）分

ポイント

ココナッツシュガーはGI値の低い天然の甘味料で,大型スーパーや自然食品店で入手できます。ブラウンシュガーに似た甘さがあります。

つくり方4で,フードプロセッサーの代わりにフォークを使って削ることもできます。

- ミキサー
- 28cm×18cmのガラス製ケーキ型
- フードプロセッサー

水	1カップ（250ml）
ココナッツシュガー（オーガニック,ポイント参照）	
	1/2カップ（125ml）
レモン果汁	大さじ2
ミントの葉　千切り　分けて使用	1/2カップ（125ml）
ペパーミントエクストラクト（オーガニック）	小さじ1
グレープフルーツ果汁	3カップ（750ml）

1. 鍋に水,ココナッツシュガー,レモン果汁を入れて,強火にかけます。煮立ったら火を止めて,かき混ぜてココナッツシュガーを完全に溶かし,ミキサーに移します。

2. ミキサーに,ミントの葉60ml,ペパーミントエクストラクトを加え,なめらかになるまで高速で攪拌します。グレープフルーツ果汁を加え,混ざるまで攪拌します。

3. ケーキ型に移し,残りのミントの葉を加えてざっと混ぜます。ラップをかけて冷凍庫で完全にかたまるまで6時間以上または一晩置いて冷やしかためます。

4. 包丁で3をざっと切り分け,フードプロセッサーに入れます。全体が削れて,みぞれのような状態になるまで回したらできあがりです（ポイント参照）。すぐに食べない場合は,密閉容器に移します。冷凍庫で約2週間保存できます。

すいかとライムのグラニータ

グラニータはそのフレッシュな口あたりを活かし，コース料理の途中で口直しとしてテーブルに登場します。スパイシー・エンジェルヘアーパスタ（上巻参照）や，テンペとかぼちゃのスパイス煮込み（86〜87ページ参照）などのスパイシーな料理に合わせてみてはいかがでしょうか。

4カップ（1L）分

ポイント

つくり方3で，フードプロセッサーの代わりにフォークを使って削ってもOKです。

- フードプロセッサー
- 1.5L容量の耐熱皿

水	1カップ（250ml）
ココナッツシュガー（オーガニック，前ページのポイント参照）	1カップ（250ml）
すいか　ざく切り	4カップ（1L）
ライム果汁	大さじ1

1. 鍋に水とココナッツシュガーを入れて，火にかけます。煮立たせないように注意して，かき混ぜながら5分ほど温め，ココナッツシュガーを完全に溶かします。ボウルに移し，ラップをかけます。冷蔵庫で完全に冷まします。

2. フードプロセッサーに1のシロップ，すいか，ライム果汁を加え，なめらかになるまで回します。耐熱皿に移し，ラップをかけます。冷凍庫で完全にかたまるまで6時間以上または一晩置いて冷やしかためます。

3. 2がかたまったら包丁でざっと切り分け，フードプロセッサーに入れます。みぞれのような状態になるまで回したらできあがりです（ポイント参照）。すぐに食べない場合は，密閉容器に移します。冷凍庫で約2週間保存できます。

バリエーション

すいか以外にも，いちごやラズベリー，マンゴー，桃，ブルーベリーなどでも同様につくれます。

シトラスシャーベット

夏の暑い日には，さっぱりしたシャーベットが格別です。またコース料理の口直しとしても喜ばれます。

ポイント

アイスクリームメーカーがない場合は，前ページのグラニータと同じ要領でつくることができます。

● **アイスクリームメーカー**

水	3カップ（750ml）
ココナッツシュガー（オーガニック，219ページのポイント参照）	
	1カップ（250ml）
レモン果汁	1/2カップ（125ml）
ライム果汁	1/2カップ（125ml）
レモンの皮のすりおろし	小さじ1
ライムの皮のすりおろし	小さじ1

1. 鍋に水，ココナッツシュガー，レモンとライムの果汁を入れて，火にかけます。煮立たせないように注意して，かき混ぜながら5分ほど温め，ココナッツシュガーを完全に溶かします。火を止めて，レモンとライムの皮を加えて混ぜます。
2. ボウルに移し，ラップをかけて冷蔵庫で4時間以上または一晩冷やします。
3. アイスクリームメーカーに入れて，メーカーの説明書に従って凍らせればできあがりです（ポイント参照）。すぐに食べない場合は，密閉容器に移します。冷凍庫で約2週間保存できます

バリエーション

ジンジャーシトラスシャーベット：つくり方1で，ざく切りした生姜大さじ2を鍋に加えて一緒に煮ます。2でボウルに移すときに生姜を取り除いておきます。3でアイスクリームメーカーに入れる直前に，生姜のみじん切り小さじ1を加えて混ぜます。

カシューバニラアイスクリーム

ヴィーガン＆ローフードのアイスクリームはとてもシンプルですが，乳製品が使われているアイスクリームにも負けないコクのある味わいです。カシューナッツのなめらかさとバニラのフレーバーが，ヴィーガンアイスクリームにありがちな物足りなさを完全にカバー。ココナッツキャラメルソース（216ページ参照）や，デザートパンケーキ（201ページ参照），バナナの天ぷら（199ページ参照）などと組み合わせて，締めのデザートプレートにいかがでしょうか。

4カップ（1L）分

ポイント

ハイパワーのミキサーを使うと，よりクリーミーなしあがりになります。

カシューナッツを水にひたす：カシューナッツ1カップ（250ml）と水2カップ（500ml）をボウルに入れます。ラップをかけ，30分または冷蔵庫で一晩置き，水を切ります。

ココナッツオイルがかたまっているときはフライパンに入れ，弱火にかけて溶かします。

- ミキサー（ポイント参照）
- アイスクリームメーカー

生カシューナッツ（ポイント参照）	1カップ（250ml）
液状ココナッツオイル（ポイント参照）	180ml
アガベシロップ（215ページのポイント参照）	1/2カップ（125ml）
カシューミルク（276ページ参照）	60ml
バニラエクストラクト	小さじ1
レモン果汁	小さじ1

1. ミキサーに，全材料を入れ，なめらかなクリーム状になるまで高速で攪拌します。
2. アイスクリームメーカーに入れて，メーカーの説明書に従って凍らせればできあがりです。すぐに食べない場合は，密閉容器に移します。冷凍庫で約2週間保存できます。

ヴィーガンバニラアイスクリーム

乳製品も上白糖もいっさい使いませんが，通常のアイスクリームに勝るとも劣らない自信作です。新鮮ないちごとココナッツホイップクリーム（273ページ参照）を添えれば，より本格的なデザートに。至福のひとときを独り占めしちゃいましょう！

4カップ（1L）分

ポイント

このレシピではバニラエクストラクトではなく，バニラパウダーを使います。パウダーのほうが香りも格段によく，バニラの黒い粒子が見えるので視覚的にも楽しめます。どうしても見つからない場合は，バニラエクストラクト（オーガニック，アルコールフリー）小さじ2で代用できます。

熱い食材をミキサーにかけるときは，容器の半分を超えないようにします。ふたが外れ中身が飛び散ってしまうことがあるので，ふたの上にタオルをかぶせ，その上から手でしっかり押さえます。

材料を冷やす前にミキサーで混ぜて乳化させ，凍らせたときに水分が分離しないようにします。油分と水分が分離して凍ってしまうと，なめらかな口あたりにしあがらないので，このひと手間がとても重要です。

- ミキサー
- アイスクリームメーカー

ココナッツミルク（全脂肪）	1缶（400ml）
ココナッツクリーム（273ページと188ページのポイント参照）	
	1缶（400ml）
ココナッツシュガー（オーガニック，219ページのポイント参照）	
	1/2カップ（125ml）
アガベシロップ（215ページのポイント参照）	60ml
バニラパウダー（ポイント参照）	小さじ1
海塩	小さじ1/8

1. 鍋に全材料を入れて，よく混ぜながら温めます。煮立たせないように注意して，かき混ぜながら，2〜3分ほど温め，ココナッツシュガーを完全に溶かします。
2. ミキサーに1を入れ（ポイント参照），30秒ほど高速で攪拌します。ボウルに移し，ラップをかけて冷蔵庫で4時間以上または一晩冷やします。
3. 冷蔵庫から取り出し，一度しっかり混ぜてからアイスクリームメーカーに入れて，メーカーの説明書に従って凍らせればできあがりです。すぐに食べない場合は，密閉容器に移します。冷凍庫で約2週間保存できます。

レモン＆バジルアイスクリーム

レモンもバジルも独特の強い風味がありますが，ココナッツをベースとしたやさしい甘さのアイスクリームに加えると，魅力あふれるフレーバーに変身します。一度食べたらやみつきになること間違いなしです。

4カップ（1L）分

ポイント

バジルの葉の千切り：バジルの葉を茎から取って重ねます。葉を巻いて，端から千切りにします。

このレシピではバニラエクストラクトではなく，バニラパウダーを使います。パウダーのほうが香りも格段によく，バニラの黒い粒子が見えるので視覚的にも楽しめます。どうしても見つからない場合は，バニラエクストラクト（オーガニック，アルコールフリー）小さじ1/2で代用できます。

- ミキサー
- アイスクリームメーカー

ココナッツミルク（全脂肪）	1缶（400ml）
ココナッツクリーム（273ページと188ページのポイント参照）	1缶（400ml）
バジルの葉　千切り　分けて使用（ポイント参照）	大さじ8
ココナッツシュガー（オーガニック，219ページのポイント参照）	1/2カップ（125ml）
アガベシロップ（215ページのポイント参照）	60ml
レモンの皮のすりおろし	小さじ1
レモン果汁	60ml
バニラパウダー（ポイント参照）	小さじ1/4
海塩	小さじ1/8

1. 鍋にココナッツミルク，ココナッツクリーム，バジル大さじ4，ココナッツシュガー，アガベシロップ，レモンの皮と果汁，バニラパウダー，塩を入れて，中火にかけ混ぜ合わせます。煮立たせないように注意して2〜3分ほど温め，ココナッツシュガーを完全に溶かします。

2. ミキサーに1を入れ（前ページのポイント参照），30秒ほど高速で攪拌します。ボウルに移し，ラップをかけて冷蔵庫で4時間以上または一晩冷やします。

3. 冷蔵庫から取り出し，一度しっかり混ぜてからアイスクリームメーカーに入れて，メーカーの説明書に従って凍らせます。しあがりの5分前に残りのバジル大さじ4を加えます。アイスクリームメーカーの中でバジルが混ざればできあがりです。すぐに食べない場合は，密閉容器に移します。冷凍庫で約2週間保存できます。

レモングラスアイスクリーム

レモングラスとココナッツはタイ料理ではおなじみの組み合わせ。アイスクリームにもその伝統的な風味をプラスしたエキゾチックな香りがクセになる一品です。一口食べると，不思議と懐かしさを覚えます。

4カップ（1L）分

ポイント

レモングラスは下部約5cmのみを使用します。残りの部位は繊維がかたいので，別途タイ料理などに使用しましょう（包丁の腹で叩いてからスープや煮ものなどの風味づけとして加え，しあげ前には取り除きます）。

- ミキサー
- アイスクリームメーカー

ココナッツミルク（全脂肪）	1缶（400ml）
ココナッツクリーム（273ページと188ページのポイント参照）	
	1缶（400ml）
ココナッツシュガー（オーガニック，219ページのポイント参照）	
	1/2カップ（125ml）
アガベシロップ（215ページのポイント参照）	60ml
バニラパウダー（前ページのポイント参照）	小さじ1/4
海塩	小さじ1/8
レモングラス（ポイント参照）　きざむ	3本

1. 鍋を中火にかけ，全材料を入れて混ぜ合わせます。煮立たせないように注意して，2〜3分ほど温め，ココナッツシュガーを完全に溶かします。

2. 火を止めて30分ほど置き，レモングラスの香りを立たせます。こし器で濾しながらミキサーの容器に移します（レモングラスは取り除きます）。

3. ミキサーで30秒ほど高速で攪拌します（223ページのポイント参照）。ボウルに移し，ラップをかけて冷蔵庫で4時間以上または一晩冷やします。

4. 冷蔵庫から出し，一度しっかり混ぜてからアイスクリームメーカーに入れて，メーカーの説明書に従って凍らせればできあがりです。すぐに食べない場合は，密閉容器に移します。冷凍庫で約2週間保存できます。

いちごとクコの実のアイスクリーム

いちごとクコの実はどちらも抗酸化物質が豊富で，体にも美容にもとてもよい食材です。甘くてみずみずしいいちごと栄養たっぷりのクコの実でつくったアイスクリームを，日々のメニューのラインナップに加えましょう。いちごが旬の季節にたくさんつくって，ヘルシーできれいになれるおやつを毎日楽しみたいですね。

4カップ（1L）分

ポイント

クコの実を水にひたす：クコの実と熱湯2カップ（500ml）をボウルに入れ，ふたをして30分ほど置き，ざるに上げて湯を切ります。

オーガニックのバニラパウダーは大型スーパーや自然食品店などで入手できます。乾燥したバニラビーンズを粉末にしたもので，香り高いのが特徴です。見つからない場合は，バニラエクストラクト（オーガニック，アルコールフリー）小さじ1/2で代用できます。

- ミキサー
- アイスクリームメーカー

ココナッツミルク（全脂肪）	1缶（400ml）
ココナッツクリーム（273ページと188ページのポイント参照）	
	1缶（400ml）
いちご　ヘタを取ってきざむ　分けて使用	1カップ（250ml）
クコの実　分けて使用（ポイント参照）	1/2カップ（125ml）
ココナッツシュガー（オーガニック，219ページのポイント参照）	
	1/2カップ（125ml）
アガベシロップ（215ページのポイント参照）	60ml
バニラパウダー（ポイント参照）	小さじ1/4
海塩	小さじ1/8

1. 鍋にココナッツミルク，ココナッツクリーム，いちご1/2カップ（125ml），クコの実60ml，ココナッツシュガー，アガベシロップ，バニラパウダー，塩を入れて中火にかけ，混ぜ合わせます。煮立たせないように注意して，2〜3分ほど温め，ココナッツシュガーを完全に溶かします。

2. ミキサーに1を入れ，30秒ほど高速で攪拌します（次ページのポイント参照）。ボウルに移し，ラップをかけて冷蔵庫で4時間以上または一晩冷やします。

3. 冷蔵庫から取り出し，一度しっかり混ぜてからアイスクリームメーカーに入れて，メーカーの説明書に従って凍らせます。しあがりの5分前に残りのいちごとクコの実を加えます。アイスクリームメーカーの中で全体が混ざればできあがりです。すぐに食べない場合は，密閉容器に移します。冷凍庫で約2週間保存できます。

ラズベリーとビーツのアイスクリーム

意外な組み合わせかと思いきや，実はラズベリーとビーツの相性はとてもよく，しあがりのきれいなピンク色も魅力的です。自然な甘さのビーツと甘酸っぱいラズベリーがアイスクリームの中で溶け合い，たまらないおいしさを醸し出します。フレッシュなラズベリーを添え，ココナッツキャラメルソース（216ページ参照）をかけて召し上がれ。

4カップ（1L）分

ポイント

ビーツジュースをつくる：2〜3個のビーツを1/4に切り，電動ジューサーにかけます。またはジューススタンドなどで買ったフレッシュジュースも使用できます。

熱い食材をミキサーにかけるときは，容器の半分を超えないようにします。蒸気の圧力でふたが外れて中身が飛び散ってしまうことがあるので，ふたの上にタオルをかぶせ，その上から手でしっかり押さえます。

材料を冷やす前にミキサーで混ぜて乳化させ，凍らせたときに水分が分離しないようにします。油分と水分が分離して凍ってしまうと，なめらかな口あたりにしあがらないので，このひと手間がとても重要です。

- ミキサー
- アイスクリームメーカー

ココナッツミルク（全脂肪）	1缶（400ml）
ココナッツクリーム（273ページと188ページのポイント参照）	
	1缶（400ml）
ココナッツシュガー（オーガニック，219ページのポイント参照）	
	1/2カップ（125ml）
ラズベリー　分けて使用	1カップ（250ml）
アガベシロップ（215ページのポイント参照）	60ml
バニラパウダー（前ページのポイント参照）	小さじ1/4
海塩	小さじ1/8
ビーツジュース（ポイント参照）	60ml

1. 鍋にココナッツミルク，ココナッツクリーム，ココナッツシュガー，ラズベリー1/2カップ（125ml），アガベシロップ，バニラパウダー，塩を入れて中火にかけ，混ぜ合わせます。煮立たせないように注意して，ココナッツシュガーが完全に溶け，ラズベリーがくずれてくるまで，4〜5分かき混ぜながら温めます。

2. ミキサーに1とビーツジュースを入れ，30秒ほど高速で攪拌します（ポイント参照）。ボウルに移し，ラップをかけて冷蔵庫で4時間以上または一晩冷やします。

3. 冷蔵庫から取り出し，一度しっかり混ぜてからアイスクリームメーカーに入れて，メーカーの説明書に従って凍らせます。しあがりの5分前に残りのラズベリーを加えます。アイスクリームメーカーの中で全体が混ざればできあがりです。すぐに食べない場合は，密閉容器に移します。冷凍庫で約2週間保存できます。

バリエーション

いちごとビーツのアイスクリーム：ラズベリーの代わりに，同量のいちごを使用し，同様につくります。

ブルーベリーアイスクリーム

夏を味わうさわやかなアイスクリームです。ブルーベリーが旬の季節にチャレンジしてみてください。

4カップ（1L）分

ポイント

オーガニックのバニラパウダーは大型スーパーや自然食品店などで入手できます。乾燥したバニラビーンズを粉末にしたもので，香りが高いのが特徴です。見つからない場合は，バニラエクストラクト（オーガニック，アルコールフリー）小さじ1/2で代用できます。

- ミキサー
- アイスクリームメーカー

ココナッツミルク（全脂肪）	1缶（400ml）
ココナッツクリーム（273ページと188ページのポイント参照）	
	1缶（400ml）
ブルーベリー　分けて使用	1カップ（250ml）
ココナッツシュガー（オーガニック，219ページのポイント参照）	
	1/2カップ（125ml）
アガベシロップ（215ページのポイント参照）	60ml
バニラパウダー（ポイント参照）	小さじ1/4
海塩	小さじ1/8
レモン果汁	大さじ1

1. 鍋にココナッツミルク，ココナッツクリーム，ブルーベリー1/2カップ（125ml），ココナッツシュガー，アガベシロップ，バニラパウダー，塩を入れて中火にかけ，混ぜ合わせます。煮立たせないように注意して，2～3分ほど温め，ココナッツシュガーを完全に溶かします。

2. ミキサーに1とレモン果汁を入れ，30秒ほど高速で攪拌します（前ページのポイント参照）。ボウルに移し，ラップをかけて冷蔵庫で4時間以上または一晩冷やします。

3. 冷蔵庫から取り出し，一度しっかり混ぜてからアイスクリームメーカーに入れて，メーカーの説明書に従って凍らせます。しあがりの5分前に残りのブルーベリーを加えます。アイスクリームメーカーの中で全体が混ざればできあがりです。すぐに食べない場合は，密閉容器に移します。冷凍庫で約2週間保存できます。

シナモンピーチアイスクリーム

桃の旬は短いので，桃のおいしさを味わえる時期はできるだけ楽しみたいものです。シナモンは桃と相性のよいスパイスで，桃の甘さとみずみずしさを存分に引き立ててくれる名脇役です。さぁ，旬のおいしさをアイスクリームに封じ込めて，味わい尽くしましょう。

4カップ（1L）分

ポイント

桃の皮の切り方：果物ナイフを真ん中から刺し，種に沿って一周させます。両手で桃の両側を持ち，つぶさないようにひねって半分に分けます。ナイフで種の周りの繊維を切り，種を除いてから切ります。

シナモンはオーガニックで高品質のものを選びましょう。スティックで購入して，スパイスミルで挽いてから粉にして使うとフレッシュな香りが楽しめます。

熱い食材をミキサーにかけるときは，容器の半分を超えないようにします。ふたが外れて中身が飛び散ってしまうことがあるので，ふたの上にタオルをかぶせ，その上から手でしっかり押さえます。

材料を冷やす前にミキサーで混ぜて乳化させ，凍らせたときに水分が分離しないようにします。油分と水分が分離して凍ってしまうと，なめらかな口あたりにしあがらないので，このひと手間がとても重要です。

- ミキサー
- アイスクリームメーカー

ココナッツミルク（全脂肪）	1缶（400ml）
ココナッツクリーム（273ページと188ページのポイント参照）	
	1缶（400ml）
桃　分けて使用（ポイント参照）	1カップ（250ml）
ココナッツシュガー（オーガニック，219ページのポイント参照）	
	1/2カップ（125ml）
アガベシロップ（215ページのポイント参照）	60ml
シナモン（粉，ポイント参照）	小さじ1
バニラパウダー（前ページのポイント参照）	小さじ1/4
海塩	小さじ1/8
レモン果汁	大さじ1

1. 鍋にココナッツミルク，ココナッツクリーム，桃，ココナッツシュガー，アガベシロップ，シナモン，バニラパウダー，塩を入れて中火にかけ，混ぜ合わせます。煮立たせないように注意して，ココナッツシュガーが完全に溶け，桃がやわらかくやや茶色になるまで，2～3分かき混ぜながら温めます。次に桃を1/2カップ（125ml）小さなボウルに取り分けておきます。

2. ミキサーに1とレモン果汁を入れ，30秒ほど高速で攪拌します（ポイント参照）。ボウルに移し，ラップをかけて冷蔵庫で4時間以上または一晩冷やします。

3. 冷蔵庫から取り出し，一度しっかり混ぜてからアイスクリームメーカーに入れて，メーカーの説明書に従って凍らせます。しあがりの5分前に取り分けておいた桃を加えます。アイスクリームメーカーの中で全体が混ざればできあがりです。すぐに食べない場合は，密閉容器に移します。冷凍庫で約2週間保存できます。

塩キャラメルアイスクリーム

ココナッツミルクのアイスクリームに塩キャラメルソースを混ぜ込みました。ココナッツミルクとココナッツクリームの両方を使うことで，乳製品に負けないなめらかさと濃厚な味わいが楽しめます。そこにキャラメルソースを加えれば，だれもがリピートしたくなる極上のご褒美メニューのできあがり！

4カップ（1L）分

ポイント

オーガニックのバニラパウダーは大型スーパーや自然食品店などで入手できます。乾燥したバニラビーンズを粉末にしたもので，香り高いのが特徴です。見つからない場合は，バニラエクストラクト（オーガニック，アルコールフリー）小さじ1で代用できます。

- ミキサー
- アイスクリームメーカー

ココナッツミルク（全脂肪）	1缶（400ml）
ココナッツクリーム（273ページと188ページのポイント参照）	
	1缶（400ml）
ココナッツシュガー（オーガニック，219ページのポイント参照）	
	1/2カップ（125ml）
アガベシロップ（215ページのポイント参照）	60ml
海塩	小さじ3/4
バニラパウダー（ポイント参照）	小さじ1/2
ココナッツキャラメルソース（216ページ参照）	
	1/2カップ（125ml）

1. 鍋にココナッツミルク，ココナッツクリーム，ココナッツシュガー，アガベシロップ，塩，バニラパウダーを入れて中火にかけ，混ぜ合わせます。煮立たせないように注意して，2〜3分ほど温め，ココナッツシュガーを完全に溶かします。

2. ミキサーに1を入れ，30秒ほど高速で攪拌します（次ページのポイント参照）。ボウルに移し，ラップをかけて冷蔵庫で4時間以上または一晩冷やします。

3. 冷蔵庫から取り出し，一度しっかり混ぜてからアイスクリームメーカーに入れて，メーカーの説明書に従って凍らせます。しあがりの5分前にココナッツキャラメルソースを加えます。アイスクリームメーカーの中で全体が混ざればできあがりです。すぐに食べない場合は，密閉容器に移します。冷凍庫で約2週間保存できます。

クッキードゥアイスクリーム

クリーミーな口溶けとクランチの香ばしさが，まるで冷たいチョコチップクッキーを食べているかのよう。おやつに最適な大人気のアイスクリームです。

4カップ（1L）分

ポイント

カカオニブは低温でローストされたカカオ豆を砕いたものです。ダークチョコレートのような風味とカリッとした食感があります。

熱い食材をミキサーにかけるときは，容器の半分を超えないようにします。ふたが外れて中身が飛び散ってしまうことがあるので，ふたの上にタオルをかぶせ，その上から手でしっかり押さえます。

材料を冷やす前にミキサーで混ぜて乳化させ，凍らせたときに水分が分離しないようにします。油分と水分が分離して凍ってしまうと，なめらかな口あたりにしあがらないので，このひと手間がとても重要です。

- ミキサー
- アイスクリームメーカー

ココナッツミルク（全脂肪）	1缶（400ml）
ココナッツクリーム（273ページと188ページのポイント参照）	
	1缶（400ml）
ココナッツシュガー（オーガニック，219ページのポイント参照）	
	1/2カップ（125ml）
カカオニブ（ポイント参照）　分けて使用	1/2カップ（125ml）
アガベシロップ（215ページのポイント参照）	60ml
バニラパウダー（前ページのポイント参照）	小さじ1/2
カカオパウダー（215ページのポイント参照）	小さじ1/4
海塩	小さじ1/8

1. 鍋にココナッツミルク，ココナッツクリーム，ココナッツシュガー，カカオニブ60ml，アガベシロップ，バニラパウダー，カカオパウダー，塩を入れて中火にかけ，混ぜ合わせます。煮立たせないように注意して，2～3分ほど温め，ココナッツシュガーを完全に溶かします。

2. ミキサーに1を入れ，30秒ほど高速で撹拌します（ポイント参照）。ボウルに移し，ラップをかけて冷蔵庫で4時間以上または一晩冷やします。

3. 冷蔵庫から取り出し，一度しっかり混ぜてからアイスクリームメーカーに入れて，メーカーの説明書に従って凍らせます。しあがりの5分前に残りのカカオニブを加えます。アイスクリームメーカーの中で全体が混ざればできあがりです。すぐに食べない場合は，密閉容器に移します。冷凍庫で約2週間保存できます。

ピュアチョコレートアイスクリーム

ピュアな生カカオの味わいが魅力的な，甘さ控えめの大人のチョコレートアイスクリームです。グルテンフリーのアイスクリームコーンに盛りつけておやつにどうぞ。日頃からがんばっている自分へのご褒美に，チョコレートソースをたっぷりかけてぜいたくなデザートにするのも素敵ですね。

4カップ（1L）分

ポイント

オーガニックのバニラパウダーは大型スーパーや自然食品店などで入手できます。乾燥したバニラビーンズを粉末にしたもので，香りが高いのが特徴です。見つからない場合は，バニラエクストラクト（オーガニック，アルコールフリー）小さじ1/2で代用できます。

糖分をもっと抑えたい場合は，チョコレートチップの代わりにカカオニブ大さじ3を使いましょう。

- ミキサー
- アイスクリームメーカー

ココナッツミルク（全脂肪）	1缶（400ml）
ココナッツクリーム（273ページと188ページのポイント参照）	
	1缶（400ml）
ココナッツシュガー（オーガニック，219ページのポイント参照）	
	1/2カップ（125ml）
アガベシロップ（215ページのポイント参照）	60ml
バニラパウダー（ポイント参照）	小さじ1/4
海塩	小さじ1/8
カカオパウダー（215ページのポイント参照）	60ml
チョコレートチップ（乳製品不使用）	1/2カップ（125ml）

1. 鍋にココナッツミルク，ココナッツクリーム，ココナッツシュガー，アガベシロップ，バニラパウダー，塩を入れて中火にかけ，混ぜ合わせます。煮立たせないように注意して，2〜3分ほど温め，ココナッツシュガーを完全に溶かします。
2. ミキサーに1とカカオパウダーを入れ，30秒ほど高速で攪拌します（前ページのポイント参照）。ボウルに移し，ラップをかけて冷蔵庫で4時間以上または一晩冷やします。
3. 冷蔵庫から取り出し，一度しっかり混ぜてからアイスクリームメーカーに入れて，メーカーの説明書に従って凍らせます。しあがりの5分前にチョコレートチップを加えます。アイスクリームメーカーの中で全体が混ざればできあがりです。すぐに食べない場合は，密閉容器に移します。冷凍庫で約2週間保存できます。

バリエーション

チョコミントアイスクリーム：つくり方2で，ペパーミントエクストラクト（無添加）小さじ1をミキサーに加え，同様につくります。

マカクランチアイスクリーム

マカは滋養強壮作用があることで知られていますが，ストレスや疲労を緩和してホルモンのバランスを整える効果も高いとされています。マカ独特の焦げた砂糖のような風味は，シナモンとバニラに絶妙にマッチ。トッピングのそばの実のプチプチ感も楽しい一品です。また栄養価が高いヘルシーなアイスクリームなので，健康を気にされている方におすすめです。

4カップ（1L）分

ポイント

マカは，ペルーのアンデス地方原産の根菜で，古くから繁殖能力を高めると信じられ滋養強壮剤として使われてきました。また，最近はストレス対策として食生活にも採り入れられています。バタースコッチや焦がしキャラメルのような風味と甘さがあり，スイーツだけでなくソースやスムージーなどにも使われています。

- ミキサー
- アイスクリームメーカー

ココナッツミルク（全脂肪）	1缶（400ml）
ココナッツクリーム（273ページと188ページのポイント参照）	1缶（400ml）
ココナッツシュガー（オーガニック，219ページのポイント参照）	1/2カップ（125ml）
アガベシロップ（215ページのポイント参照）	60ml
マカパウダー（ポイント参照）	大さじ1
シナモン（粉）	小さじ1
バニラパウダー（前ページのポイント参照）	小さじ1/4
海塩	小さじ1/8
そばの実	60ml

1. 鍋にココナッツミルク，ココナッツクリーム，ココナッツシュガー，アガベシロップ，マカマウダー，シナモン，バニラパウダー，塩を入れて中火にかけ，混ぜ合わせます。煮立たせないように注意して，2〜3分ほど温め，ココナッツシュガーを完全に溶かします。

2. ミキサーに1を入れ，30秒ほど高速で攪拌します（231ページのポイント参照）。ボウルに移し，ラップをかけて冷蔵庫で4時間以上または一晩冷やします。

3. 冷蔵庫から取り出し，一度しっかり混ぜてからアイスクリームメーカーに入れて，メーカーの説明書に従って凍らせます。しあがりの5分前にそばの実を加えます。アイスクリームメーカーの中で全体が混ざればできあがりです。すぐに食べない場合は，密閉容器に移します。冷凍庫で約2週間保存できます。

ピーナッツバターファッジ・アイスクリーム

ピーナッツ好きにはたまらない，濃厚なピーナッツバターをふんだんに使ったアイスクリームです。ココナッツホイップクリーム（273ページ参照）をたっぷりかけて召し上がれ。笑みがこぼれること間違いなしです！

4カップ（1L）分

ポイント

オーガニックのバニラパウダーは大型スーパーや自然食品店などで入手できます。乾燥したバニラビーンズを粉末にしたもので，香り高いのが特徴です。見つからない場合は，バニラエクストラクト（オーガニック，アルコールフリー）小さじ1/2で代用できます。

粒ありのピーナッツバターを使えば，カリカリとした食感を楽しめるアイスクリームになります。

ナッツ類を避けたい場合，ピーナッツバターの代わりにサンフラワーシードバターを使ってもOKです。

- ミキサー
- アイスクリームメーカー

ココナッツミルク（全脂肪）	1缶（400ml）
ココナッツクリーム（273ページと188ページのポイント参照）	
	1缶（400ml）
ココナッツシュガー（オーガニック，219ページのポイント参照）	
	1/2カップ（125ml）
アガベシロップ（215ページのポイント参照）	60ml
バニラパウダー（ポイント参照）	小さじ1/4
海塩	小さじ1/8

ピーナッツバターファッジ

ピーナッツバター（粒なし，ポイント参照）	1/2カップ（125ml）
液状ココナッツオイル（222ページのポイント参照）	60ml
純粋メープルシロップ	大さじ2

1. 鍋にココナッツミルク，ココナッツクリーム，ココナッツシュガー，アガベシロップ，バニラパウダー，塩を入れて中火にかけ，混ぜ合わせます。煮立たせないように注意して，2〜3分ほど温め，ココナッツシュガーを完全に溶かします。

2. ミキサーに1を入れ，30秒ほど高速で撹拌します（231ページのポイント参照）。ボウルに移し，ラップをかけて冷蔵庫で4時間以上または一晩冷やします。

3. 冷蔵庫から取り出し，一度しっかり混ぜてからアイスクリームメーカーに入れて，メーカーの説明書に従って凍らせます。

4. ピーナッツバターファッジ：その間，小さいボウルにピーナッツバター，ココナッツオイル，メープルシロップを入れて，よく混ぜます。ラップをかけて冷凍庫に20分ほど入れて冷やしかためます。かたまったらナイフで0.5〜1cm程度のさいの目に切り，冷蔵庫で冷やしておきます。

5. 3のアイスクリームメーカーに，しあがりの5分前に4のピーナッツバターファッジを加えます。アイスクリームメーカーの中で全体が混ざればできあがりです。すぐに食べない場合は，密閉容器に移します。冷凍庫で約2週間保存できます。

ピーカンパイアイスクリーム

ピーカンパイは，感謝祭やクリスマスの季節に食卓に登場する伝統料理の一つです。グルテンフリーのヴィーガン版のこのアイスクリームは，そのパイに負けないくらいのボリュームと満足感があります。ちょっと特別にしあげてみたい場合は，ピーカンナッツをシロップでローストしてからアイスクリームメーカーに加えましょう（ポイント参照）。

4カップ（1L）分

- ミキサー
- アイスクリームメーカー

ココナッツミルク（全脂肪）	1缶（400ml）
ココナッツクリーム（273ページと188ページのポイント参照）	1缶（400ml）
マジョールデーツ　種を取ってきざむ，分けて使用（ポイント参照）	1/2カップ（125ml）
ココナッツシュガー（オーガニック，219ページのポイント参照）	1/2カップ（125ml）
アガベシロップ（215ページのポイント参照）	60ml
シナモン（粉）	小さじ1/2
バニラパウダー（前ページのポイント参照）	小さじ1/4
海塩	小さじ1/8
ピーカンナッツ　乾煎りしてざく切り（ポイント参照）	1/2カップ（125ml）

ポイント

デーツにはさまざまな種類がありますが，おすすめはマジョールです。価格がやや高いのですが，実が大きくてふっくらしており，風味も抜群です。

ピーカンナッツを乾煎りする：乾いたフライパンを中火にかけ熱します。ピーカンナッツを入れ，前後左右にふりながらこんがりするまで煎ります。皿に移して冷まします。

キャンディードピーカンナッツ：ピーカンナッツ1/2カップ（125ml）とメープルシロップ1/2カップ（125ml），塩少々をボウルでよく混ぜます。オーブンを200℃に予熱し，オーブンシートを敷いたオーブントレイに重ならないように広げ，6～8分ほど焼きます。こんがりと焼き色がついてツヤが出たら取り出し，皿に移して冷まします。

1. 鍋にココナッツミルク，ココナッツクリーム，マジョールデーツ60ml，ココナッツシュガー，アガベシロップ，シナモン，バニラパウダー，塩を入れて中火にかけ，混ぜ合わせます。煮立たせないように注意して，2～3分ほど温め，ココナッツシュガーを完全に溶かします。
2. ミキサーに1を入れ，30秒ほど高速で攪拌します（231ページのポイント参照）。ボウルに移し，ラップをかけて冷蔵庫で4時間以上または一晩冷やします。
3. 冷蔵庫から取り出し，一度しっかり混ぜてからアイスクリームメーカーに入れて，メーカーの説明書に従って凍らせます。しあがりの5分前に残りのマジョールデーツとピーカンナッツを加えます。アイスクリームメーカーの中で全体が混ざればできあがりです。すぐに食べない場合は，密閉容器に移します。冷凍庫で約2週間保存できます。

ヘンプ＆チアシードのミントアイスクリーム

ヘンプシードとチアシードは栄養価が高く，近年，人気が急上昇しているスーパーフードです。豊富に含まれるタンパク質とヘルシーな脂肪分を閉じ込め，さわやかなミントのアイスクリームにしました。おいしく栄養をとりましょう。

4カップ（1L）分

ポイント

オーガニックのバニラパウダーは大型スーパーや自然食品店などで入手できます。乾燥したバニラビーンズを粉末にしたもので，香り高いのが特徴です。見つからない場合は，バニラエクストラクト（オーガニック，アルコールフリー）小さじ1/2で代用できます。

このレシピではペパーミントエクストラクトは，アルコール不使用のものがおすすめです。

- ミキサー
- アイスクリームメーカー

ココナッツミルク（全脂肪）	1缶（400ml）
ココナッツクリーム（273ページと188ページのポイント参照）	
	1缶（400ml）
ココナッツシュガー（オーガニック，219ページのポイント参照）	
	1/2カップ（125ml）
ミントの葉　千切り　カップに詰めて計量	1/2カップ（125ml）
アガベシロップ（215ページのポイント参照）	60ml
バニラパウダー（オーガニック，ポイント参照）	小さじ1/4
海塩	小さじ1/8
ペパーミントエクストラクト（ポイント参照）	小さじ1
ヘンプシード（皮なし）	大さじ3
チアシード	大さじ1

1. 鍋にココナッツミルク，ココナッツクリーム，ココナッツシュガー，ミント，アガベシロップ，バニラパウダー，塩を入れて中火にかけ，混ぜ合わせます。煮立たせないように注意して，2〜3分ほど温め，ココナッツシュガーを完全に溶かします。

2. ミキサーに1とペパーミントエクストラクトを入れ，30秒ほど高速で攪拌します（231ページのポイント参照）。ボウルに移し，ラップをかけて冷蔵庫で4時間以上または一晩冷やします。

3. 冷蔵庫から取り出し，一度しっかり混ぜてからアイスクリームメーカーに入れて，メーカーの説明書に従って凍らせます。しあがりの5分前にヘンプシードとチアシードを加えます。アイスクリームメーカーの中で全体が混ざればできあがりです。すぐに食べない場合は，密閉容器に移します。冷凍庫で約2週間保存できます。

いちごのシャーベット

新鮮ないちごをたっぷり使った本格的な味わいのシャーベットです。いちごの甘酸っぱさとさっぱりした口あたりは食後のデザートにぴったり。ヘンプシードやチアシードをトッピングして，ヘルシーなおやつにどうぞ。

4カップ（1L）分

ポイント

いちごの代わりに同量のラズベリーも代用できます。また，ミキサーにかけた後にこしていちごの種を取り除くと，なめらかな口あたりのシャーベットになります。

アーモンドミルクの代わりに，カシューミルク（276ページ参照），いちごとヘーゼルナッツのミルク（上巻参照）でもおいしくつくれます。

オーガニックのバニラパウダーは大型スーパーや自然食品店などで入手できます。乾燥したバニラビーンズを粉末にしたもので，香り高いのが特徴です。見つからない場合は，バニラエクストラクト（オーガニック，アルコールフリー）小さじ1/2で代用できます。

- ミキサー
- アイスクリームメーカー

いちご　ヘタを取ってざく切り（ポイント参照）	3カップ（750ml）
アーモンドミルク（276ページとポイント参照）	2カップ（500ml）
アガベシロップ（215ページのポイント参照）	60ml
純粋メープルシロップ	大さじ1
レモンの皮のすりおろし	小さじ1/2
レモン果汁	大さじ1
バニラパウダー（ポイント参照）	小さじ1/4

1. ミキサーに全材料を入れ，なめらかになるまで攪拌します。ボウルに移し，冷蔵庫で4時間以上または一晩冷やします。
2. アイスクリームメーカーに入れて，メーカーの説明書に従って凍らせればできあがりです。すぐに食べない場合は，密閉容器に移します。冷凍庫で約2週間保存できます。

バリエーション

チョコレートといちごのシャーベット：つくり方1で，ミキサーにカカオパウダー大さじ3を加えます。つくり方2で，しあがり5分前に，カカオニブ大さじ1またはチョコレートチップ（乳製品不使用）大さじ2をアイスクリームメーカーに加えます。

シナモンピーチシャーベット

桃とシナモンとバニラの風味豊かなコンビネーションが，思わずピーチパイを連想させる一品です。旬の時期に桃をふんだんに使って存分に味わいましょう。日頃がんばっている自分へのご褒美には，甘いココナッツキャラメルソース（216ページ参照）をたっぷりかけて召し上がれ。

4カップ（1L）分

ポイント

桃の皮の切り方：果物ナイフを真ん中から刺し，種に沿って一周させます。両手で桃の両側を持ち，つぶさないようにひねって半分に分けます。ナイフで種の周りの繊維を切り，種を取り出してから切ります。

シナモンはオーガニックで品質の高いものを選びましょう。スティックで購入して，スパイスミルで挽いてから粉にして使うとフレッシュな香りが楽しめます。

オーガニックのバニラパウダーは大型スーパーや自然食品店などで入手できます。乾燥したバニラビーンズを粉末にしたもので，香り高いのが特徴です。見つからない場合は，バニラエクストラクト（オーガニック，アルコールフリー）小さじ1/4で代用できます。

- ミキサー
- アイスクリームメーカー

桃　切って冷凍する（ポイント参照）	3カップ（750ml）
アーモンドミルク（276ページ参照）	2カップ（500ml）
アガベシロップ（215ページのポイント参照）	60ml
純粋メープルシロップ	大さじ1
シナモン（粉，ポイント参照）	小さじ1
レモン果汁	小さじ1/2
バニラパウダー（ポイント参照）	小さじ1/8

1. ミキサーに全材料を入れ，なめらかになるまで高速で攪拌します。
2. アイスクリームメーカーに入れて，メーカーの説明書に従って凍らせればできあがりです。すぐに食べない場合は，密閉容器に移します。冷凍庫で約2週間保存できます。

ヴィーガンの基本レシピ

豆腐のハーブリコッタ

きのことほうれん草のラザニア（上巻参照）やカネロニなどに使える，豆腐でつくるリコッタです。グルテンフリーのバゲットに塗ったり，オリーブや野菜のロースト，アーティチョークなどを添えて前菜にしたり，使い方はさまざまなので料理のバリエーションが広がります。

4カップ（1L）分

ポイント

ニュートリショナルイーストは，てんさい糖をつくるときに出る廃糖蜜を発酵させて育てた酵母を不活性化処理したもので，チーズのような風味があります。ソース，シチュー，スープ，ディップなどに使います。大型スーパーや自然食品店，オンラインストアで入手できます。

海塩はミネラルを含むホールフードとみなされています。塩分が気になる方は，分量を減らしても，または使用しなくてもかまいません。

- **フードプロセッサー**

豆腐　かたく水切りし，2〜3cm角に切る	500g
ニュートリショナルイースト（ポイント参照）	60ml
オレガノ（乾）	大さじ1
海塩（ポイント参照）	小さじ1と1/2
バジル（乾）	小さじ1

1. フードプロセッサーに豆腐を入れ，大きなかたまりがなくなる程度まで回し，ボウルに移します。回しすぎてペースト状にしないように注意してください。
2. ニュートリショナルイースト，オレガノ，塩，バジルを加え，よく混ぜ合わせれば完成です。充填豆腐を使用した場合は，密閉容器に入れて冷蔵すれば，約1週間ほど保存できます。それ以外の場合は，当日中に使い切るようにしましょう。

バリエーション

ガーリックとベビースピナッチ入り豆腐リコッタ：大きめのフライパンでグレープシードオイル大さじ2を中火で熱します。にんにくのみじん切り3〜4かけ分を入れて炒め，焼き色がついてきたらベビースピナッチ300gを加え，1分ほど炒めます。白ワイン1/2カップ（125ml）を加え，5〜6分炒めてアルコールを飛ばします。上記のレシピで完成した豆腐のハーブリコッタに加えて混ぜ合わせれば完成です。充填豆腐を使用した場合は，密閉容器に入れて冷蔵すれば，約1週間ほど保存できます。それ以外の場合は，当日中に使い切るようにしましょう。

カシューナッツのクリームチーズ

ヴィーガンバージョンのクリームチーズでは，カシューナッツが主役です。グルテンフリーベーグルにたっぷり塗って，またはサンドイッチやラップサンドの具材や野菜のディップとしても活躍します。

3カップ（750ml）分

ポイント

カシューナッツを水にひたす：カシューナッツと水8カップ（2L）をボウルに入れます。ラップをかけ，3時間以上または冷蔵庫で一晩置き，水を切ります。

• フードプロセッサー

水　分けて使用	4と1/2カップ（1125ml）
生カシューナッツ（ポイント参照）	4カップ（1L）
レモン果汁	大さじ2
海塩（前ページのポイント参照）	小さじ2

1. 鍋に水4カップ（1L）と生カシューナッツを入れて，強火にかけます。沸騰したら火を止めて，ざるに上げて湯を切ります。
2. フードプロセッサーに1のカシューナッツ，水1/2カップ（125ml），レモン果汁，塩を入れ，なめらかになるまで回します。ときどき止めて，容器の内側をこそげて混ぜ込みます。クリーム状になれば完成です。すぐに使わない場合は，密閉容器に移します。冷蔵庫で保存し，10日間以内に使い切りましょう。

クリーミーカシューリコッタ

カシューナッツを使ってクリーミーにしあげたリコッタです。野菜のディップやサンドイッチのスプレッドとしてはもちろん，ピザのトッピングやカルツォーネの具材，パスタやドレッシングなど，用途もさまざまです。

3カップ（750ml）分

ポイント

カシューナッツを水にひたす：カシューナッツと水8カップ（2L）をボウルに入れます。ラップをかけ，3時間以上または冷蔵庫で一晩置き，水を切ります。

ニュートリショナルイーストは，てんさい糖をつくるときに出る廃糖蜜を発酵させて育てた酵母を不活性化処理したもので，チーズのような風味があります。ソース，シチュー，スープ，ディップなどに使います。大型スーパーや自然食品店，オンラインストアで入手できます。

海塩はミネラルを含むホールフードとみなされています。塩分が気になる方は，分量を減らしても，または使用しなくてもかまいません。

- フードプロセッサー
- ミキサー

生カシューナッツ（ポイント参照）　分けて使用	3カップ（750ml）
水　分けて使用	1カップ（250ml）
レモン果汁	60ml
ニュートリショナルイースト（ポイント参照）	60ml
海塩（ポイント参照）	小さじ1
にんにく　皮をむく	1〜2かけ
エクストラバージンオリーブオイル	60ml

1. フードプロセッサーに生カシューナッツ2カップ（500ml），水60ml，レモン果汁，ニュートリショナルイースト，塩，にんにくを入れ，カシューナッツの大きな粒がなくなるまで回します。ボウルに移します。
2. ミキサーに残りのカシューナッツ，オリーブオイル，残りの水を入れ，高速で攪拌し，なめらかなクリーム状にします。ときどき止めて，容器の内側をこそげて混ぜ込みます。
3. 1のボウルに移し，よく混ぜ合わせれば完成です。すぐに使わない場合は，密閉容器に移します。冷蔵庫で保存し，10日間以内に使い切りましょう。

バリエーション

ハーブ入りカシューリコッタ：つくり方1で，タイム大さじ2とローズマリー小さじ1をフードプロセッサーに加えます。

ローストパプリカ入りスパイシーリコッタ：つくり方1で，カイエンペッパー小さじ1/2とローストした赤パプリカ1/2カップ（125ml）をフードプロセッサーに加えます。

ドライトマト&オリーブ&バジルの
カシューチーズ

チーズよりもチーズらしいクリーミーな味わいが楽しめます。クラッカーやパンにつけて手軽なスナックにどうぞ。ゆでたてのパスタにからめれば，あっという間にメインディッシュのできあがり！

2カップ（500ml）分

ポイント

ドライトマトを水にひたす：ドライトマトと水4カップ（1L）をボウルに入れます。ラップをかけ，3時間以上または冷蔵庫で一晩置き，水を切ります。

● フードプロセッサー

生カシューナッツ（前ページのポイント参照）	2カップ（500ml）
ドライトマト（ポイント参照）	1/2カップ（125ml）
レモン果汁	60ml
ニュートリショナルイースト（前ページのポイント参照）	大さじ3
海塩（前ページのポイント参照）	小さじ1
にんにく　皮をむく	4〜6かけ
バジルの葉　詰めて計量	2カップ（500ml）
カラマタオリーブ　種を取って薄切り	1/2カップ（125ml）
エクストラバージンオリーブオイル	60ml

1. フードプロセッサーに，生カシューナッツ，ドライトマト，レモン果汁，ニュートリショナルイースト，塩，にんにくを入れ，カシューナッツの大きな粒がなくなるまで回します。ときどき止めて，容器の内側をこそげて混ぜ込みます。バジルとカラマタオリーブを加え，8〜10回細切れで回し，全体を混ぜ合わせます。

2. モーターを回したまま，オリーブオイルを注入口から流し入れます。全体がよく混ざり，クリーム状になれば完成です。すぐに使わない場合は，密閉容器に移します。冷蔵庫で保存し，10日間以内に使い切りましょう。

ヴィーガンペッパーチーズ

ハラペーニョの辛さがたまらないペッパージャックチーズをサイコロ状に切り，クラッカーやフルーツと一緒におつまみとしてどうぞ。小腹が空いたときにヘルシーなスナックとしても重宝します。

3カップ（750ml）分

ポイント

カシューナッツを水にひたす：カシューナッツと水4カップ（1L）をボウルに入れます。ラップをかけ，8時間または冷蔵庫で一晩置き，水を切ります。

ココナッツオイルがかたまっているときはフライパンに入れ，弱火にかけて溶かします。

ココナッツオイルの香りが気になる場合は，精製ココナッツオイルを使用してください。

海塩はミネラルを含むホールフードとみなされています。塩分が気になる方は，分量を減らしても，または使用しなくてもかまいません。

レシチン（大豆など）は，添加物の少ないオーガニックのものを選びましょう。

- ミキサー
- 20cm角の耐熱ガラス製ケーキ型

生カシューナッツ（ポイント参照）	1カップ（250ml）
アーモンドミルク（276ページ参照）	1カップ（250ml）
ニュートリショナルイースト（次ページのポイント参照）	60ml
液状ココナッツオイル（ポイント参照）	大さじ3
レモン果汁	大さじ1
海塩（ポイント参照）	小さじ1
ガーリックパウダー	小さじ1
オニオンパウダー	小さじ1/2
レシチン（大豆など，ポイント参照）	小さじ1/2
赤パプリカ　粗みじん切り	1/2カップ（125ml）
ハラペーニョ　種を取って粗みじん切り	1/2カップ（125ml）
アガー	60ml
水	1カップ（250ml）

1. ミキサーに生カシューナッツ，アーモンドミルク，ニュートリショナルイースト，ココナッツオイル，レモン果汁，塩，ガーリックパウダー，オニオンパウダー，レシチンを入れ，高速で攪拌します。ときどき止めて，容器の内側をこそげて混ぜ込み，クリーム状になるまで攪拌します。赤パプリカとハラペーニョを加え，ざっと回して混ぜ合わせます。

2. 鍋にアガーを入れて，水を少しずつ混ぜてから加熱し，ひと煮立ちさせます。火を弱め，アガーが完全に溶けるまで混ぜ，ミキサーに加えます。2～3回細切れで回して全体を混ぜ合わせます。

3. ケーキ型に入れて，冷蔵庫で8時間以上置いて冷やしかためれば完成です。すぐに使わない場合は，密閉容器に移します。冷蔵庫で保存し，2週間以内に使い切りましょう。

カシューチェダーチーズ

クリームタイプのカシューチェダーチーズです。ナチョにたっぷりつけたり，ベイクドポテトにトッピングしたり，とろけるチーズの代用としてさまざまな用途に使えます。

4カップ（1L）分

ポイント

ニュートリショナルイーストは，てんさい糖をつくるときに出る廃糖蜜を発酵させて育てた酵母を不活性化処理したもので，チーズのような風味があります。ソース，シチュー，スープ，ディップなどに使います。大型スーパーや自然食品店，オンラインストアで入手できます。

• **フードプロセッサー**

水　分けて使用	4カップ（1L）
生カシューナッツ（前ページのポイント参照）	3カップ（750ml）
ニュートリショナルイースト（ポイント参照）	1カップ（250ml）
レモン果汁	大さじ2
ターメリック（粉）	小さじ1
海塩（前ページのポイント参照）	小さじ1

1. 鍋に水3カップ（750ml）と生カシューナッツを入れて，強火にかけます。煮立ったら火を止めて，ざるに上げて湯を切ります。
2. フードプロセッサーに1のカシューナッツ，水1カップ（250ml），ニュートリショナルイースト，レモン果汁，ターメリック，塩を入れて回し，なめらかなクリーム状になれば完成です。すぐに使わない場合は，密閉容器に移します。冷蔵庫で保存し，10日間以内に使い切りましょう。

バリエーション

かたいタイプのカシューチェダーチーズ：スライスやシュレッドして使いたい場合は，アガーを使ってかためます。ボウルにアガー60mlと熱湯1/2カップ（125ml）を入れて，よく混ぜます。鍋に移して，水1/2カップ（125ml）を加え，混ぜながら加熱し，ひと煮立ちさせます。火を弱め，アガーが完全に溶けるまで2〜3分混ぜ，つくり方2のフードプロセッサーに加えます。ケーキ型に入れて，冷蔵庫で8時間以上置いて冷やしかためれば完成です。すぐに使わない場合は，密閉容器に移します。冷蔵庫で保存し，10日間以内に使い切りましょう。

チポトレチェダーディップ：つくり方2のレモン果汁を60mlに，塩を小さじ2に増やし，さらにチアシード1/2カップ（125ml）を加えます。熱湯1カップにチポトレペッパー（乾燥）2個を30分ほどひたし，やわらかくなったら粗くきざみ，フードプロセッサーに加えます。全体を混ぜ合わせれば完成です。

ヴィーガンホワイトチェダー

シャープチェダーの味わいはそのまま残し，ソフトな食感にしあげました。サンドイッチ用のスプレッドにしたり，パスタ料理に加えたり，ボール状に丸めて前菜のチーズプレートに加えたり，アイデア次第でいろいろな楽しみ方ができます。

2カップ（500ml）分

ポイント

カシューナッツを水にひたす：
カシューナッツと水4カップ（1L）をボウルに入れます。ラップをかけ，3時間以上または冷蔵庫で一晩置き，水を切ります。

ニュートリショナルイーストは，てんさい糖をつくるときに出る廃糖蜜を発酵させて育てた酵母を不活性化処理したもので，チーズのような風味があります。ソース，シチュー，スープ，ディップなどに使います。大型スーパーや自然食品店，オンラインストアで入手できます。

海塩はミネラルを含むホールフードとみなされています。塩分が気になる方は，分量を減らしても，または使用しなくてもかまいません。

ココナッツオイルがかたまっているときはフライパンに入れ，弱火にかけて溶かします。

ココナッツオイルの香りが気になる場合は，精製ココナッツオイルを使用してください。

• フードプロセッサー

生カシューナッツ（ポイント参照）	2カップ（500ml）
水	60ml
レモン果汁	60ml
ニュートリショナルイースト（ポイント参照）	1/2カップ（125ml）
白みそ	大さじ3
タヒーニ（練りごまで代用可）	大さじ1
りんご酢	大さじ1
海塩（ポイント参照）	小さじ1
マスタードパウダー	小さじ1
液状ココナッツオイル（ポイント参照）	1/2カップ（125ml）

1. フードプロセッサーに生カシューナッツ，水，レモン果汁，ニュートリショナルイースト，白みそ，タヒーニ，りんご酢，塩，マスタードパウダーを入れ，なめらかなクリーム状になるまで回します。ときどき止めて，容器の内側をこそげて混ぜ込みます。ココナッツオイルを加え，なめらかになるまでしっかり混ぜ合わせます。

2. 2カップ（500ml）用の密閉容器に移し，ふたを閉めて冷蔵庫で3時間ほど冷やし，少しかたまれば完成です。すぐに使わない場合は，密閉容器に移します。冷蔵庫で保存し，10日間以内に使い切りましょう。

ヴィーガンモッツァレラ

ヴィーガン版のモッツァレラチーズとして，ナチョやピザのトッピングにしたり，グリーンサラダにかけたり，さまざまな使い方ができる便利な一品です。ヘルシーなので，安心してたっぷりかけることができます。

2カップ（500ml）分

ポイント

11cm角の型または容器でちょうどいいかたさのブロックにしあがります。最終的にチーズを持ってシュレッドすることを念頭に置いて，型や容器を選びましょう。

レシチン（大豆など）は，添加物の少ないオーガニックのものを選びましょう。

つくりやすい量での最低量のレシピになっています。必要に応じて，分量を2～4倍にしてください。

- ミキサー
- 11cm角の容器（ポイント参照）

生カシューナッツ（前ページのポイント参照）	1カップ（250ml）
熱湯　分けて使用	310ml
アガー	60ml
液状ココナッツオイル（前ページポイント参照）	大さじ3
ニュートリショナルイースト（前ページのポイント参照）	大さじ2
レモン果汁	大さじ1
海塩（前ページのポイント参照）	小さじ1
レシチン（大豆など，ポイント参照）	小さじ1/2

1. ボウルに熱湯60mlとアガーを入れて，よく混ぜます。
2. 鍋に1と熱湯1カップ（250ml）を入れて中火にかけ，煮立たせないように3～4分ほど加熱しながら，完全にアガーを溶かします。
3. ミキサーに生カシューナッツ，ココナッツオイル，ニュートリショナルイースト，レモン果汁，塩，レシチンを入れ，なめらかなクリーム状になるまで攪拌します。ときどき止めて，容器の内側をこそげて混ぜ込みます。器または型に移し，ラップをかけて冷蔵庫で8時間以上冷やしかためます。
4. かたまったチーズをチーズおろしでシュレッドします。すぐに使わない場合は，密閉容器に移します。冷蔵庫で保存し，2週間を目安に使い切りましょう。

バリエーション

ローストガーリックのヴィーガンモッツァレラ：つくり方3で，ローストしたにんにく1/2カップ（125ml）とレモンの皮小さじ1/4をミキサーに加えます。

パセリとオリーブのヴィーガンモッツァレラ：つくり方3で，ミキサーに粗くきざんだイタリアンパセリ1/2カップ（125ml）と種を取って粗くきざんだブラックオリーブ60mlを加え，ざっと混ぜます。冷やしてかたまったチーズを，サイコロ状に切るかスライスして提供します。

ヴィーガンチーズカード

水牛のミルクからつくられるイタリアのフレッシュモッツァレラのような味わいのチーズカードです。冷やしてオリーブオイルをかけて前菜にしたり，ピザやブルスケッタにのせてさっと焼いたり，オープンフェイスのサンドイッチにのせたりして，おしゃれなおもてなし料理にいかがでしょうか。

約30個分

ポイント

塩水をつくる：小さいボウルに海塩と1カップの熱湯を入れて混ぜ，海塩を完全に溶かします。3カップの水が入ったボウルに加えて混ぜ，冷まします。

市販のアーモンドミルクを使用する場合は，保存料と乳化剤が使われているとチーズが凝固しないので，無添加のものを選びましょう。276ページにレシピを掲載したアーモンドミルクがおすすめです。

海塩はミネラルを含むホールフードとみなされています。塩分が気になる方は，分量を減らしても，または使用しなくてもかまいません。

クエン酸はオーガニックのものを選びましょう。たいていのクエン酸には，遺伝子組み換えのとうもろこしが使われています。クエン酸がない場合は，レモン果汁大さじ2で代用できます。

- ミキサー

塩水（ポイント参照）
水　分けて使用	4カップ（1L）
海塩（ポイント参照）	大さじ1

チーズカード
アーモンドミルク（276ページとポイント参照）	650ml
タピオカ粉	150ml
液状ココナッツオイル（246ページのポイント参照）	150ml
アガー	大さじ2
海塩（ポイント参照）	小さじ2と1/2
クエン酸（オーガニック，ポイント参照）	小さじ1と1/4

1. **塩水：**大きめのボウルに水と塩を入れて混ぜます。ラップをかけて，冷蔵庫で冷やしておきます。
2. **チーズカード：**ミキサーにアーモンドミルク，タピオカ粉，ココナッツオイル，アガー，塩を入れ，高速で攪拌します。ときどき止めて，容器の内側をこそげて混ぜ込みながら，なめらかになるまで回します。鍋に移して中火にかけ，よく混ぜながら5〜6分煮詰めます。火を止めて，クエン酸を加えて泡立て器でよく混ぜます。
3. 冷蔵庫から1の塩水を取り出し，2を大さじ2ずつ塩水に落としていきます。全部落としたらラップをかけて冷蔵庫に入れ，3時間ほど冷やせば完成です。
4. 使うときは，穴あきおたますくって取り出し，キッチンペーパーで水分を拭き取ります。すぐに使わない場合は，塩水につけたまま冷蔵庫で保存します。塩水を1〜2日おきに取り替えて，1週間以内に食べ切るようにしましょう。

パンプキンシードのスパイシーパルメザン

挽いたパンプキンシードとニュートリショナルイースト，そしてほんの少しスパイスを使い，パルメザンチーズの風味を再現しました。好きなパスタやサラダにトッピングして楽しんでください。つくり置きしておけば，粉チーズ代わりになったりと手軽に使えて便利です。

1カップ（250ml）分

ポイント

ニュートリショナルイーストは，てんさい糖をつくるときに出る廃糖蜜を発酵させて育てた酵母を不活性化処理したもので，チーズのような風味があります。ソース，シチュー，スープ，ディップなどに使います。大型スーパーや自然食品店，オンラインストアで入手できます。

カイエンペッパーがほのかなスパイスの香りを醸し出しますが，使用しなくてもかまいません。

• フードプロセッサー

生パンプキンシード	1と1/2カップ（375ml）
ニュートリショナルイースト（ポイント参照）	大さじ2
海塩（前ページのポイント参照）	小さじ1
カイエンペッパー（ポイント参照）	小さじ1/4
エクストラバージンオリーブオイル	大さじ2

1. フードプロセッサーに生パンプキンシード，ニュートリショナルイースト，塩，カイエンペッパーを入れ，粉末になるまで回します。モーターを回したまま，オリーブオイルを注入口から流し入れます。細かくおろしたパルメザンチーズに似た状態になるまで回したら完成です。すぐに使わない場合は，密閉容器に移します。冷蔵庫で保存し，1カ月を目安に使い切りましょう。

バリエーション

パンプキンシードのハーブ風味パルメザン：カイエンペッパーは使用しません。フードプロセッサーにタイム小さじ2とローズマリー小さじ1を加えます。2週間以内に使い切りましょう。

アーモンドパルメザン：パンプキンシードの代わりに同量のアーモンドを使用します。カイエンペッパーとオリーブオイルは使用しません。

簡単チーズのパスタソース

濃厚なコクのあるこのソースは，ゆでたてのパスタにあえたり，新鮮な野菜をディップしたり，サンドイッチやラップサンドのスプレッドにしたり，手軽にさまざまな楽しみ方ができるのが魅力です。

2カップ（500ml）分

ポイント

カシューナッツを水にひたす：カシューナッツと水4カップ（1L）をボウルに入れます。ラップをかけ，3時間以上または冷蔵庫で一晩置き，水を切ります。

ニュートリショナルイーストは，てんさい糖をつくるときに出る廃糖蜜を発酵させて育てた酵母を不活性化処理したもので，チーズのような風味があります。ソース，シチュー，スープ，ディップなどに使います。大型スーパーや自然食品店，オンラインストアで入手できます。

海塩はミネラルを含むホールフードとみなされています。塩分が気になる方は，分量を減らしても，または使用しなくてもかまいません。

パスタのソースにするなど，火にかけて温めるときは煮立たせないように注意しましょう。調理中の鍋やフライパンに加えるときは，弱火にし，最後のほうに加えて混ぜるようにします。

• ミキサー

水	2カップ（500ml）
生カシューナッツ（ポイント参照）	1カップ（250ml）
レモン果汁	150ml
ニュートリショナルイースト（ポイント参照）	1カップ（250ml）
タヒーニ（練りごまで代用可）	1/2カップ（125ml）
エクストラバージンオリーブオイル	1/2カップ（125ml）
ディジョンマスタード	大さじ1
海塩（ポイント参照）	小さじ2
にんにく　皮をむく	1〜2かけ

1. ミキサーに全材料を入れ，高速で攪拌します。ときどき止めて，容器の内側をこそげて混ぜ込みながら回し，全体がなめらかなクリーム状になれば完成です。すぐに使わない場合は，密閉容器に移します。冷蔵庫で保存し，10日間以内に使い切りましょう。

ビッグサラダ

シャキシャキのロメインレタスと体によいケール，にんじんとビーツをベースに，トマト，きゅうり，アボカドをトッピングした，彩り鮮やかな見た目も美しいサラダです。好みのドレッシングとグルテンフリークルトン（261ページ参照）で完成させましょう。

メインとして1人（サイドとして2人）分

ポイント

レタスは一口大（2〜3cm）に切りましょう。大きすぎるとドレッシングがこぼれる原因になります。

ケールを切るときは，中央の太い茎を先に取り除きます。サラダには緑の葉の部分だけを使います。

どんなドレッシングでも合いますが，イタリアンドレッシング（254ページ参照），レモン＆ディル＆きゅうりのドレッシング（255ページ参照），基本のビネグレット（256ページ参照）などがおすすめです。

ロメインレタス　一口大に切る（ポイント参照）　2カップ（500ml）	
ケール　茎を取って大きめのみじん切り（ポイント参照）	
	1カップ（250ml）
にんじん　千切り	60ml（小1本）
ビーツ　千切り	60ml（小1/2個）
ドレッシング（ポイント参照）	60ml
トマト　くし切り	1/2カップ（125ml，小1個）
きゅうり　斜め切り	1/2カップ（125ml，1本）
アボカド　薄切り	1/2カップ（125ml，1/2個）
基本のひよこ豆フムス（上巻参照）	60ml

1. 大きめのボウルにロメインレタス，ケール，にんじん，ビーツ，ドレッシングを入れて，全体にドレッシングをからめるように混ぜ合わせます。トマト，きゅうり，アボカドをトッピングし，基本のひよこ豆フムスを盛りつけて完成です。

バリエーション

基本のひよこ豆フムスの代わりに，くるみとブラックオリーブのバター（上巻参照）や，ランチディップ（上巻参照）をトッピングします。もっとタンパク質を加えたい場合は，生ヘンプシード（皮なし）大さじ2をふりかけます。

ほうれん草のしっとりサラダ

そのままシンプルなサラダとしても抜群においしいですが，枝豆のフムスやクリーミーカシューザジキ，ケソ（チーズ）ディップ（いずれも上巻参照）などをトッピングすれば，より味わい深くなります。

**メインとして2人
（サイドとして4人）分**

ポイント

ほうれん草の代わりにベビースピナッチを使う場合は，分量を2倍にしてください。

レモン果汁の代わりにライム果汁も使えます。

ほうれん草　一口大に切る（ポイント参照）	
	しっかり詰めて6カップ（1.5L）
エクストラバージンオリーブオイル	1/2カップ（125ml）
レモン果汁（ポイント参照）	60ml
海塩（下段のポイント参照）	小さじ1

1. 大きめのボウルに全材料を入れて，よく混ぜ合わせます。15分ほど置いて，ほうれん草がしんなりしたら完成です。すぐに食べない場合は，密閉容器に移します。冷蔵庫で保存し，翌日中に食べ切りましょう。

アボカドときゅうりのサラダ

アボカドのクリーミーな口あたりときゅうりのさわやかさが絶妙にマッチしたサラダです。ロメインレタスやベビースピナッチにトッピングすれば，一気に華やかな一皿になります。

サイドとして4人分

ポイント

パセリは薬味ではなく野菜としてしっかり味わえるように，大きめに切ります。アボカドときゅうりも大きめの一口大に切り，サラダらしさを出します。

海塩はミネラルを含むホールフードとみなされています。塩分が気になる方は，分量を減らしても，または使用しなくてもかまいません。

アボカド　大きめの一口大に切る	2カップ（500ml，3個）
きゅうり　大きめの乱切り	1カップ（250ml，1本）
イタリアンパセリ（葉の部分）　ざく切り（ポイント参照）	80ml
アマニ油（低温圧搾）	大さじ3
レモンまたはライム果汁	大さじ2
海塩（ポイント参照）	小さじ1と1/2
黒こしょう　ミルで挽く	少々

1. ボウルに全材料を入れて，よくからむように混ぜ合わせれば完成です。

バリエーション

一口大に切ったトマト1/2カップ（125ml）を追加します。

メキシコ料理風にアレンジ：イタリアンパセリを同量の香草（パクチーまたはシラントロー）に代えます。レモン果汁にチリパウダー小さじ1とクミン（粉）小さじ1/2と混ぜてからボウルに加えます。

アマニ油とレモン果汁の代わりに，イタリアンドレッシング（254ページ参照）や基本のビネグレット（256ページ参照）も合います。

シュレッドアップスロー

シンプルな材料を組み合わせて，だれもが満足するおいしいサラダにしあげました。メインディッシュとしてはもちろん，ヘルシーな軽食としても楽しめます。

メインとして1人（サイドとして2人）分

ポイント

野菜の千切りや細切りは，少量なら手動のスライサー，多量ならフードプロセッサーが便利です。いずれも千切り用アタッチメントを使用します。

海塩はミネラルを含むホールフードとみなされています。塩分が気になる方は，分量を減らしても，または使用しなくてもかまいません。

にんじん　千切り（ポイント参照）	1/2カップ（125ml）
ビーツ　千切り	1/2カップ（125ml）
ケール　粗めの千切り	1/2カップ（125ml）
バターナッツかぼちゃ　皮をむいて千切り	60ml
レモン果汁	大さじ3
海塩（ポイント参照）	小さじ1/2

1. ボウルににんじん，ビーツ，ケール，バターナッツかぼちゃを入れて，よく混ぜます。レモン果汁と塩を加え，よくからむように混ぜ，10分ほど置いてなじませたら完成です。すぐに食べない場合は，密閉容器に移します。冷蔵庫で保存し，翌日中に食べ切りましょう。

バリエーション

レモン果汁の代わりにライム果汁も使えます。
ケールの代わりにスイスチャードも使えます。
タンパク質を強化したい場合は，生ヘンプシード（皮なし）大さじ3を加えます。

コールスロー

夏のピクニックのお弁当やバーベキューパーティーにぴったりな，シャキッとした歯応えのさっぱりとした味わいのコールスローです。

サイドとして2人分

ポイント

キャベツはグリーン，紫のどちらでも使用できます。

タンパク質を加えたい場合は，生カシューナッツ60mlを追加するのがおすすめです。

キャベツ　千切り（ポイント参照）	2カップ（500ml）
にんじん　千切り	1カップ（250ml）
レモン果汁	60ml
エクストラバージンオリーブオイル	大さじ3
アガベシロップ	大さじ2
海塩（上段のポイント参照）	小さじ1/4

1. 大きめのボウルに全材料を入れて，よく混ぜ合わせます。ラップをかけて10分ほど置きます。全体がしんなりしてなじんだら完成です。すぐに食べない場合は，密閉容器に移します。冷蔵庫で保存し，3日間以内に食べ切りましょう。

イタリアンドレッシング

子どもの頃は何にでもイタリアンドレッシングをかけていました。ホットドッグにもハンバーガーにも，なんとマカロニ＆チーズにもです。大人になって，りんご酢を使ったドレッシングの味に惚れ込んでつくったのが，このドレッシングです。消化によいとされる菌を含むりんご酢を使うので，腸内環境が整います。新鮮なロメインレタスとトマトのサラダにたっぷりかけて召し上がれ。

300ml分

ポイント

このドレッシングには濾過・殺菌されていないりんご酢（ロー）を使います。栄養が豊富なだけでなく，風味もよいのでおすすめです。見つからない場合は，通常のりんご酢でもかまいません。

りんご酢の代わりにレモン果汁も使えます。

乾燥オレガノの代わりに，生のオレガノも使えます。その場合の分量は大さじ3となります。

海塩はミネラルを含むホールフードとみなされています。塩分が気になる方は，分量を減らしても，またはまったく使用しなくてもかまいません。

● ミキサー

エクストラバージンオリーブオイル	180ml
りんご酢（ポイント参照）	60ml
水	大さじ2
アガベシロップ	大さじ1
オレガノ（乾，ポイント参照）	大さじ1
海塩（ポイント参照）	小さじ1
にんにく　皮をむく	2かけ

1. ミキサーに全材料を入れ，高速で攪拌します。全体がなめらかになれば完成です。すぐに使わない場合は，密閉容器に移します。冷蔵庫で保存し，7日間以内に使い切りましょう。よく混ぜてから使ってください。

レモン＆ディル＆きゅうりのドレッシング

みずみずしいきゅうりとディルの香り，レモンの酸味がさわやかな，夏にぴったりのドレッシングです。ベビースピナッチにチェリートマトとアボカドをトッピングしたサラダによく合います。

300ml

ポイント

ミキサーではなくフードプロセッサーにかけることで，多少の食感が残ります。なめらかなドレッシングにしたい場合は，ミキサーにかけてください。

- フードプロセッサー（ポイント参照）

きゅうり　ざく切り	1カップ（250ml）
エクストラバージンオリーブオイル	1/2カップ（125ml）
レモン果汁	60ml
水	60ml
海塩（前ページのポイント参照）	小さじ1
ディル（葉の部分）	適量
にんにく　皮をむく	2かけ

1. フードプロセッサーに全材料を入れ，回します。ときどき止めて，容器の内側をこそげて混ぜ込みながら回し，全体がなめらかになれば完成です。すぐに使わない場合は，密閉容器に移します。冷蔵庫で保存し，3日間以内に使い切りましょう。よく混ぜてから使ってください。

バリエーション

ディルの代わりにバジルを使います。

基本のビネグレット

レタスはもちろん，にんじん，ビーツ，ブロッコリーやケールなど，どんな野菜にも合う万能ドレッシングです。すぐに使えるようにつくり置きしておくと，忙しいときに重宝します。タイムやローズマリー，バジルなど，ハーブを加えれば，無限のバリエーションが楽しめます。

1カップ（250ml）分

ポイント

エクストラバージンオリーブオイルの代わりに，同量のアマニ油やヘンプシードオイル，アボカドオイルを使い，味や栄養に変化を出して楽しみましょう。

味にコクを出したいときは，白ワインビネガーの代わりに赤ワインビネガーを使いましょう。

アガベシロップの代わりに，同量の純粋メープルシロップやココナッツシロップも使えます。

海塩はミネラルを含むホールフードとみなされています。塩分が気になる方は，分量を減らしても，またはまったく使用しなくてもかまいません。

• ミキサー

エクストラバージンオリーブオイル（ポイント参照）	180ml
白ワインビネガー（ポイント参照）	60ml
ディジョンマスタード	大さじ1
アガベシロップ（ポイント参照）	小さじ1
海塩（ポイント参照）	小さじ1/4

1. ミキサーに全材料を入れ，高速で攪拌します。全体がなめらかになれば完成です。すぐに使わない場合は，密閉容器に移します。冷蔵庫で約1カ月，常温で約1週間保存できます。よく混ぜてから使ってください。

バリエーション

バルサミコのビネグレット：ベビースピナッチやロメインレタスによく合う，コクのあるドレッシングです。白ワインビネガーの代わりにバルサミコ酢を使い，ディジョンマスタードの量を大さじ2に，アガベシロップの量を大さじ1にそれぞれ増やします。オレガノ（乾）を小さじ1加え，ミキサーで攪拌します。

シトラスビネグレット：白ワインビネガーの代わりに，柑橘類の果汁を使って，さっぱりとしあげます。レモン，オレンジ，グレープフルーツの果汁を大さじ2ずつ使って同様につくります。

クリーミー・ノンオイルドレッシング

ビネグレットのノンオイル版です。新鮮なロメインレタスに，グルテンフリークルトン（261ページ参照）とタンパク質豊富なチアシードやヘンプシードをトッピングしたサラダに，たっぷりかけて召し上がれ。基本のキヌア（上巻参照）の味つけにも使えます。

3カップ（750ml）分

ポイント

ディジョンマスタードは，粒タイプではないものを使います。マスタードの粒があると，混ぜたときにうまく乳化できないので，イエローまたはゴールデンマスタードを選びましょう。

このドレッシングには濾過・殺菌されていないりんご酢（ロー）を使います。栄養が豊富なだけでなく，風味もよいのでおすすめです。見つからない場合は，通常のりんご酢でもかまいません。

体によい酵母菌が生きている未殺菌の生みそは，スーパーの冷蔵コーナーに置かれています。グルテンフリーの玄米みそを選びましょう。

• ミキサー

水	2カップ（500ml）
ディジョンマスタード（ポイント参照）	1カップ（250ml）
りんご酢（ポイント参照）	60ml
玄米みそ（ポイント参照）	大さじ2
アガベシロップ（前ページのポイント参照）	大さじ2
クミン（粉）	大さじ2

1. ミキサーに全材料を入れ，高速で攪拌します。全体がなめらかになれば完成です。すぐに使わない場合は，密閉容器に移します。冷蔵庫で保存し，2週間を目安に使い切りましょう。よく混ぜてから使ってください。

バリエーション

ハーブと赤ワインビネガーのノンオイルドレッシング：りんご酢の代わりに同量の赤ワインビネガーを使い，タイムとローズマリー，それぞれ小さじ1を追加します。

ヴィーガンマヨネーズ

上質なマヨネーズはキッチンに欠かせない常備調味料の一つです。このヴィーガン版も，スプレッドとしてはもちろん，ドレッシングやソース，ディップのベースなどとしても使うことができます。卵を使わないので，ヴィーガンだけでなく，卵アレルギーの方も安心して使用できます。

4カップ（1L）分

ポイント

レシピの半分の量でつくる場合，フードプロセッサーにかけるとき，容器の内側に材料がつきやすくなります。ときどき止めて，容器の内側をこそげて混ぜ込みながら攪拌するようにしましょう。

このドレッシングには濾過・殺菌されていないりんご酢（ロー）を使います。栄養が豊富なだけでなく，風味もよいのでおすすめです。見つからない場合は，通常のりんご酢でもかまいません。

ディジョンマスタードは，粒タイプではないものを使います。マスタードの粒があると，混ぜたときにうまく乳化できないため，イエローまたはゴールデンマスタードを選びましょう。

オリーブオイルの代わりに同量のグレープシードオイルも使えます。

- フードプロセッサー（ポイント参照）

生カシューナッツ（250ページのポイント参照）	1と1/2カップ（375ml）
水	60ml
レモン果汁	大さじ2
りんご酢（ポイント参照）	大さじ1
ディジョンマスタード（ポイント参照）	大さじ1
アガベシロップ（256ページのポイント参照）	小さじ2
海塩（次ページのポイント参照）	小さじ1
にんにく　皮をむく	2かけ
エクストラバージンオリーブオイル（ポイント参照）	1と1/2カップ（375ml）

1. 鍋に生カシューナッツとかぶるくらいの水（分量外）を入れて，強火にかけます。ひと煮立ちしたら火を止めて，ざるに上げて湯を切ります。
2. フードプロセッサーに1のカシューナッツ，水，レモン果汁，りんご酢，ディジョンマスタード，アガベシロップ，塩，にんにくを入れて，なめらかになるまで回します。ときどき止めて，容器の内側をこそげて混ぜ込みながら，しっかり混ざるまで回します。
3. モーターを回したまま，オリーブオイルを注入口から少しずつ流し入れます。なめらかなクリーム状になるまで回します。密閉容器に移し，冷蔵庫で2〜3時間なじませたら完成です。すぐに使わない場合は，冷蔵庫で保存し，3週間を目安に使い切りましょう。

バリエーション

ローストガーリックマヨネーズ：つくり方2で，生のにんにくは使わず，ローストしたにんにく60mlと，ガーリックパウダー小さじ1/4を加えます。

ハーブソルト

ハーブソルトは，ひと味加えたいときやちょっとした香りづけには手軽に使えて便利です。グリーンサラダや蒸し野菜に，高品質のオリーブオイルと一緒にふりかければ，素材のもち味がグンと際立ち，シンプルなおいしさが堪能できます。

1/2カップ（125ml）分

ポイント

海塩はミネラルを含むホールフードとみなされています。塩分が気になる方は，分量を減らしても，またはまったく使用しなくてもかまいません。

生のレモンの皮のすりおろしは，小さじ1と1/2ほど必要です。乾かすと，小さじ1程度になります。

レモンの皮をおろすときは，苦味のある白い部分を含めないように注意しましょう。

おろしたレモンの皮を乾かす：オーブンを150℃に予熱します。オーブンシートを敷いたオーブントレイに皮を広げ，完全に乾くまで20〜25分ほど加熱します。

• フードプロセッサー

海塩（ポイント参照）	1/2カップ（125ml）
レモンの皮のすりおろし　乾燥させる（ポイント参照）	小さじ1
バジル（乾）	小さじ1/2
オレガノ（乾）	小さじ1/2
タイム（乾）	小さじ1/4
ガーリックパウダー	小さじ1/8

1. フードプロセッサーに全材料を入れ，1分ほど回して混ぜ合わせれば完成です。すぐに使わない場合は，密閉容器に移します。常温で約2カ月間保存できます。

バリエーション

シトラスソルト：バジル，オレガノ，タイム，ガーリックパウダーは使用しません。レモン・ライム・オレンジの皮は各大さじ1と小さじ1，グレープフルーツの皮は小さじ1と1/2をすりおろし，ポイントの手順通りに乾燥させます。乾燥するとかさが減るので，レモン・ライム・オレンジの皮は各大さじ1，グレープフルーツの皮は小さじ1になります。それ以降は同様につくります。エキゾチックなスパイスを使った地中海風豆のサラダ（上巻参照）やラタトゥイユ（49ページ参照），グリーントマトのベルベルスパイス煮込み（50ページ参照）などによく合います。

レモンのプリザーブ

レモンの皮を塩づけにしたプリザーブです。シチリア風なすのカポナータ（上巻参照）や，フェンネルと玉ねぎ，レンズ豆の煮込み（上巻参照）などのトッピングに最適です。中東風の料理によく合うので，ぜひ試してみてください。

レモン5個分

ポイント

保存びんの煮沸消毒：最初にびんとふたを洗剤でよく洗います。鍋にびんとかぶるくらいの水を入れ沸騰してから10分ほど煮沸します。トングなどで取り出し，清潔な布巾の上に逆さまに置いて，冷めるまで乾かします。

マイルドな酸味があり，香りのよいマイヤーレモンもおすすめです。

海塩はミネラルを含むホールフードとみなされています。塩分が気になる方は，分量を減らしても，またはまったく使用しなくてもかまいません。

シナモンスティック（2本），八角（3〜4個），唐辛子フレーク（小さじ1）を加えるなど，さまざまなアレンジも楽しめます。

• 1Lサイズの耐熱ガラス製保存びんとふた（ポイント参照）

レモン（オーガニック，ポイント参照）	5個
海塩（ポイント参照）　分けて使用	1/2カップ（125ml）
ココナッツシュガー（オーガニック）　分けて使用	大さじ1

1. レモンの下の部分1cmほどを残して，縦に4等分に切ります（切り離しません）。
2. ボウルに塩とココナッツシュガーを入れてよく混ぜます。レモンを入れて，切り込みを広げ，塩とココナッツシュガーをすり込みます。保存びんにレモンを詰め，残りの塩とココナッツシュガーも入れます。
3. 保存びんにやさしく押し込み，全体が均等に詰まるようにします。必要に応じて塩（分量外）を足します。ふたをしたら，暖かくて暗い場所に置き，約1カ月間つけ込みます。
4. つけ込んだらレモンを取り出します。流水で塩を洗い落とし，果肉を取り除きます。皮を清潔な密閉容器に移して完成です。冷蔵庫で1年ほど保存できます。

グルテンフリークルトン

クルトンはサラダにはもちろん，スープやシチュー，チリビーンズなどに加えると，食感の変化が楽しめお腹も満足します。フレンチオニオンスープ（34ページ参照）や春のミネストローネ（35ページ参照）にトッピングして，カリカリの食感を楽しみましょう。

5カップ（1.25L）分

ポイント

乾燥タイムの代わりに生のタイムを使う場合は，分量は大さじ1になります。

- オーブンを220℃に予熱
- オーブンシートを敷いたオーブントレイ

グルテンフリーのパン　2〜3cmのサイコロ状に切る	5カップ（1.25L）
エクストラバージンオリーブオイル	60ml
海塩（前ページのポイント使用）	小さじ1/2
パプリカパウダー（スイート）	小さじ1/2
タイム（乾，ポイント参照）	小さじ1/2
ガーリックパウダー	小さじ1/4

1. 大きめのボウルに全材料を入れて，パンにオリーブオイルがよくからむように混ぜます。
2. 1をオーブントレイに重ならないように広げ，オーブンで8〜10分ほど焼きます。こんがり焼き色がついたら取り出し，完全に冷ませば完成です。すぐに使わない場合は，密閉容器に移します。常温で約2週間保存できます。

バリエーション

ジェノベーゼ風クルトン：フードプロセッサーにイタリアンパセリ2カップ（500ml），レモン果汁60ml，エクストラバージンオリーブオイル60ml，ひまわりの種60mlを入れ，なめらかになるまで回します。大きめのボウルにあけ，サイコロ状に切ったパンとよくからめます。つくり方2からは同様です。サラダやパスタなどにおすすめです。

グルテンフリーのパン粉

グルテンフリークルトンを完全に冷まします。フードプロセッサーに入れ，大きなかたまりがなくなるまで回します。密閉容器に移し，常温で保存します。1週間以内に使い切りましょう。

ヴィーガンホイップバター

焼き菓子やパンづくりをはじめ，バターの代わりにいろいろと使える頼もしいヴィーガンバターです。こんがり焼けたトーストの上でとろける様子はまさにバターのよう。そば粉とココナッツのパンケーキ（上巻参照）やチョコレートとヘーゼルナッツのワッフル（上巻参照）などにたっぷりつけて召し上がれ。

2カップ（500ml）分

ポイント

カシューミルクの代わりに，同量のココナッツミルク（277ページ参照），ヘンプ＆チアミルク（278ページ参照）も使えます。ココナッツミルクを使うと，ココナッツ風味の強いバターになります。

このレシピには濾過・殺菌されていないりんご酢（ロー）を使います。栄養が豊富なだけでなく，風味もよいのでおすすめです。見つからない場合は，通常のりんご酢でもかまいません。

海塩はミネラルを含むホールフードとみなされています。塩分が気になる方は，分量を減らしても，またはまったく使用しなくてもかまいません。

精製されたココナッツオイルには風味があまり残っていません。逆にエクストラバージンココナッツオイルを使うと，ココナッツの風味が強まります。

レシチン（大豆など）は，添加物の少ないオーガニックのものを選びましょう。

- フードプロセッサー
- シリコン型，またはラップを敷いたココットやスフレ型

カシューミルク（276ページとポイント参照）	1/2カップ（125ml）
りんご酢（ポイント参照）	小さじ2
海塩（ポイント参照）	小さじ1/4
液状ココナッツオイル（ポイント参照）	300ml
グレープシードオイル	大さじ2
レシチン（大豆など，ポイント参照）	小さじ5
生フラックスシード（粉）	小さじ1/2

1. ボウルにカシューミルク，りんご酢，塩を入れて混ぜ，ふたをして20分ほど置き，ミルクを凝固させます。
2. フードプロセッサーに1のミルク，ココナッツオイル，グレープシードオイル，レシチン，生フラックスシードを入れ，5分ほど回します。ときどき止めて，容器の内側をこそげて混ぜ込みます。レシチンが完全に溶け，全体が空気を含んでふわっとするまで回します。
3. シリコン型またはラップをぴったり敷いたココットなどに入れ，平らにならし，ラップをぴったりかけます。冷凍庫で3時間以上または一晩凍らせます。
4. 冷凍庫から取り出し，型を湯につけてバターを取り出します。すぐに使わない場合は，密閉容器に移します。冷蔵庫で保存し，2カ月を目安に使い切りましょう。

ヴィーガンサワークリーム

このヴィーガンサワークリームも，キッチンに欠かせないものの一つです。ラップサンドにひと塗り，熱々のスープに1さじ落とすだけで，おいしさが格段にアップします。ジャックフルーツのスロークックBBQ（83ページ参照），ブラックビーンのサンタフェラップサンド（上巻参照），ブラックビーンとさつまいものチリ（62ページ参照），チージーケサディア（上巻参照）などのトッピングにも最適です。

2カップ（500ml）分

ポイント

カシューナッツは，生であればホールでも砕けたものでもかまいません。

このレシピには濾過・殺菌されていないりんご酢（ロー）を使います。栄養が豊富なだけでなく，風味もよいのでおすすめです。見つからない場合は，通常のりんご酢でもかまいません。

・フードプロセッサー

生カシューナッツ（ポイント参照）	2カップ（500ml）
レモン果汁	80ml
水	80ml
りんご酢（ポイント参照）	大さじ2
海塩（前ページのポイント参照）	小さじ1

1. 鍋にカシューナッツとかぶるくらいの水（分量外）を入れて，強火にかけます。ひと煮立ちしたら火を止めて，ざるに上げて冷まします。
2. フードプロセッサーに1のカシューナッツ，残りの全材料を入れ，なめらかになるまで回します。すぐに使わない場合は，密閉容器に移します。冷蔵庫で保存し，2週間を目安に使い切りましょう。

バリエーション

チポトレチーズクリーム：つくり方2で，レモン果汁を1/2カップ（125ml）に増やし，りんご酢を省きます。ニュートリショナルイースト大さじ3，きざんだチポトレペッパー（アドボソース煮の缶詰）60mlを加えて，同様につくります。

ハーブサワークリーム：つくり方2で，イタリアンパセリ1/2カップ（125ml），香草（パクチーまたはシラントロー）60ml，タイムの小枝1本を加えて，同様につくります。保存期間は冷蔵で1週間程度です。

ヴィーガンウスターソース

ヴィーガン向けにウスターソースをヘルシーにアレンジしました。マリネ液やグリルのつけ汁などに，またドレッシングに加えれば味の奥行きと風味がアップします。使い勝手のよいソースなので，ケチャップを使いたいけれど糖分を控えたい場合などにはおすすめです。

700ml

ポイント

生姜の皮をむくときは，スプーンのふちで皮をこそげ落とすようにすると，無駄がありません。

タマリンドを戻す：タマリンドブロックから5cm角を取り，ボウルに入れて熱湯2カップ（500ml）をそそぎます。1時間ほど置いて水を切り（戻し汁は使いません），ミキサーかフードプロセッサーに入れます。ぬるま湯1/2カップ（125ml）を加えて，なめらかになるまで回した後，目の細かいこし器で濾します。スプーンの背などで裏ごしするように押し出します。残りかすは使いません。

海塩はミネラルを含むホールフードとみなされています。塩分が気になる方は，分量を減らしても，またはまったく使用しなくてもかまいません。

• ミキサー

グレープシードオイル	大さじ1
玉ねぎ　粗みじん切り	60ml
生姜　みじん切り（ポイント参照）	大さじ1
にんにく　みじん切り（次ページのポイント参照）	2〜3かけ
タマリンド（ポイント参照）	1/2カップ（125ml）
りんご酢	1カップ（250ml）
オレンジ果汁	1/2カップ（125ml）
たまりしょうゆ	1/2カップ（125ml）
モラセス（ブラックストラップ）	1/2カップ（125ml）
水	60ml
シナモン（粉）	小さじ1/2
オールスパイス（粉）	小さじ1/4
クローブ（粉）	小さじ1/4
海塩（ポイント参照）	小さじ1/4

1. 鍋でグレープシードオイルを中火で熱します。玉ねぎ，生姜，にんにくを入れて，6分ほど炒めます。玉ねぎが透き通ったらタマリンド，りんご酢，オレンジ果汁，しょうゆ，モラセス，水，シナモン，オールスパイス，クローブ，塩を加え，ひと煮立ちさせます。火を弱め，25〜30分ほど煮詰めます。

2. ミキサーに移し，なめらかになるまで高速で攪拌します。すぐに使わない場合は，密閉容器に移します。冷蔵庫で保存し，1カ月を目安に使い切りましょう。

カレーペースト

香り高いスパイスのブレンドにトマトを加えたカレーペーストです。スープのベースにしたり，基本のビネグレット（256ページ参照）に混ぜてアレンジしたり，さまざまな使い方を楽しめます。

1カップ（250ml）分

ポイント

にんにくの量は1かけの大きさで調整します。大きめなら8かけ，小さめなら10かけとなります。

にんにくを細かくきざむ：にんにくをまな板の上に置き，包丁の腹で強くゆっくり押します。薄皮が浮いてはがれやすくなるので，親指と人差し指でつまんで押し出すように実を取り出します。まずは粗めにきざみ，塩を少しふり，包丁の腹ですりつぶし（塩の粒でさらにつぶれます），さらに包丁で叩くようにきざみます。

ココナッツオイル	60ml
グレープシードオイル	大さじ2
玉ねぎ　みじん切り	1/2カップ（125ml）
にんにく　みじん切り（ポイント参照）	8～10かけ
生姜　みじん切り（前ページのポイント参照）	大さじ2
クミン（粉）	大さじ2
コリアンダー（粉）	大さじ1
フェンネルシード	小さじ1
フェネグリークシード	小さじ1
コリアンダーシード（ホール）	小さじ1/2
ターメリック（粉）	小さじ1/2
カイエンペッパー（省略可）	小さじ1/4
トマト　粗みじん切り	1カップ（250ml）

1. 鍋でココナッツオイルとグレープシードオイルを中火で熱します。玉ねぎを入れて，3分ほど炒めます。にんにくと生姜を加え，焦がさないように注意しながら12分ほど炒めます。
2. クミン，コリアンダー，フェンネルシード，フェネグリークシード，コリアンダーシード，ターメリック，好みでカイエンペッパーを加え，1分ほど炒めます。トマトを加え，煮くずれるまで8～10分炒めます。火を止めて，冷まします。すぐに使わない場合は，密閉容器に移します。冷蔵庫で保存し，2週間を目安に使い切りましょう。

バリエーション

クリーム状のペーストにしたい場合は，つくり方2のトマトを入れるタイミングでココナッツミルク（全脂肪）1/2カップ（125ml）を加えます。

もっと辛口にしたい場合は，つくり方1の鍋に唐辛子のみじん切り1/2カップ（125ml）を加えます。

タイカレー風のペーストにしたい場合は，つくり方2でトマトを使わず，レモングラスのみじん切り大さじ2，バイマックルー2枚，ライム果汁60ml，ココナッツシュガー（オーガニック）大さじ2，しょうゆ大さじ2を加えます。

感謝祭のグレービーソース

ヴィーガンになって恋しいものの一つが，コクのあるグレービーソースです。このレシピはそんな思いから生まれたヴィーガンバージョンの「グレービー」です。感謝祭やクリスマスには，クリーミーマッシュポテト（上巻参照）やレンズ豆のローフ（上巻参照）などにたっぷりかけて，グリーンサラダを添えたごちそうを楽しんでください。

3カップ（750ml）分

ポイント

マッシュルームはホワイトでもブラウンでもかまいません。

にんにくを細かくきざむ：にんにくをまな板の上に置き，包丁の腹で強くゆっくり押します。薄皮が浮いてはがれやすくなるので，親指と人差し指でつまんで押し出すように実を取り出します。まずは粗めにきざみ，塩を少しふり，包丁の腹ですりつぶし（塩の粒でさらにつぶれます），さらに包丁で叩くようにきざみます。

コーンスターチは遺伝子組み換え作物を避けるためにも，オーガニックのものを選びましょう。

生みそには体によい酵母菌が生きており，スーパーの冷蔵コーナーに置かれています。グルテンフリーの玄米みそを選びましょう。

グレープシードオイル	大さじ2
玉ねぎ　みじん切り	1/2カップ（125ml）
マッシュルーム　4つに切る（ポイント参照）	3カップ（750ml）
にんにく　みじん切り（ポイント参照）	3かけ
白ワイン　辛口（省略可）	大さじ2
水	2カップ（500ml）
たまりしょうゆ	大さじ3
コーンスターチ（オーガニック，ポイント参照）	大さじ1
冷水	大さじ1
タイムの葉　きざむ	大さじ1
玄米みそ（ポイント参照）	大さじ2

1. 鍋でグレープシードオイルを中火で熱します。玉ねぎを入れて7～8分炒めます。きつね色になったらマッシュルームを加え，10分ほど炒めます。マッシュルームにも焼き色がついたらにんにくを加え，香りが立つまで1～2分炒めます。

2. 好みでワインを加え，鍋底をこそげて混ぜます。2分ほど炒めて水分が飛んだら水としょうゆを加え，ひと煮立ちさせます。ひと煮立ちしたら弱火にし，5分ほど煮詰めます。

3. 小さいボウルにコーンスターチを入れて，冷水で溶きます。2の鍋に加え，再び煮立たせます。ひと煮立ちしたら弱火にし，2～3分煮詰めます。

4. 火を止めて，タイムとみそを加えて混ぜれば完成です。すぐに使わない場合は，冷ましてから密閉容器に移します。冷蔵庫で保存し，2週間以内に使い切りましょう。使用する前は鍋に入れ，中火で5分ほど温めて使ってください。

野菜だし

スープやシチューに深い味わいをもたらす野菜のだしは，簡単につくることができます。野菜や米料理に，風味と栄養を手軽に加えられるので重宝します。

約16カップ（4L）分

ポイント

より深い風味を出したい場合は，玉ねぎを焼いてから使います。フライパンでグレープシードオイル小さじ1を強火で熱します。玉ねぎ1個を半分に切って，切った面を下にして焼きます。10〜12分ほど焼いて，下面に焼き色がついたら，ほかの野菜と一緒に鍋に入れます。

乾燥のベイリーフの代わりに生の葉を使う場合は，2枚必要です。

タイムの小枝1本，パセリ8〜10本，スライスしたマッシュルーム1カップ（250ml）を加えると，さらに風味が増します。

• **目の細かいざる**

水	16カップ（4L）
にんじん　ざく切り	2カップ（500ml）
セロリ　ざく切り	2カップ（500ml）
玉ねぎ　ざく切り（ポイント参照）	4カップ（1L）
トマト　半分に切る	中1個
にんにく　皮をむく	1かけ
ベイリーフ（ローレル，ポイント参照）	1枚
黒こしょう（ホール）	小さじ1/2

1. 鍋に全材料を入れて，ひと煮立ちさせます。ひと煮立ちしたら火を弱め，45分ほど煮込みます。スープが茶色くなり，いい香りがしてきたら火を止めて，ざるで濾します。すぐに使わない場合は，冷ましてから密閉容器に移します。冷蔵庫で約2週間保存できます。

バリエーション

濃いめの野菜だし：フライパンでグレープシードオイル大さじ1を強火で熱します。にんじんとセロリを入れて，6分ほど炒めます。ほかの材料と一緒に鍋に入れます。スライスしたポータベロマッシュルーム1カップ（250ml）としょうゆ大さじ2も加え，同様につくります。

ひよこ豆のピザ生地

ひよこ豆粉でつくる栄養満点のピザ生地です。つくり置きして冷蔵庫に常備しておくと,食べたくなったときに手軽につくれて便利です。トッピングには,クラシック・ガーリックトマトソース（279ページ参照），炒めたマッシュルーム,カラマタオリーブ,にんにくと白ワインでソテーしたケールやほうれん草などがおすすめです。

1枚（約20cm）分

ポイント

ニュートリショナルイーストは,てんさい糖をつくるときに出る廃糖蜜を発酵させて育てた酵母を不活性化処理したもので,チーズのような風味があります。ソース,シチュー,スープ,ディップなどに使います。大型スーパーや自然食品店,オンラインストアで入手できます。

海塩はミネラルを含むホールフードとみなされています。塩分が気になる方は,分量を減らしても,またはまったく使用しなくてもかまいません。

タイムやローズマリーなどのドライハーブ小さじ1/2を足すと,風味が増します。

ひよこ豆粉	1カップ（250ml）
ニュートリショナルイースト（ポイント参照）	小さじ1
海塩（ポイント参照）	小さじ1/4
水	1/2カップ（125ml）
グレープシードオイル	大さじ1

1. ボウルにひよこ豆粉,ニュートリショナルイースト,塩を入れて,泡立て器で混ぜ合わせます。水を加え,ダマがなくなりなめらかになるまで,泡立て器で叩くようにしっかり混ぜます。ラップをかけて30分ほど置きます。

2. フライパンでグレープシードオイルを中火で熱します。1の生地を入れて,均等に広げます。直径は20cm程度,厚さは5～8mm程度になります。3分ほど焼いたら裏返し,さらに3分ほど焼きます。

3. きつね色に焼けたら完成です。すぐに使わない場合は,冷ましてから密閉容器に移します。冷蔵庫で約5日間保存できます。

バリエーション

チーズ味のピザ生地：つくり方1で,ニュートリショナルイーストを60mlに増量します。ヴィーガンモッツァレラ（247ページ参照）1/2カップ（125ml）を加えて混ぜ,それ以降は同様につくります。

ヴィーガンピザのバリエーション

・オーブンを180℃に予熱
・オーブンシートを敷いたオーブントレイ

マルゲリータ: ひよこ豆のピザ生地にクラシック・ガーリックトマトソース(279ページ参照)150mlをまんべんなく塗ります。ヴィーガンチーズカード(248ページ参照)8個を並べ、バジルを散らします。オーブンで12〜15分ほど焼けばできあがりです。

朝ごはんピザ: ひよこ豆のピザ生地に、野菜と豆腐のスクランブルエッグ風(上巻参照)150ml、ざく切りのテンペベーコン(上巻参照)60ml、ニュートリショナルイースト小さじ2をトッピングします。オーブンで12〜15分ほど焼けばできあがりです。

簡単チーズピザ: ひよこ豆のピザ生地にクラシック・ガーリックトマトソース(279ページ参照)150mlをまんべんなく塗ります。クリーミーカシューリコッタ(242ページ参照)1/2カップ(125ml)、ヴィーガンモッツァレラ(247ページ参照)150ml、ニュートリショナルイースト小さじ2をトッピングし、オーブンで15分ほど焼けばできあがりです。

グルテンフリー中力粉

グルテンフリーの万能ブレンド粉です。本書のレシピにたくさん登場するので、キッチンに常備していつでも使えるようにしておくと便利です。

4カップ(1L)分

ポイント

必要に応じて量を2〜3倍にできます。

玄米粉とソルガム粉は細粒のものを使うと、しあがりの食感がよくなります。粉の挽き方について不明な点は販売店やメーカーに問い合わせましょう。

玄米粉(細粒、ポイント参照)	1と1/2カップ(375ml)
ソルガム粉(細粒、ポイント参照)	1と1/2カップ(375ml)
タピオカ粉	150ml
葛粉	150ml

1. ボウルに全材料を入れて、泡立て器でよく混ぜ合わせます。すぐに使わない場合は、密閉容器に移します。冷暗所で保存し、常温でおよそ3カ月、冷凍で約1年間保存できます。

ヴィーガンパイ生地

ヴィーガンかつグルテンフリーのパイ生地です。サクサクの焼き上がりは，フルーツパイなどに最適です。

2枚（25cm）分

ポイント

グルテンフリーの粉を計量する前は，必ず一度ボウルにあけて，泡立て器で軽く空気を通してください。より正確に計量できます。

生地をのばす前と焼く前にしっかり冷やすことで，ココナッツオイルとココナッツバターの脂肪分がかたまります。これがサクサクした焼き上がりになる秘訣です。

パイ生地は，パイ皿より5cmほど大きくなるようにのばしましょう。生地にパイ皿を逆さにあててみるとわかります。

• **直径25cmのパイ皿，薄く油（分量外）を塗る**

玄米粉	1カップ（250ml）
ひよこ豆粉	1/2カップ（125ml）
そば粉	1/2カップ（125ml）
葛粉	80ml
片栗粉	大さじ1
ココナッツシュガー（オーガニック）	大さじ3
海塩（268ページのポイント参照）	少々
液状ココナッツオイル	1/2カップ（125ml）
ココナッツバター	80ml
水	180ml
植物性ミルク	少量

1. ボウルに玄米粉，ひよこ豆粉，そば粉，葛粉，片栗粉，ココナッツシュガー，塩を入れて，泡立て器でよく混ぜ合わせます（ポイント参照）。
2. 小さいボウルにココナッツオイルとココナッツバターを入れて，よく混ぜます（重いクリーム状です）。水を加え，泡立て器で叩くようにしっかり混ぜ合わせます。1のボウルに加え，粉類とよく混ぜ合わせます。ダマがなくなるまで混ぜ（ややべたつく生地になります），玄米粉で打ち粉（分量外）をした台にあけます。丸く成形してラップで包み，冷蔵庫で30分ほど休ませます（ポイント参照）。

パイ生地を2枚つくる

3. 生地を2等分します。打ち粉（分量外）をした台の上で，めん棒で半分の生地を円形にのばします（ポイント参照）。めん棒に生地をゆるく巻きつけて持ち上げ，パイ皿に広げます。生地の中央から外側へ向かって押しつけていき，最後にふちをしっかり押しつけて，余分な生地を切り落とします。
4. フィリングを入れます。
5. もう半分の生地も同様にのばします。めん棒にゆるく巻きつけて持ち上げ，フィリングの上にかぶせて広げます。ふちにフォークの背を押しつけて閉じ，余分な生地を切り落とします。パイの表面に包丁で蒸気を逃す切り込みを入れます。
6. 表面に植物性ミルクを少量塗り，パイのレシピ通りに焼きます。

バリエーション

甘くないパイ生地：ココナッツシュガーは使用しません。海塩を小さじ1/4に増量し，きざんだタイム大さじ1とニュートリショナルイースト大さじ1を加えて同様につくります。

1枚のパイ生地を焼く場合
- **オーブンを220℃に予熱**

玄米粉	1/2カップ（125ml）
ひよこ豆粉	大さじ4
そば粉	大さじ4
葛粉	大さじ3
片栗粉	小さじ2
ココナッツシュガー（オーガニック）	大さじ2
海塩	少々
液状ココナッツオイル	60ml
ココナッツバター	60ml
水	80ml

つくり方 **1～2** は同様です。

3. 清潔な台に玄米粉で打ち粉（分量外）をし，めん棒で生地を円形にのばします（ポイント参照）。めん棒に生地をゆるく巻きつけて持ち上げ，パイ皿に広げます。生地の中央から外側へ向かって押しつけていき，最後にふちをしっかり押しつけて，余分な生地を切り落とします。

4. ラップをかけて，冷蔵庫で15分ほど休ませます（ポイント参照）。

5. 生地の底にフォークで穴をあけます。オーブンシートを生地の上に置き，その上に乾燥豆60mlほどを重石代わりに広げます。オーブンで12～15分ほど焼きます。生地がきつね色になれば焼き上がりです。

キヌアの天ぷら衣

クリスピーなキヌアの衣で揚げた野菜は，前菜やおつまみ，スナックとしても喜ばれるメニューの一つです。天ぷらの衣を上手につくるコツは，冷たい水を使うことです。

1カップ（250ml）分

ポイント

キヌア粉は市販のものでも自分で挽いたものでもかまいません。

キヌアを挽く：ミキサーにキヌア180mlを入れ，粉末になるまで回します。

混ぜ合わせた衣はすぐに使い切りましょう。前もってつくっておく場合は2時間前までを目安とし，水の量を180mlに減らし，氷60mlを加え，ラップをかけて冷蔵庫に入れておきます。使う直前に取り出します。

ニュートリショナルイーストは，てんさい糖をつくるときに出る廃糖蜜を発酵させて育てた酵母を不活性化処理したもので，チーズのような風味があります。ソース，シチュー，スープ，ディップなどに使います。大型スーパーや自然食品店，オンラインストアで入手できます。

海塩はミネラルを含むホールフードとみなされています。塩分が気になる方は，分量を減らしても，またはまったく使用しなくてもかまいません。

キヌア粉（ポイント参照）	1カップ（250ml）
冷水（ポイント参照）	1カップ（250ml）
ニュートリショナルイースト（ポイント参照）	大さじ2
海塩（ポイント参照）	小さじ1/2
パプリカパウダー（スイート）	小さじ1/4
カイエンペッパー	少々

1. ボウルに全材料を入れて，よく混ぜ合わせます。できるだけすぐに使い切りましょう。

バリエーション

ごまわさびの天ぷら衣：ニュートリショナルイーストとパプリカパウダーは使用しません。たまりしょうゆ大さじ2，ごま油大さじ1，粉わさび小さじ2，黒ごま小さじ1を加え，同様につくります。

野菜の天ぷらのつくり方

1. 赤パプリカ，ズッキーニ，さつまいもなどの野菜を，5mmほどの厚さに切ります。
2. 揚げ鍋にグレープシードオイル（分量外）を入れて，190℃まで熱します。
3. キヌアの天ぷら衣のボウルに野菜を入れて，衣をよくからめます。油の中に一度にたくさん入れすぎないようにし，野菜を2～3分ほど揚げます。油切りバットまたはキッチンペーパーを敷いた皿に取り出し，余分な油を切ります。油の温度を190℃に保つように注意しながら揚げましょう。

ココナッツホイップクリーム

ヴィーガンだからといって，ホイップクリームをあきらめる必要はありません。ふわっとした軽い口溶けのココナッツクリームをつくりましょう。新鮮なフルーツと一緒に，またはシナモンをふりかけて召し上がれ。フレッシュベリー＆サバイヨンソース（191ページ参照）やホットファッジサンデー（197ページ参照）にたっぷりトッピングすれば，あっという間にぜいたくなデザートのできあがりです。

4～5人分

ポイント

ココナッツミルク缶は，冷蔵庫で3時間以上冷やしてから使います。

バニラパウダーがない場合は，バニラエクストラクト（オーガニック，アルコールフリー）小さじ1/2で代用できます。

純粋メープルシロップの代わりにアガベシロップも使えます。

• **スタンドミキサー，ボウルを冷凍庫で冷やす**

ココナッツミルク（全脂肪，ポイント参照）	1缶（400ml）
バニラパウダー（ポイント参照）	小さじ1/4
純粋メープルシロップ（ポイント参照）	大さじ2

1. 冷やしたココナッツミルクの缶を逆さまにして開けます。分離してかたまったクリームだけをスプーンで取り出します（残った薄いミルクの部分は別用途のためにとっておき，3日間以内に使い切りましょう）。

2. 冷えたボウルに1を入れ，ミキサーで4～5分，高速で攪拌します。角がゆるく立つくらいになったらバニラパウダーとメープルシロップを加え，さらに攪拌します。

3. 角がピンと立つようになれば完成です。すぐに使わない場合は，密閉容器に移します。冷蔵庫で保存し，1週間以内に使い切りましょう。

バリエーション

チョコレートホイップクリーム：バニラパウダーと同じタイミングで，カカオパウダー大さじ2とメープルシロップ大さじ3を加えます。

シトラスホイップクリーム：バニラパウダー，メープルシロップと同じタイミングで，細かくおろしたレモンの皮小さじ2，ライムの皮小さじ1，レモン果汁少々を加えます。

オレンジエスプレッソホイップクリーム：バニラパウダー，メープルシロップと同じタイミングで，細かくおろしたオレンジの皮大さじ1，オレンジ果汁少々，コーヒーエクストラクト小さじ1を加えます。

素材レシピ集

アーモンドミルク

牛乳の代用として日常的に使える万能ミルクです。

4カップ（1L）分

ポイント

アーモンドを水にひたす：アーモンド1カップ（250ml）を4倍の水につけます。ラップをかけて常温で3時間ほど，または冷蔵庫で一晩置き，水を切ります。

アーモンドパルプ（搾りかす）はオーブンで温めて乾かし，ミキサーなどで挽くとアーモンドパウダーとして使えます。

- ミキサー
- こし器（目の細かいもの）

生アーモンド（ポイント参照）	1カップ（250ml）
水	4カップ（1L）
海塩	少々

1. ミキサーに全材料を入れ，なめらかになるまで高速で攪拌します。
2. こし器をのせた容器に1を濾し入れます（下段のポイント参照）。冷蔵して5日以内に使い切りましょう。

バリエーション

スイートバニラ・アーモンドミルク：つくり方1で，種を取ったデーツ3個，またはアガベシロップまたは純粋メープルシロップ大さじ2と，バニラエクストラクト小さじ1/2を加え，それ以降は同様につくります。

カシューミルク

カシューミルクはほかの植物性ミルクに比べて脂肪分が豊富なのでコクがあり，デザートのレシピに使うのに向いています。

4カップ（1L）分

ポイント

カシューナッツを水にひたす：カシューナッツ1カップ（250ml）を4倍の水につけます。ラップをかけて常温で3時間ほど，または冷蔵庫で一晩置き，水を切ります。

植物性ミルクを濾すには，こし器を使うほかに，チーズクロス（さらし布）やナッツミルクバッグを使って絞る方法もあります。

- ミキサー
- こし器（目の細かいもの）

生カシューナッツ（ポイント参照）	1カップ（250ml）
水	4カップ（1L）
海塩	少々

1. ミキサーに全材料を入れ，なめらかになるまで高速で攪拌します。
2. こし器をのせた容器に1を濾し入れます（ポイント参照，残りかすは使いません）。冷蔵して5日以内に使い切りましょう。

バリエーション

スイートバニラ・カシューミルク：上段のバリエーションと同じ要領です。

ココナッツミルク

香りがよく，牛乳の代わりに飲めるおいしいミルクです。

4カップ（1L）分

ポイント

ココナッツを水にひたす：ココナッツ1カップ（250ml）を4倍の水につけます。ラップをかけて30分ほど置き，水を切ります。

植物性ミルクを濾すには，こし器を使うほかに，チーズクロス（さらし布）やナッツミルクバッグを使って絞る方法もあります。

このミルクは，缶入りのココナッツミルクの代用にはなりません（缶入りのほうが濃厚）。スムージー，コーヒー，紅茶，シリアルなどに使いましょう。

- ミキサー
- こし器（目の細かいもの）

ココナッツシュレッド（無糖，ポイント参照）	1カップ（250ml）
水	4カップ（1L）
海塩	少々

1. ミキサーに全材料を入れ，なめらかになるまで高速で攪拌します。
2. こし器をのせた容器に1を濾し入れます（ポイント参照，残りかすは使いません）。冷蔵して5日以内に使い切りましょう。

バリエーション

スイートバニラ・ココナッツミルク：つくり方1で，種を取ったデーツ3個，またはアガベシロップかメープルシロップ大さじ2と，バニラエクストラクト小さじ1/2を加え，なめらかになるまで高速で回します。つくり方2へ続きます。

ヘンプ&チアミルク

ヘンプシードとチアシードは,脳を活性化するといわれるオメガ3脂肪酸を豊富に含んでいます。コーヒーや紅茶,スムージーやシリアルなどに,毎日使いたいミルクです。

4カップ（1L）分

ポイント

ヘンプシードとチアシードは脂質が多くて傷みやすいため,冷蔵庫で保存しましょう。

メープルシロップの代わりに,種を取ったデーツ3個を入れても甘さが出ます。

植物性ミルクを濾すには,こし器を使うほかに,チーズクロス（さらし布）やナッツミルクバッグ（こし袋）を使って絞る方法もあります。

- ミキサー
- こし器（目の細かいもの）

生ヘンプシード（皮なし,ポイント参照）	大さじ4
チアシード（ポイント参照）	大さじ3
水	4カップ（1L）
純粋メープルシロップ（ポイント参照）	大さじ2
バニラエクストラクト	小さじ1/2
海塩	少々

1. ミキサーに全材料を入れ,なめらかになるまで高速で攪拌します。
2. こし器をのせた容器に 1 を濾し入れます（ポイント参照,残りかすは使いません）。冷蔵して5日以内に使い切りましょう。

クラシック・ガーリックトマトソース

トマトの香りと甘みが凝縮されたソースです。パスタと和えるだけでなく，ディップとしても使えます。シンプルだけどおいしい，何度もつくりたくなる味です。

ポイント

にんにくの量は大きめなら6かけ，小さめなら8かけに調整してください。

生のトマトを使う場合の量は，さいの目切りにして約4Lとなります。

グレープシードオイル	大さじ2
玉ねぎ　みじん切り	1/2カップ（125ml）
海塩	小さじ1/2
にんにく（ポイント参照）　みじん切り	6〜8かけ
トマト水煮缶（ダイスカット，汁も使用，ポイント参照）	
	4缶（1600ml）

1. 鍋にオイルを入れて，中火で熱します。玉ねぎと塩を入れて，玉ねぎが透き通るまで5〜6分炒めます。にんにくを加え，香りが立つまでさらに2〜3分炒めます。

2. トマト缶を汁ごと加え，ひと煮立ちさせます。ひと煮立ちしたら火を弱め，15分ほど煮詰めてできあがり。すぐに使わない場合は，密閉容器に移します。冷蔵庫で2週間ほど保存できます。

バリエーション

さつまいも入りクリーミートマトソース：つくり方2で，鍋に皮をむいて乱切りにしたさつまいも1カップ（250ml）を加えます。さつまいもがやわらかくなるまで20分ほど煮ます。半分の量をミキサーに入れ，オリーブオイル大さじ2を加え，なめらかになるまで回します。残りの半量も同様です。

■ 著者
ダグラス・マクニッシュ／ Douglas McNish
健康的なオーガニックの食品を使ったヴィーガン料理のエグゼクティブシェフ。講師やコンサルタントも務める。著書に『Raw, Quick & Delicious!』，ベストセラーとなった『Eat Raw, Eat Well』(以上，Robert Rose) がある。

■ 監訳者
富永暁子／とみなが・あきこ
大妻女子大学短期大学部准教授。管理栄養士。1969 年茨城県生まれ。女子栄養大学大学院栄養学研究科修了後，戸板女子短期大学専任講師などを経て現職。専門は調理教育，食育，食文化。共著に『新フローチャートによる調理実習』(地人書館)，『食べ物と健康Ⅳ 一食事設計と栄養・調理』(三共出版) など，論文に『鉄製フライパンの加熱特性と調理性』などがある。

■ 訳者
大森敦子／おおもり・あつこ
成蹊大学法学部卒。1997 年よりアメリカ・カリフォルニア州在住。同州北部のワインの名産地，ソノマカウンティに家族とともに暮らす。趣味は旅行と料理。麹や漬けもの，納豆などの日本の伝統食を取り入れつつ，簡単でワインに合うレシピを日々模索中。主にビジネス，観光，グルメ分野での翻訳に従事している。

毎日つくれる！
ヴィーガン・レシピ
〜美味しいレシピ500〜 下

2021年6月15日発行

著者	ダグラス・マクニッシュ
監訳者	富永暁子
訳者	大森敦子
編集協力	合資会社 アンフィニジャパン・プロジェクト
編集	道地恵介，鈴木ひとみ，鈴木夕未
表紙デザイン	岩本陽一
発行者	高森康雄
発行所	株式会社 ニュートンプレス
	〒112-0012 東京都文京区大塚 3-11-6
	https://www.newtonpress.co.jp